Sebastian Mauelshagen, Dirk Overbeck, Markus Schajek

Herausgeber: Dirk Overbeck

Handlungsfeld: Rechtliche Grundlagen und Kaufvertragsrecht

Lernsituationen für einen kompetenzorientierten Unterricht

1. Auflage

Bestellnummer 58220

Bildungsverlag EINS
westermann

Die in diesem Produkt gemachten Angaben zu Unternehmen (Namen, Internet- und E-Mail-Adressen, Handelsregistereintragungen, Bankverbindungen, Steuer-, Telefon- und Faxnummern und alle weiteren Angaben) sind i. d. R. fiktiv, d. h., sie stehen in keinem Zusammenhang mit einem real existierenden Unternehmen in der dargestellten oder einer ähnlichen Form. Dies gilt auch für alle Kunden, Lieferanten und sonstigen Geschäftspartner der Unternehmen wie z. B. Kreditinstitute, Versicherungsunternehmen und andere Dienstleistungsunternehmen. Ausschließlich zum Zwecke der Authentizität werden die Namen real existierender Unternehmen und z. B. im Fall von Kreditinstituten auch deren IBANs und BICs verwendet.

Die in diesem Werk aufgeführten Internetadressen sind auf dem Stand zum Zeitpunkt der Drucklegung. Die ständige Aktualität der Adressen kann vonseiten des Verlages nicht gewährleistet werden. Darüber hinaus übernimmt der Verlag keine Verantwortung für die Inhalte dieser Seiten.

service@bv-1.de
www.bildungsverlag1.de

Bildungsverlag EINS GmbH
Ettore-Bugatti-Straße 6-14, 51149 Köln

ISBN 978-3-427-**58220**-5

Vorwort

Liebe Schülerinnen und Schüler,
liebe Kolleginnen und Kollegen,

mit dem vorliegenden Arbeitsbuch wollen wir **kompetenzorientiertes Lernen in vollständigen Lernhandlungen unterstützen**.

Insgesamt finden Sie **20 Lernsituationen**, welche die Umsetzung eines problem- und handlungsorientierten Unterrichts erleichtern und **selbstständiges schülerorientiertes Arbeiten** ermöglichen. Die Lernsituationen und Übungen dieses Lehrbuchs sind konsequent an einem **Modellunternehmen**, den Westfälischen Fahrradwerken (WFW AG), ausgerichtet.

Jeder Lernsituation steht eine **problemorientierte Ausgangssituation** voran. Sämtliche Informationen, welche zur Bearbeitung der Arbeitsaufträge erforderlich sind, sind in einer **„Infobox"** zusammengefasst. Als Möglichkeit zur **Binnendifferenzierung** schließen sich **vertiefende** und/oder **ergänzende Übungen** an. Vertiefende Übungen beschäftigen sich dabei mit bereits bekanntem Stoff, wohingegen ergänzende Übungen neue zusätzliche Aspekte der Ausgangssituation thematisieren, die nicht zwingend bearbeitet werden müssen.

Eine selbstständig zu vervollständigende **Zusammenfassung** der wesentlichen Inhalte dient der Wiederholung und Festigung des erworbenen Wissens. Jede Lernsituation schließt mit einer **Schülerselbsteinschätzung**, mit deren Hilfe die erworbenen Kompetenzen eingeschätzt werden können. Am Buchende findet sich ein – nach den vorangegangenen Lernsituationen gegliedertes – Kapitel mit **Aufgaben zur Klausur- und Prüfungsvorbereitung**.

Bei der Konzeption dieses Arbeitsbuches haben wir Wert darauf gelegt, dass ein bildungsgangübergreifender **Einsatz unabhängig vom eingeführten Lehrbuch** möglich ist. Das Buch eignet sich für den Einsatz in Bildungsgängen, die zum Fachabitur oder zur allgemeinen Hochschulreife führen, kann aber auch im Rahmen der Berufsausbildung eingesetzt werden. Explizit haben wir dabei die Ausbildung der Kaufleute für Büromanagement, der Groß- und Außenhandelskaufleute und der Industriekaufleute im Blick gehabt.

Wir wünschen Ihnen viel Spaß und viel Erfolg bei der Nutzung dieses Arbeitsbuches!

Das Autorenteam

Inhaltsverzeichnis

Unternehmensbeschreibung

1. Firma Geschäftssitz Internet E-Mail	Westfälische Fahrradwerke AG (WFW AG) Kanalstr. 48–52, 48159 Münster www.wfw.de mail@wfw.de
2. Geschäftsjahr	1. Januar bis 31. Dezember
3. Bankverbindungen	Deutsche Bank Münster, IBAN DE76 4007 0080 0055 2034 88 Postbank Dortmund, IBAN DE81 4401 0046 0286 7783 41
4. Produktionsprogramm	diverse Fahrräder, unterteilt in die Produktgruppen 1 Rennräder 2 Touringräder 3 Mountainbikes 4 E-Bikes
5. Handelswaren	Fahrradbekleidung, Fahrradhelme, Satteltaschen, Fahrradanhänger
6. Kundengruppen	Fahrradeinzel- und -großhandel, Fahrradverleiher
7. Lieferanten	metallverarbeitende Industriebetriebe, Spezialgroßhändler
8. Absatzgebiet	Deutschland, Belgien, Niederlande, Luxemburg
9. Maschinen und Anlagen	Bohrmaschinen, Schleifmaschinen, Schweißgeräte, Lackierautomaten
10. Fertigungsarten	Serienfertigung
11. Fertigungsorganisation	Fließfertigung (Montage), Gruppen- und Werkstättenfertigung (Rahmenbau)
12. Stoffe und Teile – Rohstoffe – Hilfsstoffe – Betriebsstoffe – Fremdbauteile	 Bleche und Rohre aus Stahl und Aluminium Lacke, Beschichtungsmittel, Grundierungen, Schrauben Lösemittel, Fette, Schmierstoffe Bremsen, Sättel, Gangschaltungen, Lampen, Federgabeln, Akkus und Elektromotoren für E-Bikes
13. Beschäftigte	Mitarbeiter: 300 Auszubildende: 14
14. Arbeitstage	Montag bis Freitag, 8 Stunden täglich im Einschichtbetrieb
15. Rechtsform und Gesellschaftsverhältnisse	Aktiengesellschaft Vorstand: Anne Wessels und Rainer Flender Aufsichtsrat: Heike Brügge, Yassir Murak, Heinz Bast Grundkapital: 4 000 000,00 €
16. Verbände	IHK Nord Westfalen Zweirad-Industrie-Verband (ZIV)
17. Betriebsnummer	48 575 839
18. USt-Identifikationsnummer	DE455612796
19. Handelsregistereintrag	Amtsgericht Münster HR B 564-054

Organigramm der Westfälischen Fahrradwerke AG (WFW AG)

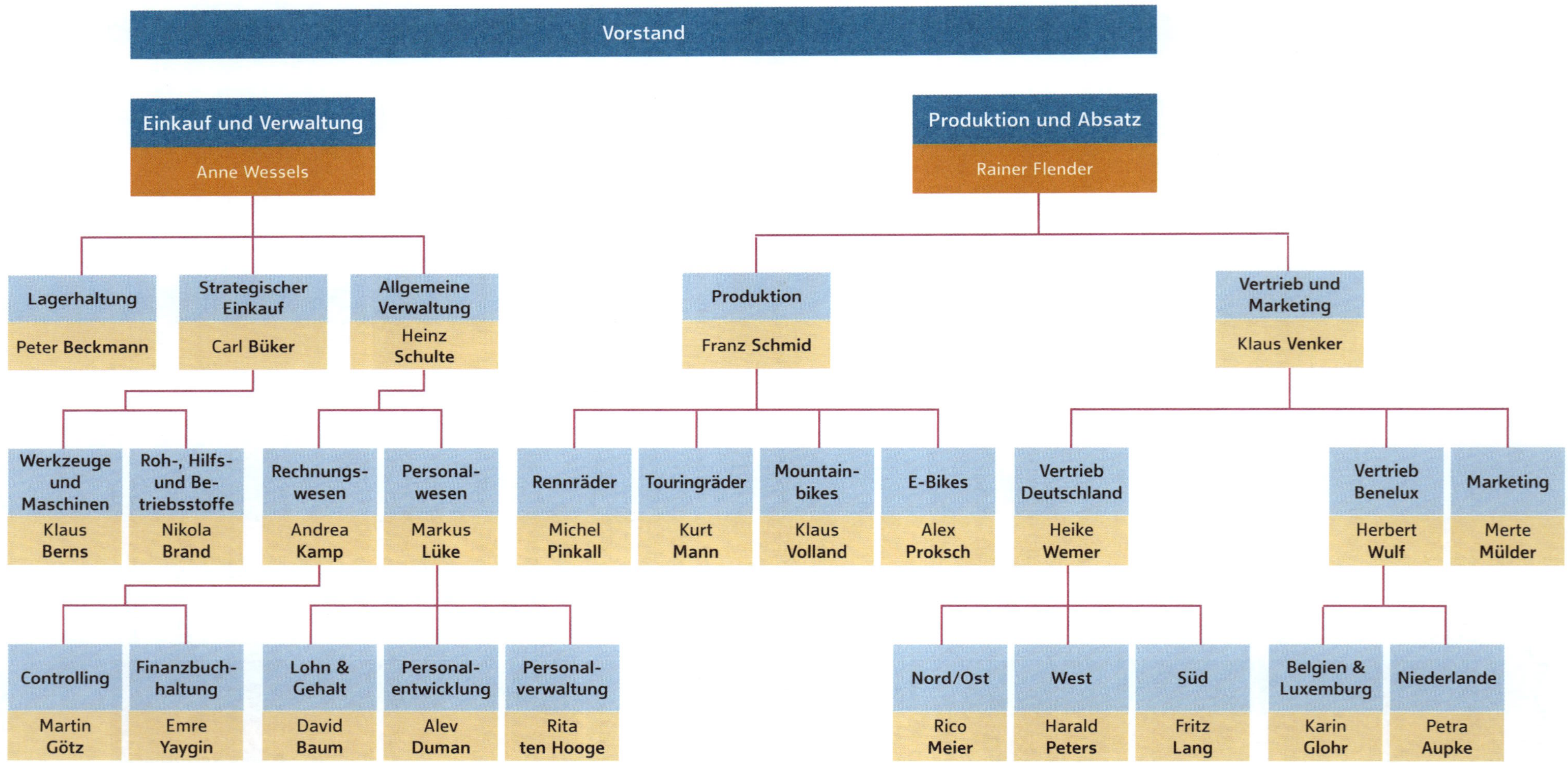

Auszubildende

Maik Balster	Industriekaufmann
Leonie Gremme	Industriekauffrau
Malte Wiege	Kaufmann für Büromanagement
Omar Guetat	Groß- und Außenhandelskaufmann

Die Hauptlieferer der Westfälischen Fahrradwerke AG

Lieferer-Nr.	Firma	Ansprechpartner	Adresse	Tel./Fax	Kreditinstitut	Produkte	Umsatz lfd. Jahr in €
33001	Farbenwerke-Weller GmbH	Frau Betzen	Taubenweg 9–1 22525 Hamburg	040 221235 - 42 040 221235 - 99	Hamburger Kontorsbank IBAN DE67 6003 4662 0001 8756 04	Lacke, Grundierung, Härter, Kleber, Beschichtungsmittel	370000,00
33002	Schuppert Metallerzeugnisse OHG	Herr Hinkel	Industriepark 130–134 44265 Dortmund	0231 505 340 - 0 0231 505 34 777	Postbank Dortmund IBAN DE44 6110 2323 0023 7449 11	Stahlrohre, Stahlprofile,	5900000,00
33003	De Kuiper BV Aluminiumwerke	Herr de Jong	Verwersstraat 79 NL-5505 AV Venlo	0031 870 889 65 0031 870 889 99	ABN-Amro Venlo IBAN NL31 1001 8900 0000 1234 05	Aluminiumrohre, Aluminiumprofile	2050000,00
33004	H & T Fahrradgroßhandel AG	Frau Möllers	Turmstr. 36 12033 Berlin	030 101 670 - 11 030 101 670 - 22	Targobank Berlin IBAN DE72 0335 9090 0124 8803 34	Sättel, Beleuchtungssysteme, Bremssysteme, Schaltungen	1730000,00
33005	Trimano GmbH	Herr Klein	Waldstadion 8–12 59073 Hamm	02381 7373 77 0 02381 7373 77 93	Volksbank Hamm IBAN DE45 9902 2002 0004 9943 33	Schaltungen	2650000,00
33006	Güttler GmbH & Co. KG	Herr Lang	Margaretenweg 44 39111 Magdeburg	0391 6063 155 24 0391 6063 155 66	Deutsche Bank Magdeburg IBAN DE82 9034 7666 0316 1001 11	Sättel, Satteltaschen	1000000,00
33007	Becke Bürobedarfs GmbH	Frau Madert	Wedauerring 75–76 47059 Duisburg	0203 720 720 0 0203 720 720 99	Stadtsparkasse Duisburg IBAN DE84 8809 2707 0000 0505 21	Büroartikel aller Art	130000,00
33008	VEKUMA AG	Herr Munir	Buchenweg 10–18 48282 Emsdetten	02572 990 13 02572 990 33	Sparkasse Emsdetten IBAN DE13 4015 3768 0023 5599 17	Kunststoffteile (Griffe, Kettenschutz)	310000,00

Die Hauptkunden der Westfälischen Fahrradwerke AG

Kunden-Nr.	Firma	Ansprechpartner	Adresse	Tel./Fax	Kreditinstitut	Umsatz lfd. Jahr in €
D24001	Fahrradfachhandel Krüger GmbH	Frau Green	Am Brunnen 28–32 45133 Essen	0201 786543 0 0201 786543876	Sparkasse Essen IBAN DE46 3605 0105 0024 5636 36	7500000,00
D24002	Radsport Beike GmbH	Herr Beike	Rheiner Str. 34–36 48282 Emsdetten	02572 86750 02572 86758746	Sparkasse Emsdetten IBAN DE36 4015 3768 0066 5353 67	2500000,00
D24003	Zweirad Nentwig GmbH	Frau Nentwig	Albersloher Weg 75 48155 Münster	0251 67560 0251 67567437	Volksbank Münster IBAN DE23 4016 0050 0005 5888 34	3500000,00
D24004	Zweirad MOBI KG	Herr Bingöl	Waldstr. 456 51147 Köln	0221 4646660 0221 4646665747	Deutsche Bank Köln IBAN DE49 3707 0060 0039 3679 16	1500000,00
D24005	Dieter Deutel Fahrradgroßhandel OHG	Frau Derbe	Brunostr. 70 45889 Gelsenkirchen	0209 626340 0209 626346536	Postbank Dortmund IBAN DE18 4401 0046 0000 7589 70	2500000,00
D24006	TriBike Danker GmbH	Herr Danker	Am Bauhof 41 48431 Rheine	05971 16240 05971 162436136	Commerzbank Rheine IBAN DE78 4034 0030 0006 4476 78	500000,00
D24007	Zweirad Fritsche GmbH	Herr Fritsche	Johann-Krane-Weg 142 48149 Münster	0251 67990 0251 679347	Volksbank Münster IBAN DE23 4016 0050 0005 5999 55	1500000,00

LERNSITUATION 1: Die Rechtsordnung beschreiben und Gerichtsbarkeiten unterscheiden

Ausgangssituation: Unser Rechtssystem – nicht immer leicht zu durchschauen

Die Westfälische Fahrradwerke AG (WFW AG) möchte an ihrem Geschäftssitz an der Kanalstraße in Münster ein neues Verwaltungsgebäude errichten und hat deshalb beim Bauamt in Münster einen Bauantrag eingereicht. Das Bauamt lehnt den Antrag mit der Begründung ab, dass eine viergeschossige Bauweise gegen die geltende Bauordnung verstoße. Auf der Vorstandssitzung berichtet Rainer Flender verärgert: „Das Bauamt hat unseren Antrag abgelehnt und auf meine Nachfrage erwidert, dass man da nichts machen könne. Es gebe eben eine Bauordnung, die für jeden Bürger zwingend gelte. Darüber ließe sich auch nicht verhandeln." Frau Wessels erwidert empört: „Das verstehe ich nicht. Wir verhandeln doch auch ständig. Häufig übernehmen wir die Frachtkosten und liefern unseren Kunden die Ware ‚frei Haus', obwohl im Bürgerlichen Gesetzbuch steht, dass der Käufer die Frachtkosten trägt. Es ist wirklich enttäuschend, dass das Bauamt uns nicht entgegenkommt."

Arbeitsaufträge

1 Analysieren Sie die Ausgangssituation und ergänzen Sie die folgende Übersicht.

Leitfragen	Problem: „Bauantrag"	Problem: „Übernahme der Frachtkosten"
Zwischen welchen Personen bestehen Rechtsbeziehungen?		
Wie ist das Verhältnis der Personen untereinander?		
Ist das Problem dem Privatrecht oder dem öffentlichen Recht zuzuordnen?		
Sind die Rechtsnormen abänderbar?		

2 Begründen Sie, warum das Bauamt sich nicht auf Verhandlungen über die Geschosshöhe einlassen konnte und den Bauantrag ablehnen musste.

3 Erläutern Sie, vor welchem Gericht jeweils Klage zu erheben ist.

Info: Die Rechtsordnung und Gerichtsbarkeiten

Die **Rechtsordnung** stellt das Zusammenleben der Menschen sicher und regelt das Verhalten des Staates sowie der Bürger zueinander. Sie umfasst im Wesentlichen Gesetze und Verordnungen sowie das Gewohnheitsrecht, die gleichzeitig das objektive Recht ausmachen. Aus dem objektiven Recht leiten sich für den Einzelnen bestimmte Berechtigungen her, wie z. B. das Recht auf Religionsfreiheit, das Rücktrittsrecht bei einem Vertrag oder ein Herausgabeanspruch auf Eigentum. Diese Berechtigungen stellen das subjektive Recht dar.

Beispiel: Die WFW AG kann aufgrund des § 288 BGB (= objektives Recht) einen Anspruch auf Verzugszinsen (= subjektives Recht) herleiten, falls ein Kunde sich in Zahlungsverzug befindet.

Wichtige Bereiche unserer Rechtsordnung sind das öffentliche Recht, das private Recht, das Gewohnheitsrecht und das europäische Recht.

- Das **öffentliche Recht** regelt die Beziehungen der Privatrechtssubjekte (natürliche und juristische Personen, vgl. auch LS 2) zum Staat und der staatlichen Organe untereinander. Es ist durch das Prinzip von Über- und Unterordnung gekennzeichnet. Die einzelnen Rechtsnormen des öffentlichen Rechts können nicht durch Vereinbarungen abgeändert werden, sodass Abweichungen von der Rechtsnorm nicht möglich sind. Es ist zwingendes Recht.

  Beispiel: In der Bußgeldkatalog-Verordnung (BKatV) sind die Strafen für zu schnelles Fahren festgelegt. Verkehrssünder können deshalb die Strafe nicht individuell aushandeln.

- Das **private Recht** regelt die Beziehungen der Privatrechtssubjekte untereinander. Es gilt das Prinzip der Gleichordnung. Rechtsnormen können durch Vereinbarungen abgeändert werden, sofern kein Gesetz oder keine Verordnung verletzt wird. Es handelt sich um nachgiebiges (dispositives) Recht.

  Beispiel: In § 448 BGB ist geregelt, dass der Käufer die Versandverpackung (Kartons, Kisten etc.) bezahlen muss. Die WFW AG übernimmt abweichend davon für einen Teil der Kundschaft diese Kosten.

- Das **Gewohnheitsrecht** ist ungeschriebenes Recht, das sich durch dauernde Übung und Akzeptanz der Beteiligten zur Verkehrssitte (Brauch, Gepflogenheit) entwickelt hat. Es hat die gleiche Rechtswirkung wie das geschriebene Recht.

  Beispiel: Schon seit zehn Jahren erhält jeder Mitarbeiter der WFW AG vorbehaltslos ohne besondere Vereinbarung 50,00 € als Geburtstagsgeld. Durch die dauernde betriebliche Übung hat jeder Mitarbeiter einen gewohnheitsrechtlichen Anspruch auf dieses Geburtstagsgeld.

- Das **Europäische Recht**, im Besonderen das Recht der Europäischen Union, beeinflusst unser Rechtsleben immer mehr. Auf Grundlage der Verträge zur Europäischen Union wird das Europäische Recht durch eine Vielzahl von Verordnungen, Richtlinien und Beschlüssen konkretisiert. Besondere Bedeutung haben dabei die EU-Richtlinien, die Mindeststandards für einzelne Bereiche definieren und die jeder Mitgliedstaat in nationales Recht umsetzen muss.

  Beispiel: Zum Zwecke des Verbraucherschutzes hat die EU die Fernabsatzrichtlinie erlassen, die z. B. Rechte und Pflichten für Käufer und Verkäufer im Internetversandhandel definiert.

Die Rechtsprechung wird durch die Gerichte ausgeübt. Sie haben dabei die Aufgabe, die Rechtsnormen des Privatrechts und des öffentlichen Rechts auf den Einzelfall anzuwenden. In der Regel endet das Gerichtsverfahren mit einem Urteil, gegen das unter bestimmten Bedingungen der Instanzenweg beschritten werden kann. Es wird Berufung oder Revision eingelegt. Bei einer Berufung wird der gesamte Sachverhalt neu untersucht, wohingegen bei einer Revision nur die korrekte Rechtsanwendung überprüft wird. Nach dem Zuständigkeitsbereich kann man dabei die folgenden **Gerichtsbarkeiten** unterscheiden:

- **Verfassungsgerichtsbarkeit:** Das Bundesverfassungsgericht in Karlsruhe ist zuständig für Streitigkeiten, die das Grundgesetz und damit die Verfassung des Landes betreffen.

INFOBOX

- **Ordentliche Gerichtsbarkeit:** Für Strafsachen oder bürgerliche Rechtsstreitigkeiten (Zivilprozess) ist die ordentliche Gerichtsbarkeit zuständig. In der ersten Instanz werden dabei Entscheidungen durch das Amtsgericht getroffen. Übersteigt der Streitwert 5000,00 €, ist im Zivilprozess die nächsthöhere Instanz, das Landgericht, direkt zuständig. Weitere Instanzen sind das Oberlandesgericht und der Bundesgerichtshof in Karlsruhe.
- **Finanzgerichtsbarkeit:** Bei Streitigkeiten über Steuern und Zölle sind die Finanzgerichte zuständig. Die zweite und zugleich höchste Instanz ist der Bundesfinanzhof in München.
- **Verwaltungsgerichtsbarkeit:** Verwaltungsgerichte werden angerufen, wenn es um Streitigkeiten nicht verfassungsrechtlicher Art zwischen Personen des Privatrechts und Personen des öffentlichen Rechts geht. Sie sind also zuständig, wenn Entscheidungen von Behörden aufgehoben oder Behörden zu einem bestimmten Tun oder Unterlassen verpflichtet werden sollen. Neben den Verwaltungsgerichten gibt es Oberverwaltungsgerichte und das Bundesverwaltungsgericht in Leipzig.
- **Arbeitsgerichtsbarkeit:** Vor dem Arbeitsgericht werden Streitigkeiten zwischen Arbeitgebern und Arbeitnehmer sowie der Tarifvertragspartner ausgetragen. Zunächst wird in einem Gütetermin versucht, eine außergerichtliche Einigung der Parteien z. B. durch einen Vergleich herbeizuführen. Gelingt dies nicht, kommt es zu einem Urteil des Arbeitsgerichtes in der ersten Instanz. Gegen dieses Urteil kann Berufung beim Landesarbeitsgericht eingelegt werden. Eine evtl. zulässige Revision beim Bundesarbeitsgericht in Erfurt beendet das Verfahren in der dritten Instanz endgültig.
- **Sozialgerichtsbarkeit:** Die Sozialgerichte sind vor allem für Streitigkeiten zuständig, die die Sozialversicherung betreffen. Nach einem außergerichtlichen Vorverfahren (Widerspruchsverfahren) kann der Instanzenweg beschritten werden. Berufungen gegen Entscheidungen der Sozialgerichte werden von den Landessozialgerichten entschieden. Eine anschließende Revision wird von der höchsten Instanz, dem Bundessozialgericht in Kassel, verhandelt.

Vertiefende Übungen

1 Erläutern Sie, ob in folgenden Fällen Privatrecht oder öffentliches Recht betroffen ist.
   a) Rainer Flender ist der Meinung, dass die WFW AG zu viel Steuern bezahlt hat.
   b) Merte Mülder, die Marketingleiterin der WFW AG, hat eine Werbeagentur mit der Durchführung einer Werbekampagne betraut.
   c) Jutta Schindler ist bei der WFW AG für die Einhaltung des Arbeitsschutzgesetzes zuständig.
   d) Petra Aupke, verantwortlich für den „Vertrieb Niederlande“, bekommt eine Gehaltserhöhung.
   e) Mit seiner Note im Fach Mathematik ist der Schüler Noah Brand nicht einverstanden. Er überlegt, ob er Widerspruch einlegen soll.
   f) Anne Wessels und Rainer Flender erwägen, eine Änderung der Satzung der WFW AG herbeizuführen.
   g) Noah Brands Schulleiter Herr Neuhaus bestellt beim Computerhandelshaus Schneider KG 50 neue Computer für das Gymnasium.
   h) Auch für seinen Sohn Erik bestellt Herr Neuhaus einen Computer.
   i) Auf der Kanalstraße in Münster wird „Tempo 30“ eingeführt.
   j) Nach dem Aufstieg in die Regionalliga haben die Fußballer von Borussia Emsdetten ordentlich gefeiert. Sie sind nach Mitternacht laut singend durch die Innenstadt gezogen.

2 Ordnen Sie die folgenden Rechtsgebiete dem Bereich des Privatrechts oder des öffentlichen Rechts zu.

a) Bürgerliches Recht	d) Steuerrecht	g) Schulrecht	j) Sozialrecht
b) Prozessrecht	e) Verfassungsrecht	h) Erfinderrecht	
c) Urheberrecht	f) Handelsrecht	i) Strafrecht	

3 Die WFW AG hat im letzten Jahr das Weihnachtsgeld freiwillig um 100,00 € aufgestockt. Sie überlegt, dies auch in diesem Jahr zu tun. Schildern Sie Risiken für die WFW AG, falls sie sich auch in den kommenden Jahren für eine Aufstockung entscheiden sollte.

4 Erläutern Sie, welche Bedeutung europäische Richtlinien für das deutsche Recht haben.

5 Die Gerichtsbarkeit ist in Deutschland durch unterschiedliche Zuständigkeitsbereiche und Instanzenwege gekennzeichnet. Vervollständigen Sie die folgende Übersicht.

Gerichtsbarkeit	Zuständigkeitsbereich	Instanzenweg
Verfassungsgerichtsbarkeit		
Ordentliche Gerichtsbarkeit		
Finanzgerichtsbarkeit		
Verwaltungsgerichtsbarkeit		
Arbeitsgerichtsbarkeit		
Sozialgerichtsbarkeit		

6 Erläutern Sie, welche Gerichtsbarkeit in den folgenden Sachverhalten angesprochen wird.
a) Herr Meier verklagt die Bundesagentur für Arbeit auf Zahlung von Arbeitslosengeld.
b) Die Farbenwerke Weller GmbH hat nach Meinung der WFW AG fehlerhafte Lacke geliefert. Eine Einigung konnte nicht erzielt werden. Der Streitwert beträgt 6 000,00 €.
c) Walter Müller, ein ehemaliger Auszubildender der WFW AG, hat keinen Studienplatz erhalten. Er ist der Meinung, dass das Auswahlverfahren der Universität nicht korrekt war.
d) Die Rechtmäßigkeit von Neuwahlen zum Bundestag soll überprüft werden.
e) Anne Wessels ist der Meinung, dass das Finanzamt ihre Einkommensteuer zu hoch festgesetzt hat.
f) Rainer Flender hat angeordnet, dass alle Mitarbeiter werktäglich von 8:00 Uhr bis 16:30 Uhr arbeiten müssen. Der Betriebsrat fühlt sich übergangen.

7 Unterscheiden Sie zwischen einer Berufung und einer Revision.

ZUSAMMENFASSUNG

Rechtsordnung
Die Rechtsordnung stellt das ______________ der Menschen sicher und umfasst im Wesentlichen ______________ und ______________ sowie das ______________.

Leitfragen	Öffentliches Recht	Privates Recht
Rechtsbeziehungen	Beziehungen der ____ ____ zum ____ und der ____ Organe untereinander	Beziehungen der ____ ____ untereinander
Verhältnis der Personen	Prinzip der ____ und ____	Prinzip der ____
Abänderbarkeit der Rechtsnormen	Rechtsnormen können nicht abgeändert werden → ____ Recht.	Rechtsnormen können durch ____ abgeändert werden → nachgiebiges (____) Recht.

Gewohnheitsrecht
Das Gewohnheitsrecht hat sich durch dauernde ____ entwickelt und hat die gleiche ____ wie das geschriebene Recht.

Europäisches Recht
Auf Grundlage der Verträge zur Europäischen Union werden ____ erlassen, die jeder Mitgliedstaat in ____ Recht umsetzen muss.

Gerichtsbarkeiten	
Verfassungsgerichtsbarkeit	Streitigkeiten, die das ____ betreffen
____ ____	bürgerliche Rechtsstreitigkeiten (Zivilprozess) oder Strafsachen
Finanzgerichtsbarkeit	Streitigkeiten über ____ und ____
____	Streitigkeiten nicht verfassungsrechtlicher Art zwischen Personen des Privatrechts und Personen des öffentlichen Rechts
Arbeitsgerichtsbarkeit	Streitigkeiten zwischen ____ und ____ sowie der Tarifvertragspartner
____	hauptsächlich Streitigkeiten aus der Sozialversicherung

SELBSTEINSCHÄTZUNG	JA ☺	MIT HILFE 😐	NEIN ☹
Ich kann die Rechtsordnung der Bundesrepublik Deutschland in ihren Grundzügen beschreiben.			
Ich kann zwischen öffentlichem und privatem Recht unterscheiden.			
Ich kann erläutern, was man unter Gewohnheitsrecht versteht.			
Ich kann die Bedeutung des Europäischen Rechts beschreiben.			
Ich kann die Zuständigkeitsbereiche der einzelnen Gerichtsbarkeiten erklären.			
Ich kann für einzelne Sachverhalte begründen, welche Gerichte jeweils zuständig sind.			
Ich kann definieren, was man unter einer Berufung und einer Revision versteht.			

Außerdem habe ich gelernt:

____

____

____

____

____

____

____

HINWEIS

Zur Wiederholung und Vertiefung der Inhalte der Lernsituation: Seite 162f., Aufgabe 1.

LERNSITUATION 2: Die Rechts- und Geschäftsfähigkeit von Rechtssubjekten beurteilen

Ausgangssituation: Wer darf hier was?

Rainer Flender kommt gerade von der Geburtstagsfeier seines Patenkindes Karl, dem dreijährigen Sohn seiner Schwester, nach Hause. „Der Karl ist schon ein drolliger Kerl", denkt er, „und wie clever er mit seinen drei Jahren schon ist. Aus dem wird später mal ein guter Unternehmer. Da ich keine Kinder habe, wird er mich wohl beerben." Am nächsten Tag verfasst Rainer Flender sein Testament und setzt seinen Neffen als Erben ein. Rainer Flender schmunzelt: „Ich kann mir das schon bildlich vorstellen, wie der kleine Karl meine Vorstandskollegen mit seinen Vorschlägen auf Trab hält."

Arbeitsaufträge

1 Begründen Sie, ob der dreijährige Karl das Vermögen von Rainer Flender erben könnte.

2 Erläutern Sie, ob der dreijährige Karl nach den Vorschriften des BGB im Erbfall die Geschicke der WFW AG leiten könnte.

INFOBOX

Info 1: Rechts- und Geschäftsfähigkeit

Unter **Rechtsfähigkeit** versteht man die Fähigkeit, Träger von Rechten und Pflichten sein zu können. Rechtsfähig sind die Rechtssubjekte, also die **natürlichen** sowie die **juristischen Personen**. Zu den natürlichen Personen zählen alle Menschen. Die Rechtsfähigkeit von natürlichen Personen beginnt nach § 1 BGB mit Vollendung der Geburt und endet mit dem Tod. Bei den juristischen Personen kann man zwischen **juristischen Personen des Privatrechts** und **juristischen Personen des öffentlichen Rechts** unterscheiden. Die Rechtsfähigkeit von juristischen Personen des Privatrechts beginnt i. d. R. mit der Eintragung in ein Register und endet mit der Austragung aus dem Register (Handelsregister, Vereinsregister, Genossenschaftsregister). Wichtige juristische Personen des Privatrechts sind die Gesellschaft mit beschränkter Haftung (GmbH), die Aktiengesellschaft (AG), der eingetragene Verein (e. V.) und die eingetragene Genossenschaft (eG). Bei juristischen Personen des öffentlichen Rechts wird die Rechtsfähigkeit durch einen staatlichen Hoheitsakt (z. B. ein Gesetz) verliehen und auch beendet. Zu den wichtigsten juristischen Personen des öffentlichen Rechts zählen neben den Gebietskörperschaften, wie den Gemeinden, Kreisen, Bundesländern und dem Bund selbst, auch die Anstalten des öffentlichen Rechts wie die Industrie- und Handelskammer, die Handwerkskammer und die Hochschulen.

Unter **Geschäftsfähigkeit** versteht man die Fähigkeit, Rechtsgeschäfte wirksam abschließen zu können. Wer geschäftsfähig ist, kann damit Rechte erwerben und Pflichten eingehen. **Geschäftsunfähig** sind nach § 104 Abs. 1 BGB alle **natürlichen Personen**, also alle Menschen, die höchstens sechs Jahre alt sind. Die Willenserklärungen von Geschäftsunfähigen sind nichtig (= unwirksam). Für diese Personengruppe handelt ein gesetzlicher Vertreter. Für Kinder sind dies die Eltern. Geschäftsunfähige können als Bote auftreten und die Willenserklärung einer anderen Person übermitteln.

Beispiel: Der sechsjährige Ben überreicht in einer Bäckerei einen Einkaufszettel seiner Mutter und kauft 20 Brötchen ein. Ben ist in diesem Fall der Erfüllungsgehilfe seiner Mutter.

⬇

Ebenso geschäftsunfähig sind Personen, die unter einer andauernden krankhaften Störung der Geistestätigkeit leiden (§ 104 Abs. 2 BGB). In diese Personengruppe fallen also Menschen, die dauerhaft psychisch erkrankt sind, nicht solche, die beispielweise vorübergehend eine Psychotherapie machen.

Beschränkt geschäftsfähig sind Personen von ihrem siebten bis zum 17. Lebensjahr (§ 106 BGB). Die Willenserklärungen von beschränkt Geschäftsfähigen sind grundsätzlich schwebend unwirksam, solange keine Zustimmung der gesetzlichen Vertreter, also i.d.R. der Eltern, vorliegt (§ 108 BGB). Die Eltern entscheiden damit über die Rechtswirksamkeit eines Rechtsgeschäftes. Verweigern die Eltern ihre Zustimmung wird das Rechtsgeschäft nichtig. Grundsätzlich unterscheidet man zwei Arten der Zustimmung. Geben die Eltern ihre Zustimmung schon vor Eingehung des Rechtsgeschäftes, liegt eine Einwilligung vor. Wird die Zustimmung dagegen erst nach Vornahme des Rechtsgeschäftes gegeben, spricht man von einer Genehmigung. Die Zustimmung kann formlos erfolgen und auch durch schlüssiges (konkludentes) Handeln der gesetzlichen Vertreter gegeben werden.

Beispiel: Die 14-jährige Lea kauft sich einen Fernseher für 600,00 €. Als die Eltern das neue Gerät bei Lea vorfinden, erheben sie keine Einwände. Aus dem Verhalten der Eltern wird deutlich, dass sie mit dem Kauf des Gerätes einverstanden sind.

Unter bestimmten Voraussetzungen ist **keine Zustimmung** des gesetzlichen Vertreters notwendig:

- Der Minderjährige bewirkt die Leistung mit Mitteln, die ihm vom gesetzlichen Vertreter zu diesem Zweck oder zur freien Verfügung überlassen wurden (§ 110 BGB). Dies betrifft vor allem Fälle, in denen der Minderjährige über sein Taschengeld verfügt. Ratengeschäfte sind allerdings durch den Taschengeldparagrafen nicht abgedeckt, da die Leistung nicht vollständig bewirkt wurde.
- Der Minderjährige erlangt durch das Rechtsgeschäft lediglich einen rechtlichen Vorteil (§ 107 BGB). Es kommt dabei nicht auf den wirtschaftlichen Vorteil an. Sobald sich für den Minderjährigen rechtlich Nachteile, z.B. Pflichten, ergeben, müssen die Eltern zustimmen.
- Betreibt der Minderjährige mit Zustimmung der Eltern und Genehmigung des Familiengerichts ein Erwerbsgeschäft (§ 112 BGB), so darf er sämtliche Rechtsgeschäfte im Zusammenhang mit seinem Erwerbsgeschäft vornehmen. Ausgenommen bleiben Rechtsgeschäfte, die der Genehmigung des Familiengerichtes bedürfen.
- Geht der Minderjährige mit Zustimmung der gesetzlichen Vertreter ein Dienst- oder Arbeitsverhältnis ein (§ 113 BGB), so ist er für solche Rechtsgeschäfte voll geschäftsfähig, die die Eingehung oder Aufhebung eines Dienstverhältnisses der gestatteten Art betreffen. Die betrifft auch die Erfüllung von Verpflichtungen, die sich aus dem Arbeitsverhältnis ergeben. So darf der Minderjährige z.B. auch ein Gehaltskonto eröffnen. Auf das Ausbildungsverhältnis ist diese Vorschrift nicht anzuwenden.

Für die Vornahme von einseitigen Rechtsgeschäften, wie z.B. einer Kündigung, reicht nach § 111 BGB eine Genehmigung des gesetzlichen Vertreters nicht aus. Er muss vorher einwilligen.

Voll geschäftsfähig sind natürliche Personen ab ihrem 18. Lebensjahr. Ihre Willenserklärungen sind in vollem Umfang rechtswirksam.

Juristische Personen sind immer voll geschäftsfähig. Um Rechtsgeschäfte abschließen zu können, benötigen sie Organe, die für die juristische Person handeln. Dies sind z.B. der Vorstand einer AG oder die Geschäftsführung einer GmbH.

INFOBOX

Info 2: Auszüge aus dem Bürgerlichen Gesetzbuch (BGB) zur Rechts- und Geschäftsfähigkeit

Rechtsfähigkeit

§ 1 Beginn der Rechtsfähigkeit
Die Rechtsfähigkeit des Menschen beginnt mit der Vollendung der Geburt.

§ 90 Begriff der Sache
Sachen im Sinne des Gesetzes sind nur körperliche Gegenstände.

§ 90a Tiere
Tiere sind keine Sachen. Sie werden durch besondere Gesetze geschützt. Auf sie sind die für Sachen geltenden Vorschriften entsprechend anzuwenden, soweit nicht etwas anderes bestimmt ist.

§ 1922 Gesamtrechtsnachfolge
(1) Mit dem Tode einer Person (Erbfall) geht deren Vermögen (Erbschaft) als Ganzes auf eine oder mehrere andere Personen (Erben) über.
(...)

Geschäftsfähigkeit

§ 104 Geschäftsunfähigkeit
Geschäftsunfähig ist,
1. wer nicht das siebente Lebensjahr vollendet hat,
2. wer sich in einem die freie Willensbestimmung ausschließenden Zustand krankhafter Störung der Geistestätigkeit befindet, sofern nicht der Zustand seiner Natur nach ein vorübergehender ist.

§ 105 Nichtigkeit der Willenserklärung
(1) Die Willenserklärung eines Geschäftsunfähigen ist nichtig.
(2) Nichtig ist auch eine Willenserklärung, die im Zustand der Bewusstlosigkeit oder vorübergehender Störung der Geistestätigkeit abgegeben wird.

§ 105a Geschäfte des täglichen Lebens
Tätigt ein volljähriger Geschäftsunfähiger ein Geschäft des täglichen Lebens, das mit geringwertigen Mitteln bewirkt werden kann, so gilt der von ihm geschlossene Vertrag in Ansehung von Leistung und, soweit vereinbart, Gegenleistung als wirksam, sobald Leistung und Gegenleistung bewirkt sind. Satz 1 gilt nicht bei einer erheblichen Gefahr für die Person oder das Vermögen des Geschäftsunfähigen.

§ 106 Beschränkte Geschäftsfähigkeit Minderjähriger
Ein Minderjähriger, der das siebente Lebensjahr vollendet hat, ist nach Maßgabe der §§ 107 bis 113 in der Geschäftsfähigkeit beschränkt.

§ 107 Einwilligung des gesetzlichen Vertreters
Der Minderjährige bedarf zu einer Willenserklärung, durch die er nicht lediglich einen rechtlichen Vorteil erlangt, der Einwilligung seines gesetzlichen Vertreters.

§ 108 Vertragsschluss ohne Einwilligung
(1) Schließt der Minderjährige einen Vertrag ohne die erforderliche Einwilligung des gesetzlichen Vertreters, so hängt die Wirksamkeit des Vertrags von der Genehmigung des Vertreters ab.
(2) Fordert der andere Teil den Vertreter zur Erklärung über die Genehmigung auf, so kann die Erklärung nur ihm gegenüber erfolgen; eine vor der Aufforderung dem Minderjährigen gegenüber erklärte Genehmigung oder Verweigerung der Genehmigung wird unwirksam. Die Genehmigung kann nur bis zum Ablauf von zwei Wochen nach dem Empfang der Aufforderung erklärt werden; wird sie nicht erklärt, so gilt sie als verweigert.
(3) Ist der Minderjährige unbeschränkt geschäftsfähig geworden, so tritt seine Genehmigung an die Stelle der Genehmigung des Vertreters.

§ 109 Widerrufsrecht des anderen Teils
(1) Bis zur Genehmigung des Vertrags ist der andere Teil zum Widerruf berechtigt. Der Widerruf kann auch dem Minderjährigen gegenüber erklärt werden.
(...)

§ 110 Bewirken der Leistung mit eigenen Mitteln
Ein von dem Minderjährigen ohne Zustimmung des gesetzlichen Vertreters geschlossener Vertrag gilt als von Anfang an wirksam, wenn der Minderjährige die vertragsmäßige Leistung mit Mitteln bewirkt, die ihm zu diesem Zweck oder zu freier Verfügung von dem Vertreter oder mit dessen Zustimmung von einem Dritten überlassen worden sind.

§ 111 Einseitige Rechtsgeschäfte
Ein einseitiges Rechtsgeschäft, das der Minderjährige ohne die erforderliche Einwilligung des gesetzlichen Vertreters vornimmt, ist unwirksam. (...)

§ 112 Selbstständiger Betrieb eines Erwerbsgeschäfts
(1) Ermächtigt der gesetzliche Vertreter mit Genehmigung des Familiengerichts den Minderjährigen zum selbstständigen Betrieb eines Erwerbsgeschäfts, so ist der Minderjährige für solche Rechtsgeschäfte unbeschränkt geschäftsfähig, welche der Geschäftsbetrieb mit sich bringt. Ausgenommen sind Rechtsgeschäfte, zu denen der Vertreter der Genehmigung des Familiengerichts bedarf.
(2) Die Ermächtigung kann von dem Vertreter nur mit Genehmigung des Familiengerichts zurückgenommen werden.

§ 113 Dienst- oder Arbeitsverhältnis
(1) Ermächtigt der gesetzliche Vertreter den Minderjährigen, in Dienst oder in Arbeit zu treten, so ist der Minderjährige für solche Rechtsgeschäfte unbeschränkt geschäftsfähig, welche die Eingehung oder Aufhebung eines Dienst- oder Arbeitsverhältnisses der gestatteten Art oder die Erfüllung der sich aus einem solchen Verhältnis ergebenden Verpflichtungen betreffen. Ausgenommen sind Verträge, zu denen der Vertreter der Genehmigung des Familiengerichts bedarf.
(2) Die Ermächtigung kann von dem Vertreter zurückgenommen oder eingeschränkt werden.
(...)
(4) Die für einen einzelnen Fall erteilte Ermächtigung gilt im Zweifel als allgemeine Ermächtigung zur Eingehung von Verhältnissen derselben Art.

Vertiefende Übungen

1 Auch bei den Mitarbeiterkindern der WFW AG hat sich in letzter Zeit einiges ereignet. Bearbeiten Sie die folgenden Fälle mithilfe der Infos 1 und 2.

a) Der fünfjährige Hannes, der Sohn der Geschäftsführerin Anne Wessels, kauft im Supermarkt von seinem Taschengeld eine Tafel Schokolade für 60 Cent. Anne Wessels ist darüber empört, da sie Sorge um die Zähne des kleinen Hannes hat. Sie marschiert mit der Schokolade in den Supermarkt und verlangt die Herausgabe der 60 Cent. Begründen Sie, ob sie Erfolg haben wird.

b) Karin Glohr, die Mutter der sechsjährigen Mareike ist im Stress. Schnell schreibt sie eine Einkaufsliste und bittet Mareike, die Waren beim Metzger um die Ecke einzukaufen. Dieser nimmt die Einkaufsliste entgegen und stellt die gewünschten Waren im Wert von 30,00 € zusammen. Zu Hause angekommen stellt Mareikes Mutter fest, dass sie drei Schnitzel zu viel aufgeschrieben hat. Sie bittet deshalb den Metzger, die Schnitzel zurücknehmen. Prüfen Sie, ob der Metzger dazu verpflichtet ist.

c) Die Auszubildende Martina Proksch feiert in fünf Tagen ihren 18. Geburtstag. Da sie die Führerscheinprüfung schon bestanden hat, unterschreibt sie beim Autohaus Lüke einen Kaufvertrag über einen VW Golf im Wert von 6 000,00 €.

ca) Erläutern Sie, warum kein rechtswirksamer Kaufvertrag zustande gekommen ist.

cb) Der Autohändler Lüke fordert Martinas Eltern schriftlich zur Genehmigung des Kaufes auf. Diese sind noch unsicher, ob der Kauf vorteilhaft ist, und zögern mit der Antwort. Nach einer Woche wird es Martina zu bunt. Kurzerhand geht sie zum Autohändler und sagt, sie möchte das Auto jetzt endlich kaufen. Die Zustimmung ihrer Eltern sei jetzt ohnehin nicht mehr erforderlich. Legen Sie dar, ob Martina recht hat.

d) Die 16-jährige Auszubildende Angelika Meier kauft einen Blu-ray-Player, ohne dass sie ihre Eltern um Erlaubnis gefragt hat. Als die Eltern vom Kauf des Blu-ray-Players erfahren, erheben sie keine Einwände. Nach drei Wochen möchte Angelika den Player zurückgeben, da er doch nicht ihren Vorstellungen entspricht. Prüfen Sie, ob dies möglich ist.

e) Zu ihrem 16. Geburtstag erhält Petra Lang von ihrer Oma eine goldene Halskette im Wert von 3 000,00 €. Allerdings soll Petra als Gegenleistung 250,00 € an eine gemeinnützige Organisation spenden. Ihre Eltern sind schon seit längerer Zeit mit ihrer Oma zerstritten. Sie sind der Meinung, dass Petra die Halskette zurückgeben solle. Erläutern Sie, ob Petra die Halskette zurückgeben muss.

f) Der 17-jährige Thorsten Brand wünscht sich schon lange einen neuen Fernseher. Nachdem er endlich 1 000,00 € von seinem Taschengeld zusammengespart hat, kauft er sich einen neuen Flachbildfernseher. Als die Eltern von dem Kauf erfahren, fordern sie vom örtlichen Fernsehhändler die Rücknahme des Gerätes. Begründen Sie, ob sich die Eltern im Recht befinden.

g) Peter Schmid war schon immer ein leidenschaftlicher Briefmarkensammler. Mit 16 Jahren hat er endlich sein erstes Briefmarkengeschäft eröffnet. Seine Eltern und das Familiengericht haben der Eröffnung zugestimmt. Bei einer günstigen Gelegenheit erwirbt Peter einen Satz Marken im Wert von 1 500,00 €. Seine Eltern halten das Geschäft für zu risikoreich und verlangen die Rückgabe der Marken. Nehmen Sie Stellung, ob Peter die Marken zurückgeben muss.

h) Nach drei Wochen gefällt dem 17-jährigen Alfred Mülder die Ausbildung zum Industriekaufmann bei der Schuppert Metallerzeugnisse OHG nicht mehr. Kurzerhand kündigt er ohne das Wissen seiner Eltern schriftlich das Ausbildungsverhältnis. Er verabschiedet sich von seinem Ausbilder, Herrn Wulf, mit den Worten: „Wenn meine Eltern aus dem Urlaub zurück sind, werden sie meiner Kündigung schon zustimmen. Ich wünsche Ihnen alles Gute, Herr Wulf." Prüfen Sie, ob die Kündigung rechtswirksam ist.

i) Da der 17-jährige Otto Pinkall keine Ausbildung gefunden hat, unterschreibt er mit Zustimmung seiner Eltern einen Arbeitsvertrag bei der VEKUMA AG. Für die Überweisung seines Lohnes eröffnet er bei der örtlichen Sparkasse ein Konto. Seine Eltern sind dagegen, denn Otto soll, wie alle Mitglieder der Familie, sein Konto bei der örtlichen Volksbank eröffnen. Erklären Sie, ob die Kontoeröffnung bei der Sparkasse rechtswirksam ist.

2 Entscheiden Sie, ob es sich bei den folgenden Rechtssubjekten um natürliche Personen, juristische Personen des Privatrechts oder juristische Personen des öffentlichen Rechts handelt:

a) Anne Wessels
b) Westdeutscher Rundfunk
c) Borussia VfL 1900 e. V. Mönchengladbach
d) Ärztekammer Westfalen-Lippe
e) Deutsche Bank AG
f) Bundesagentur für Arbeit
g) Richter Alexander Hold
h) WFW AG

3 Erna Wessels, die Großmutter von Anne Wessels, ist hochbetagt und verfügt über ein beträchtliches Vermögen. Sie hat ihren geliebten Hund Schikko als Alleinerben eingesetzt. Erläutern Sie, ob dies möglich ist, und zeigen Sie ggf. Alternativen für Erna Wessels auf.

4 Heike Baum ist 17 Jahre alt und mit der uneingeschränkten Zustimmung der Eltern seit ihrem Realschulabschluss bei einer großen Textileinzelhandelskette beschäftigt. Im Moment hat sie Stress mit ihren Eltern, da Heike sich besonders gut mit der ungeliebten Patentante Hedwig versteht.

a) Heike bekommt von ihrer Tante eine goldene Kette geschenkt. Ihre Eltern sind gegen die Schenkung. Begründen Sie, ob Heike die Kette behalten darf.

b) Erläutern Sie, wie der Fall zu beurteilen wäre, wenn Heike die Kette für
ba) 30,00 €,
bb) 300,00 €
erworben hätte.

c) Heike ist bei ihrem Arbeitgeber für den Einkauf von Textilien zuständig. In ihrer Funktion hat sie Hosen im Wert von 2000,00 € bestellt. Ihrem Chef gefallen die Hosen nicht und er möchte das Geschäft rückgängig machen, da Heike seiner Meinung nach nur beschränkt geschäftsfähig sei. Nehmen Sie Stellung.

d) Da Heike von ihrem Chef enttäuscht ist, kündigt sie kurzerhand, ohne ihre Eltern vorher zu informieren. Prüfen Sie, ob dies möglich ist.

e) Erklären Sie, wie der Fall d) zu beurteilen wäre, wenn es sich um ein Ausbildungsverhältnis gehandelt hätte.

5 Karl Duman begeistert sich schon seit frühester Jugend für Computer. Bereits mit 14 Jahren hat er erste kleinere gewerbliche Anwendungsprogramme für seinen Onkel geschrieben, der ein kleines Lebensmittelgeschäft betreibt. Nach und nach sind immer mehr „Kunden" hinzugekommen und Karl hat mit nunmehr 17 Jahren den Schritt in die Selbstständigkeit gewagt und ein Computersystemhaus gegründet. Deshalb hat er Computer und Software im Wert von 45 000,00 € eingekauft. Außerdem möchte Karl demnächst den Führerschein machen und hat einen Sportwagen bestellt.
   a) Beschreiben Sie die Voraussetzungen, unter denen Karl das Computersystemhaus gründen konnte.
   b) Legen Sie dar, ob ein wirksamer Kaufvertrag über die Computer und Software zustande gekommen ist.
   c) Diskutieren Sie, ob der Kaufvertrag über das Auto rechtswirksam ist.

6 Die sechsjährige Franzi Wemer hat zum ersten Mal Taschengeld erhalten. Ihre Eltern, Heike und Paul Wemer, sind der Meinung, dass die kleine Franzi schon früh den Umgang mit Geld lernen soll. Sogleich kauft sich Franzi von ihrem Taschengeld eine große Tafel Schokolade und eine Flasche Cola, um diesen Anlass mit ihren Freundinnen zu feiern. Da Heike Wemer sehr viel Wert auf eine gesunde Ernährung ihrer Kinder legt, ist sie mit dem Kauf der Lebensmittel nicht einverstanden und fordert vom Lebensmittelhändler Lanvers die Rücknahme der Schokolade sowie der Cola.
   a) Begründen Sie, ob der Lebensmittelhändler Lanvers die Schokolade und die Cola zurücknehmen muss.
   b) Erläutern Sie, wie der Fall zu beurteilen wäre, wenn die kleine Franzi die Lebensmittel für ihre Mutter eingekauft hätte.

7 Die 17-jährige Mareike Schulte erhält monatlich 80,00 € Taschengeld von ihren Eltern und spart schon längere Zeit für eine neue Musikanlage. Als sie endlich die erforderliche Summe zusammen hat, erwirbt sie beim Elektronikfachgeschäft Medial ein neues Soundsystem für 800,00 €. Schließlich möchte sie standesgemäß ihren 18. Geburtstag feiern.
   a) Erläutern Sie, warum kein rechtswirksamer Kaufvertrag über das Soundsystem zustande gekommen ist.
   b) Um Rechtssicherheit zu haben, bittet das Elektronikfachgeschäft Medial die Eltern um Genehmigung des Kaufes. Erläutern Sie, welche Auswirkung es hat, wenn die Eltern
      ba) die Genehmigung verweigern,
      bb) sich nicht äußern.
   c) Gehen Sie nun davon aus, dass Mareike zwischenzeitlich 18 Jahre alt geworden ist. Schildern Sie, welche Konsequenzen dies für die Wirksamkeit des Kaufes hat.

8 Die WFW AG möchte eine neue vollautomatisierte Fertigungsstraße erwerben. Die beiden Vorstände Anne Wessels und Rainer Flender unterschreiben im Namen der WFW AG den Kaufvertrag. Beurteilen Sie, ob der Kaufvertrag für die WFW AG bindend ist.

ZUSAMMENFASSUNG

Rechtsfähigkeit

Rechtsfähig sind alle __________ und __________ Personen. Sie sind Träger von __________ und __________.

Geschäftsfähigkeit natürlicher Personen

Wer geschäftsfähig ist, kann Rechtsgeschäfte __________ abschließen.

Geschäftsunfähigkeit

Alle Menschen, die noch keine __________ Jahre alt, sind geschäftsunfähig. Die Willenserklärungen dieser Menschen sind __________. Geschäftsunfähige können aber als __________, also als Übermittler einer Willenserklärung __________. Auch Personen, die unter einer __________ Störung der __________ leiden, sind geschäftsunfähig.

Beschränkte Geschäftsfähigkeit

Vom ______ bis zum ______ Lebensjahr sind Menschen beschränkt geschäftsfähig. Ohne die __________ der gesetzlichen __________, also im Regelfall der __________, sind die __________ von beschränkt Geschäftsfähigen __________ unwirksam.

Keiner Zustimmung der Eltern bedarf es bei Rechtsgeschäften,

- die der Minderjährige mit __________ oder ihm zu diesem __________ überlassenen Mitteln bestreitet („__________paragraf"),
- durch die der Minderjährige lediglich einen __________ Vorteil hat,
- die im Rahmen eines __________ getätigt werden,
- die die __________, __________ oder Erfüllung eines __________- oder __________ betreffen.

Für einseitige Rechtsgeschäfte muss eine __________ vorliegen.

Unbeschränkte Geschäftsfähigkeit

Ab dem ______ Lebensjahr gilt die unbeschränkte Geschäftsfähigkeit. Sämtliche Willenserklärungen sind __________.

Geschäftsfähigkeit juristischer Personen

Juristische Personen sind immer __________ geschäftsfähig und handeln durch __________.

SELBSTEINSCHÄTZUNG	JA ☺	MIT HILFE 😐	NEIN ☹
Ich kann Rechtssubjekte benennen und unterscheiden.			
Ich kann erläutern, was man unter Rechts- und Geschäftsfähigkeit versteht.			
Ich kann erklären, wer geschäftsunfähig ist und welche Rechtswirkung eine Geschäftsunfähigkeit hat.			
Ich kann erklären, wer beschränkt geschäftsfähig ist und welche Rechtswirkung eine beschränkte Geschäftsfähigkeit hat.			
Ich kann darlegen, unter welchen Voraussetzungen ein beschränkt Geschäftsfähiger wie ein voll Geschäftsfähiger handeln kann.			
Ich kann erklären, wer unbeschränkt geschäftsfähig ist und welche Rechtswirkung eine unbeschränkte Geschäftsfähigkeit hat.			
Ich kann die Geschäftsfähigkeit von juristischen Personen beschreiben.			
Ich kann fallbezogene Aufgaben zur Rechts- und Geschäftsfähigkeit lösen.			
Ich kann Gesetzestexte zur Rechts- und Geschäftsfähigkeit anwenden.			

Außerdem habe ich gelernt:

____

____

____

____

____

____

____

HINWEIS Zur Wiederholung und Vertiefung der Inhalte der Lernsituation:
Seite 163 f., Aufgabe 2.

Ausgangssituation I: Endlich in die eigenen vier Wände ...

Der Auszubildende Maik Balster möchte endlich auf eigenen Beinen stehen. Deshalb hat er sich entschlossen, zu Hause auszuziehen. Bei der Durchsicht der Mietangebote der *Westfälischen Zeitung* hat er schnell mehrere Appartements gefunden, die seinen Vorstellungen entsprechen. Gleich beim ersten Besichtigungstermin einigt sich Maik Balster mit dem Vermieter Heiner Schüller und unterschreibt seinen ersten Mietvertrag. Man einigt sich auf eine Mietdauer von zwei Jahren und legt eine Warmmiete von 450,00 € fest. Als Maik Balster am nächsten Tag der Vertriebsmitarbeiterin Karin Glohr davon erzählt, berichtet diese, dass sie gerade dringend einen Nachmieter für ihr eigenes Appartement sucht und bietet ihm das Appartement an. Die monatliche Warmmiete beträgt nur 400,00 € und es ist zentral gelegen. „Da habe ich aber Glück gehabt", meint Maik Balster, „noch bin ich schließlich nicht eingezogen!"

Arbeitsaufträge

1 Überprüfen Sie, ob ein wirksamer Mietvertrag zwischen Maik Balster und dem Vermieter Heiner Schüller zustande gekommen ist.

2 Begründen Sie, ob Maik Balster das Angebot von Karin Glohr annehmen sollte.

3 Unterscheiden Sie, auf welche Art und Weise Willenserklärungen abgegeben werden können, und erklären Sie, wie Maik Balster und Heiner Schüller in der vorliegenden Ausgangssituation ihre Willenserklärungen abgegeben haben.

4 Erläutern Sie, ob es sich bei einem Mietvertrag um ein einseitiges oder zweiseitiges Rechtsgeschäft handelt, und schildern Sie, welche Pflichten den Vertragspartnern bei einem Mietvertrag auferlegt werden.

INFOBOX

Info: Rechtsgeschäfte

Ein Rechtsgeschäft hat rechtliche Folgen (z. B. das Entstehen von Rechten und Pflichten) und kommt durch die Willenserklärung einer oder mehrerer Personen zustande. Eine Willenserklärung ist definiert als die rechtswirksame Äußerung (= Erklärung) einer Person mit dem Ziel, eine gewollte Rechtsfolge (= Wille) herbeizuführen.

Beispiel: Abschluss eines Kaufvertrages

Käufer

„Ich habe mich entschieden. Ich möchte das Mountainbike MB-300 kaufen. Super Qualität zu einem guten Preis."

Verkäufer

„Einverstanden, sehr gerne. Eine gute Entscheidung."

Übereinstimmung

Eine Person kann eine Willenserklärung auf unterschiedliche Art und Weise abgeben:

- mündlich } = ausdrücklich
- schriftlich } = ausdrücklich
- durch schlüssiges (konkludentes) Handeln

Beispiel: Beim Kauf von Bekleidung bei großen Textileinzelhandelsketten wird der Verkauf der Ware an der Kasse abgewickelt, ohne dass Käufer und Verkäufer über den Kauf miteinander reden. Aus dem Handeln der Beteiligten wird aber deutlich, was beide wollen.

Nach der Anzahl der erforderlichen Willenserklärungen kann man zwischen ein-, zwei- oder mehrseitigen Rechtsgeschäften unterscheiden.

Zur Vornahme eines einseitigen Rechtsgeschäftes ist lediglich die Willenserklärung einer Person erforderlich. Die Willenserklärung kann dabei empfangsbedürftig oder nicht empfangsbedürftig sein. Bei einer empfangsbedürftigen Willenserklärung kommt das Rechtsgeschäft erst mit Zugang der Willenserklärung beim Empfänger zustande. Wichtige empfangsbedürftige einseitige Rechtsgeschäfte sind die Kündigung, der Rücktritt, die Vollmachtserteilung an eine Person und die Anfechtung (vgl. S. 41 f.).

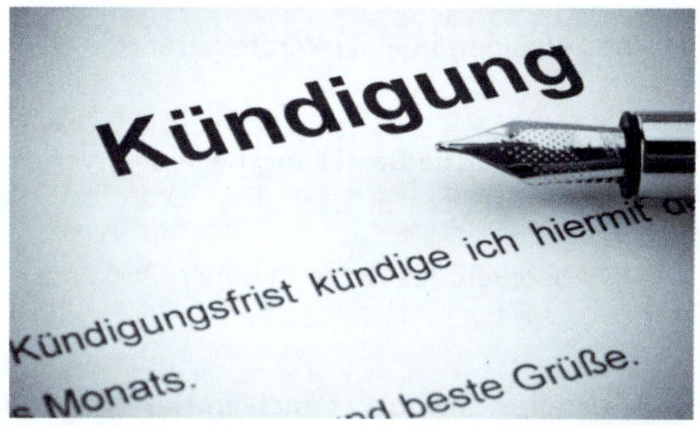

Das wichtigste nicht empfangsbedürftige einseitige Rechtsgeschäft ist das Testament. Da das Testament niemandem zugehen muss, ist es bereits wirksam, wenn es formal korrekt erstellt wurde. Es ist damit auch nicht erforderlich, dass der im Testament Begünstigte Kenntnis vom Testament erhält.

Um ein zwei- oder mehrseitiges Rechtsgeschäft vorzunehmen, bedarf es der Willenserklärungen von zwei oder mehreren Personen. Ein zwei- oder mehrseitiges Rechtsgeschäft nennt man auch Vertrag, der durch die übereinstimmenden Willenserklärungen aller Beteiligten zustande kommt. Dabei wird die erste Willenserklärung als Antrag und die zweite Willenserklärung als Annahme bezeichnet (vgl. Beispiel auf Seite 23 unten).

Ist einmal ein Vertrag geschlossen, sind die Vertragspartner verpflichtet, sich an das Vereinbarte zu halten. Es gilt der Grundsatz **„Verträge sind einzuhalten“**.

Die meisten Verträge des Wirtschaftslebens sind zweiseitig verpflichtende Verträge, d. h., beiden Vertragspartnern werden aus dem Vertrag Pflichten auferlegt.

Beispiele: Leihvertrag, Kaufvertrag, Mietvertrag

Nur wenige Verträge verpflichten lediglich eine Vertragspartei. Man nennt diese Verträge einseitig verpflichtende Verträge.

Beispiele: Bürgschaftsvertrag, Schenkungsvertrag

Vertiefende Übungen

1 Beschreiben Sie, was man unter einer Willenserklärung versteht.

2 Als sich Rainer Flender nach einem anstrengenden Arbeitstag verabschiedet, sagt er zu seiner Sekretärin: „Geschafft für heute. Jetzt will ich nur noch Fernsehen gucken.“ Begründen Sie, ob es sich bei Rainer Flenders Aussage um eine Willenserklärung handelt.

3 Prüfen Sie, auf welche Art und Weise in den folgenden Fällen eine Willenserklärung abgegeben wird.

Willenserklärung	Art und Weise der Abgabe
1. Kauf von Äpfeln auf dem Wochenmarkt	
2. Einkauf in einem Supermarkt	
3. Kündigung eines Arbeitsverhältnisses per Einschreiben	
4. Einsteigen in die U-Bahn	
5. Abschluss eines Ausbildungsvertrages	
6. Aufzeigen in einer Versteigerung	
7. telefonische Bestellung bei einem Versandhändler	
8. Abstellen des Autos in einem Parkhaus	

4 Beurteilen Sie, ob es sich in den folgenden Fällen um ein einseitiges oder zweiseitiges Rechtsgeschäft handelt. Unterscheiden Sie bei einseitigen Rechtsgeschäften zwischen empfangsbedürftigen und nicht empfangsbedürftigen Rechtsgeschäften und bei zweiseitigen Rechtsgeschäften zwischen einseitig und zweiseitig verpflichtenden Rechtsgeschäften.

Rechtsgeschäft	Unterscheidung
1. Omar Guetat beginnt eine Ausbildung bei der WFW AG.	
2. Rainer Flender setzt ein Testament auf.	
3. Leonie Gremme leiht sich einen Fotoapparat.	
4. Rita den Hooge kündigt ihr Arbeitsverhältnis bei der WFW AG.	
5. Andrea Kamp übernimmt eine Bürgschaft für ihren Sohn.	
6. Der Produktionsleiter Franz Schmid erhält die höchste handelsrechtliche Vollmacht, die Prokura.	
7. Herbert Wulf erwirbt ein neues Auto.	
8. Merte Mülder möchte einen Kaufvertrag rückgängig machen.	
9. Anne Wessels schenkt ihrem Patenkind eine Uhr.	

5 Herr Flender hat schlechte Laune. Der Vertriebsmitarbeiter Rico Meier hat erneut einen schweren Fehler gemacht. Deshalb setzt Herr Flender kurzerhand eine schriftliche Kündigung auf und bringt das Schreiben in die Poststelle. Nachmittags tut ihm die Kündigung leid. Begründen Sie, ob Herrn Meier schon rechtswirksam gekündigt worden ist, wenn sich der Brief noch in der Poststelle befindet.

6 Maik Balsters Oma hat ihren Enkel großzügig in ihrem Testament bedacht. Er soll eine Wohnung in Münster-Mauritz erben. Allerdings hat sie ihrem Enkel nichts davon erzählt, damit er weiterhin in seiner Ausbildung den nötigen Ehrgeiz an den Tag legt. Begründen Sie, ob Maik Balster im Todesfall der Oma die Wohnung erben kann, obwohl er nichts von dem Testament weiß.

Ergänzende Übung

Die Radsport Beike GmbH ist eine der wichtigsten Kunden der WFW AG. Als der Geschäftsführer Herr Beike bei Herrn Peters vom Vertrieb West 50 Cityräder „CR-500“ für die nächste Woche bestellt, äußert sich Herr Peters nicht, da die Räder im Moment nicht lieferbar sind. Als sich Herr Beike Anfang der übernächsten Woche nach den Rädern erkundigt, erhält er von Herrn Peters die folgende Antwort: „Herr Beike, ich habe ganz bewusst nicht auf Ihren Antrag reagiert, da die Räder im Moment nicht lieferbar sind.“ Nehmen Sie unter Berücksichtigung der folgenden Infobox Stellung.

Info: Das Schweigen des Kaufmanns

INFOBOX

Das Schweigen einer Person ist grundsätzlich keine Willenserklärung und kann deshalb weder als Zustimmung noch als Ablehnung interpretiert werden. Eine wichtige Ausnahme von diesem Grundsatz gilt allerdings für Kaufleute: Unter bestimmten Bedingungen kann das Schweigen des Kaufmanns als Annahme interpretiert werden.

§ 362 HGB Schweigen des Kaufmanns auf Anträge
(1) Geht einem Kaufmann, dessen Gewerbebetrieb die Besorgung von Geschäften für andere mit sich bringt, ein Antrag über die Besorgung solcher Geschäfte von jemand zu, mit dem er in Geschäftsverbindung steht, so ist er verpflichtet, unverzüglich zu antworten; sein Schweigen gilt als Annahme des Antrags. Das Gleiche gilt, wenn einem Kaufmann ein Antrag über die Besorgung von Geschäften von jemand zugeht, dem gegenüber er sich zur Besorgung solcher Geschäfte erboten hat. (...)

Ausgangssituation II: Ein Vertrag, etwas Besonderes?

Leonie Gremme ist aufgeregt. Heute Morgen hat Herr Flender sie gebeten, den Besprechungsraum herzurichten und um 11:00 Uhr Kaffee zu servieren. Herr Flender und Frau Wessels hätten eine Besprechung mit dem Notar Hein Bollow. Als sie um Punkt 11:00 Uhr den Raum betritt, bemerkt sie, dass die beiden aufgeregt miteinander diskutieren. Soviel Leonie mitbekommt, geht es darum, dass eine Vertriebs-GmbH für die Niederlande gegründet werden soll. „Deshalb ist wohl auch Rechtsanwalt Hein Bollow dabei“, denkt Leonie. Als sie den Besprechungsraum verlässt, erzählt sie Herrn Büker, dem Leiter des strategischen Einkaufs, von ihrem Erlebnis. „Ach, liebe Leonie“, meint Herr Büker, „das ist doch nichts Besonderes. Die möchten einen Vertrag aufsetzen und lassen sich deshalb beraten.“ „Nichts Besonderes“, wiederholt Leonie, „ein Vertrag ist doch immer etwas Besonderes.“ „Nein Leonie, einen Vertrag schließen, das machen wir jeden Tag, hundertfach“, entgegnet Herr Büker. „Ich will Ihnen mal meinen heutigen Tag schildern:

1. Heute Morgen ist mein Auto nicht angesprungen. Ich habe bei meiner Nachbarin geklingelt und gefragt, ob sie mir ihr Fahrrad geben kann. ‚Klar', sagte sie, ‚aber heute Abend benötige ich es wieder.'
2. ‚Übrigens Carl, kannst du mir vielleicht ein Pfund Mehl leihen?', fragte mich meine Nachbarin. ‚Ich möchte heute noch einen Kuchen backen.' ‚Selbstverständlich, Barbara', sagte ich.
3. Das wird sicherlich dauern, bis das Auto wieder fahrbereit ist. Da ich heute Abend noch meine Mutter besuchen möchte, die auf dem Land wohnt, bin ich schnell noch mit dem Fahrrad bei Autorent vorbeigefahren. Heute Abend kann ich mir einen VW Golf abholen, den ich dann am Freitag zurückgebe.
4. Als ich wieder auf das Fahrrad steigen will, spricht mich ein junger Mann an und bittet mich um einen Euro. Da mir der junge Mann leid tat, habe ich ihm den Euro gegeben.
5. Auf dem Weg zur Arbeit bin ich dann noch schnell an meinem kleinen Garten vorbeigefahren. Ich musste da noch die Blumen gießen. Außerdem baue ich da Gemüse und Obst an. Ein Bekannter hat mir dieses Grundstück für ein geringes monatliches Entgelt überlassen.
6. Im Büro angekommen habe ich als Erstes mit unserem Großhändler telefoniert und Schrauben sowie Scharniere bestellt.
7. Als ich mir gerade einen Kaffee machen wollte, hat mich Herr Krämer aufgesucht. In der letzten Woche hatten sich mehrere Bewerber vorgestellt, die mich im Einkauf unterstützen sollen. ‚Wem sollen wir denn nun die Vertragsunterlagen zuschicken?', fragte mich Herr Krämer.
8. Kurz bevor wir uns getroffen haben, rief mein Sohn Enno an. Enno ist gerade auf der Suche nach einer neuen Wohnung. Er fragte mich, ob ich evtl. für die Bezahlung seiner Miete einstehen könne. ‚Alle Vermieter würden das heutzutage verlangen', meinte er.
9. Ja, Leonie, und vergessen Sie bitte nicht, Sie haben auch schon einen Vertrag geschlossen, nämlich mit der WFW AG."

Arbeitsaufträge

Nennen Sie zur Ausgangssituation und zu den Sachverhalten 1 bis 9 die Vertragsart sowie den relevanten Paragrafen aus dem BGB und ordnen Sie der jeweiligen Vertragsart die korrekte Beschreibung zu.

Beschreibungen:

- entgeltliche oder unentgeltliche Überlassung von Sachen zum Verbrauch; Rückgabe gleichartiger Sachen
- unentgeltliche Überlassung von beweglichen Sachen oder Grundstücken zum Gebrauch; Rückgabe derselben Sachen
- Ausbildung in einem anerkannten Ausbildungsberuf
- entgeltliche Überlassung von Sachen zum Gebrauch und Rückgabe derselben Sachen
- Verpflichtung, für die Verbindlichkeit eines Dritten einzustehen
- Regelungen zur Erreichung eines gemeinsamen Zwecks (hier: gemeinsamer Gewerbebetrieb)
- unentgeltliche Vermögensübertragung an andere Personen
- entgeltliche Veräußerung von Sachen und Rechten
- entgeltliche Überlassung von Sachen zum Gebrauch und Fruchtgenuss
- entgeltliche Leistung von Arbeitnehmern

Sachverhalt	Vertragsart	§	Beschreibung
Ausgangssituation			
1			
2			
3			
4			
5			
6			
7			
8			
9			

Info 1: Auszüge aus dem BGB

INFOBOX

§ 433 Vertragstypische Pflichten beim Kaufvertrag
(1) Durch den Kaufvertrag wird der Verkäufer einer Sache verpflichtet, dem Käufer die Sache zu übergeben und das Eigentum an der Sache zu verschaffen. Der Verkäufer hat dem Käufer die Sache frei von Sach- und Rechtsmängeln zu verschaffen.
(2) Der Käufer ist verpflichtet, dem Verkäufer den vereinbarten Kaufpreis zu zahlen und die gekaufte Sache abzunehmen.

§ 516 Begriff der Schenkung
(1) Eine Zuwendung, durch die jemand aus seinem Vermögen einen anderen bereichert, ist Schenkung, wenn beide Teile darüber einig sind, dass die Zuwendung unentgeltlich erfolgt.
(2) Ist die Zuwendung ohne den Willen des anderen erfolgt, so kann ihn der Zuwendende unter Bestimmung einer angemessenen Frist zur Erklärung über die Annahme auffordern. Nach dem Ablauf der Frist gilt die Schenkung als angenommen, wenn nicht der andere sie vorher abgelehnt hat. Im Falle der Ablehnung kann die Herausgabe des Zugewendeten nach den Vorschriften über die Herausgabe einer ungerechtfertigten Bereicherung gefordert werden.

INFOBOX

§ 535 Inhalt und Hauptpflichten des Mietvertrags
(1) Durch den Mietvertrag wird der Vermieter verpflichtet, dem Mieter den Gebrauch der Mietsache während der Mietzeit zu gewähren. Der Vermieter hat die Mietsache dem Mieter in einem zum vertragsgemäßen Gebrauch geeigneten Zustand zu überlassen und sie während der Mietzeit in diesem Zustand zu erhalten. Er hat die auf der Mietsache ruhenden Lasten zu tragen.
(2) Der Mieter ist verpflichtet, dem Vermieter die vereinbarte Miete zu entrichten.

§ 581 Vertragstypische Pflichten beim Pachtvertrag
(1) Durch den Pachtvertrag wird der Verpächter verpflichtet, dem Pächter den Gebrauch des verpachteten Gegenstands und den Genuss der Früchte, soweit sie nach den Regeln einer ordnungsmäßigen Wirtschaft als Ertrag anzusehen sind, während der Pachtzeit zu gewähren. Der Pächter ist verpflichtet, dem Verpächter die vereinbarte Pacht zu entrichten.
(2) Auf den Pachtvertrag mit Ausnahme des Landpachtvertrags sind, soweit sich nicht aus den §§ 582 bis 584b etwas anderes ergibt, die Vorschriften über den Mietvertrag entsprechend anzuwenden.

§ 598 Vertragstypische Pflichten bei der Leihe
Durch den Leihvertrag wird der Verleiher einer Sache verpflichtet, dem Entleiher den Gebrauch der Sache unentgeltlich zu gestatten.

§ 607 Vertragstypische Pflichten beim Sachdarlehensvertrag
(1) Durch den Sachdarlehensvertrag wird der Darlehensgeber verpflichtet, dem Darlehensnehmer eine vereinbarte vertretbare Sache zu überlassen. Der Darlehensnehmer ist zur Zahlung eines Darlehensentgelts und bei Fälligkeit zur Rückerstattung von Sachen gleicher Art, Güte und Menge verpflichtet.
(2) Die Vorschriften dieses Titels finden keine Anwendung auf die Überlassung von Geld.

§ 611 Vertragstypische Pflichten beim Dienstvertrag
(1) Durch den Dienstvertrag wird derjenige, welcher Dienste zusagt, zur Leistung der versprochenen Dienste, der andere Teil zur Gewährung der vereinbarten Vergütung verpflichtet.
(2) Gegenstand des Dienstvertrags können Dienste jeder Art sein.

***Hinweis:** Auch der Arbeitsvertrag ist ein Dienstvertrag im Sinne des § 611 BGB. Er regelt die Rechtsbeziehungen zwischen einem Arbeitgeber und Arbeitnehmer.*

§ 705 Inhalt des Gesellschaftsvertrags
Durch den Gesellschaftsvertrag verpflichten sich die Gesellschafter gegenseitig, die Erreichung eines gemeinsamen Zweckes in der durch den Vertrag bestimmten Weise zu fördern, insbesondere die vereinbarten Beiträge zu leisten.

§ 765 Vertragstypische Pflichten bei der Bürgschaft
(1) Durch den Bürgschaftsvertrag verpflichtet sich der Bürge gegenüber dem Gläubiger eines Dritten, für die Erfüllung der Verbindlichkeit des Dritten einzustehen.
(2) Die Bürgschaft kann auch für eine künftige oder eine bedingte Verbindlichkeit übernommen werden.

INFOBOX

Info 2: Auszug aus dem Berufsbildungsgesetz (BBiG)

§ 10 Vertrag
(1) Wer andere Personen zur Berufsausbildung einstellt (Ausbildende), hat mit den Auszubildenden einen Berufsausbildungsvertrag zu schließen.
(...)

Vertiefende Übungen

1 Erläutern Sie, um welche Vertragsart es sich bei den folgenden Sachverhalten jeweils handelt:

Sachverhalt	Vertragsart
a) Malte Wiege „leiht" sich gegen Zahlung von 1,50 € im Videoshop eine Blu-ray-Disc.	
b) Carl Büker erwirbt am Kiosk die neueste Ausgabe einer Zeitschrift.	

Sachverhalt	Vertragsart
c) Leonie Gremmes Cousin Martin übernimmt eine Kneipe samt Inventar gegen ein monatliches Entgelt.	
d) Klaus Venker ist bei der WFW AG als Vertriebs- und Marketingleiter beschäftigt	
e) Jens Effer „leiht" sich von seinem Nachbarn zwei Flaschen Bier, da er unerwartet Besuch bekommen hat.	
f) Heinz Schulte übernimmt die Mietschulden für seinen Sohn, falls dieser seine Miete nicht zahlt.	
g) Karin Glohr möchte den neuen MP3-Player ihrer Arbeitskollegin Petra Aupke testen. Morgen soll sie ihn zurückgeben.	
h) Herbert Wulf, Merte Mülder und Heike Werner gründen eine Lottospielgemeinschaft.	
i) Maik Balster macht eine Lehre zum Industriekaufmann bei der WFW AG.	
j) Kurt Mann bekommt von seiner Frau ein Präsent zum Geburtstag.	

2 Unterscheiden Sie die nachstehenden Vertragstypen nach ihren wesentlichen Merkmalen.
   a) Sachdarlehensvertrag – Leihvertrag
   b) Leihvertrag – Mietvertrag
   c) Mietvertrag – Pachtvertrag

3 Erläutern Sie, warum es sich bei einem Bürgschaftsvertrag um einen einseitig verpflichtenden Vertrag und beim Leihvertrag um einen zweiseitig verpflichtenden Vertrag handelt.

Ergänzende Übungen

1 Nennen Sie zu jedem Beispiel die Vertragsart sowie den relevanten Paragrafen. Beschreiben Sie kurz die jeweilige Vertragsart. Nutzen Sie hierzu die Infobox „Dienstvertrag, Werkvertrag und Werklieferungsvertrag: Kommentierte Auszüge aus dem BGB auf der folgenden Seite".
   a) Das Ingenieurbüro Kamp & Döring hat für die WFW AG ein Computerprogramm zur Steuerung einer neuen Fertigungsstraße geschrieben.
   b) Die neue Fertigungsstraße ist von der Maschinenwerke Müller individuell für die WFW AG entwickelt und auf deren Bedürfnisse abgestimmt worden.
   c) Der Rechtsanwalt und Notar Hein Bollow berät die WFW AG in Rechtsfragen.

Beispiel	Vertragsart	§	Beschreibung
a)			
b)			
c)			

2 Grenzen Sie Werkvertrag und Werklieferungsvertrag sowie Werk- und Dienstvertrag voneinander ab.

3 Erläutern Sie, um welche Vertragsarten es sich bei den folgenden Sachverhalten handelt:

Sachverhalt	Vertragsart
a) Eine Tischlerei stellt einen Wohnzimmerschrank nach Kundenwunsch her.	
b) Ein Elektrofachgeschäft repariert die Waschmaschine eines Kunden.	
c) Rainer Flender wird von seinem Arzt wegen Magenschmerzen behandelt.	

INFOBOX

Info: Dienstvertrag, Werkvertrag und Werklieferungsvertrag: Kommentierte Auszüge aus dem BGB

§ 611 Vertragstypische Pflichten beim Dienstvertrag
(1) Durch den Dienstvertrag wird derjenige, welcher Dienste zusagt, zur Leistung der versprochenen Dienste, der andere Teil zur Gewährung der vereinbarten Vergütung verpflichtet.
(2) Gegenstand des Dienstvertrags können Dienste jeder Art sein.

Anmerkung zum Dienstvertrag: *Bei einem Dienstvertrag muss der Leistende nicht für einen bestimmten Erfolg einstehen.*

§ 631 Vertragstypische Pflichten beim Werkvertrag
(1) Durch den Werkvertrag wird der Unternehmer zur Herstellung des versprochenen Werkes, der Besteller zur Entrichtung der vereinbarten Vergütung verpflichtet.
(2) Gegenstand des Werkvertrags kann sowohl die Herstellung oder Veränderung einer Sache als auch ein anderer durch Arbeit oder Dienstleistung herbeizuführender Erfolg sein.

§ 651 Anwendung des Kaufrechts (früher: Werklieferungsvertrag[1])
Auf einen Vertrag, der die Lieferung herzustellender oder zu erzeugender beweglicher Sachen zum Gegenstand hat, finden die Vorschriften über den Kauf Anwendung. § 442 Abs. 1 Satz 1 findet bei diesen Verträgen auch Anwendung, wenn der Mangel auf den vom Besteller gelieferten Stoff zurückzuführen ist. Soweit es sich bei den herzustellenden oder zu erzeugenden beweglichen Sachen um nicht vertretbare Sachen handelt, sind auch die §§ 642, 643, 645, 649 und 650 mit der Maßgabe anzuwenden, dass an die Stelle der Abnahme der nach den §§ 446 und 447 maßgebliche Zeitpunkt tritt.

Anmerkung zur Abgrenzung von Werkvertrag und Werklieferungsvertrag: *Das* ***Werkvertragsrecht*** *(§ 631 BGB) findet Anwendung auf die Herstellung von Bauwerken, auf Reparaturen und die Herstellung von nicht körperlichen Sachen. Hat ein Vertrag die Lieferung herzustellender oder zu erzeugender beweglicher Sachen zum Gegenstand ist der § 651 BGB anzuwenden. Es handelt sich um einen* ***Werklieferungsvertrag****.*

[1] Der Begriff „Werklieferungsvertrag" wird im § 651 BGB nicht mehr ausdrücklich genannt, wird aber in der Literatur überwiegend weiterverwendet.

ZUSAMMENFASSUNG

Willenserklärung	
Definition	= rechtlich wirksame Äußerung (→ ________) einer Person, durch welche eine ________ herbeigeführt werden soll (→ ________)
Art und Weise der Abgabe	• mündlich • schriftlich } = ________ • durch ________ (konkludentes) Handeln

Rechtsgeschäfte	
________ **Rechtsgeschäfte** = Willenserklärung ________ Person	
nicht ________ **Beispiel:** ________	**empfangsbedürftig** **Beispiele:** • Kündigung • ________ • ________ • ________
zwei- oder ________ **Rechtsgeschäfte** = ________ Willenserklärung von zwei oder mehr Personen (= ________) • 1. Willenserklärung = ________ • 2. Willenserklärung = ________	
einseitig ________ **Beispiele:** • ________ • ________	**zwei- oder mehrseitig** ________ **Beispiele:** • Gesellschaftsvertrag • ________ • ________ • ________ • ________ • ________ • ________ • ________

SELBSTEINSCHÄTZUNG	JA ☺	MIT HILFE 😐	NEIN ☹
Ich kann beschreiben, was man unter einer Willenserklärung und einem Rechtsgeschäft versteht.			
Ich kann erklären, auf welche Art und Weise eine Willenserklärung abgegeben werden kann.			
Ich kann ein- und mehrseitige Rechtsgeschäfte (Verträge) unterscheiden.			
Ich kann bei einseitigen Rechtsgeschäften zwischen empfangs- und nicht empfangsbedürftigen Rechtsgeschäften unterscheiden.			
Ich kann erläutern, wie ein mehrseitiges Rechtsgeschäft (Vertrag) zustande kommt.			
Ich kann wichtige Vertragsarten beschreiben und voneinander abgrenzen.			
Ich kann erläutern, ob die jeweilige Vertragsart ein- oder mehrseitig verpflichtend ist.			
Ich kann mit Gesetzestexten umgehen.			

Außerdem habe ich gelernt:

____

____

____

____

____

____

____

HINWEIS

Zur Wiederholung und Vertiefung der Inhalte der Lernsituation: Seite 164 f., Aufgabe 3.

LERNSITUATION 4: Den Grundsatz der Vertragsfreiheit und unterschiedliche Formvorschriften erläutern

Ausgangssituation I: Vertragsfreiheit – was bedeutet das eigentlich?

Leonie Gremme ist mittlerweile seit mehreren Wochen in der Verkaufsabteilung der WFW AG beschäftigt. Dort ist sie dem Bereich „West", für den Harald Peters verantwortlich ist, zugeteilt worden. Der erste Anrufer heute Morgen ist Herr Meierbrück von der Fahrradfachhandel Wissing GmbH, einem Stammkunden der WFW AG. Herr Meierbrück bestellt 10 Mountainbikes MB 750, die die WFW AG gerade neu auf den Markt gebracht hat. Doch Leonie reagiert zurückhaltend: „Herr Meierbrück, da Sie von uns aktuell kein verbindliches Angebot erhalten haben, muss ich zunächst mit Herrn Peters Rücksprache halten, ob und unter welchen Bedingungen wir Ihre Bestellung annehmen und die Mountainbikes ausliefern können. In unserem EDV-System ist nämlich vermerkt, dass Sie in letzter Zeit einige Rechnungen erst mit großer Verspätung bezahlt haben." – „Frau Gremme, so können Sie aber nicht mit uns umgehen. Sie beliefern uns schon seit Jahren zu den immer gleichen Konditionen und dazu sind Sie jetzt auch wieder verpflichtet", entgegnet Herr Meierbrück.

Arbeitsaufträge

1 Erläutern Sie mithilfe des ersten Abschnittes der Infobox, was man unter Vertragsfreiheit versteht.

2 Begründen Sie, ob die WFW AG die Mountainbikes, wie von Herrn Meierbrück behauptet, zu den gleichen Konditionen ausliefern muss.

3 Entwickeln Sie einen Lösungsvorschlag für die Ausgangssituation.

Ausgangssituation II: Formvorschriften müssen beachtet werden!

Nachdem Leonie Gremme Rücksprache mit Herrn Peters gehalten hat, ist sie mit Herrn Meierbrück zu einer einvernehmlichen Lösung gekommen. Sie haben die Zahlungsbedingungen an die aktuelle Situation angepasst. Anschließend schaut sie noch kurz bei Herrn Peters vorbei.

Leonie Gremme: „Herr Peters, mit Herrn Meierbrück ist alles glattgelaufen. Er hat unsere Zahlungsbedingungen akzeptiert."

Harald Peters: „Das freut mich, Frau Gremme, schließlich ist die Fahrradfachhandel Wissing GmbH ein langjähriger Kunde von uns."

Leonie Gremme: „Stimmt es eigentlich, Herr Peters, dass die WFW AG das Nachbargrundstück gekauft hat, um ein neues Verwaltungsgebäude darauf zu bauen?"

Harald Peters: „Zumindest hat unser Vorstandsvorsitzender Herr Flender gestern den ganzen Tag mit dem bisherigen Eigentümer verhandelt. Wie mir zu Ohren gekommen ist, hat man sich über den Kaufpreis geeinigt. Es ist sogar schon ein schriftlicher Kaufvertrag unterzeichnet und für nächste Woche ein Termin beim Notar vereinbart worden."

Leonie Gremme: „Super, wenn man eine schriftliche Vereinbarung getroffen hat, kann ja nichts mehr schiefgehen. Endlich bekommen wir neue Büroräume."

Harald Peters: „Langsam, langsam, Frau Gremme. Noch ist das Grundstück nicht gekauft."

Arbeitsaufträge

1 Unterscheiden Sie die verschiedenen Formvorschriften und nehmen Sie zu Harald Peters Aussage Stellung.

2 Erläutern Sie, welche Konsequenz der Gesetzgeber vorsieht, wenn eine Formvorschrift nicht eingehalten wird.

3 Leonie Gremme hat sich nach dem Gespräch mit Harald Peters mit den Formvorschriften auseinandergesetzt. Sie fragt sich, welche Formvorschriften für die folgenden Rechtsgeschäfte existieren. Helfen Sie Leonie.
a) Kauf eines Grundstücks
b) Leihvertrag
c) Kündigung eines Arbeitsverhältnisses
d) Schuldanerkenntnis
e) Bürgschaftserklärung eines Nichtkaufmanns
f) Anmeldung zum Handelsregister
g) Kündigung eines Wohnungsmietvertrages
h) Ehevertrag
i) Abzahlungsgeschäfte zwischen Unternehmer und Verbraucher (Ratenkauf)

INFOBOX

Info 1: Vertragsfreiheit und Form der Rechtsgeschäfte

Vertragsfreiheit

Im deutschen Recht gilt der Grundsatz der Vertragsfreiheit, der durch folgende Merkmale gekennzeichnet ist.

- **Abschlussfreiheit:** Jeder kann frei entscheiden, ob und mit wem er einen Vertrag schließen will. Nur für einige wenige Bereiche gibt es einen gesetzlich geregelten Abschlusszwang (Kontrahierungszwang). Dies betrifft u. a. die Personenbeförderung der Deutschen Bahn AG, die Briefbeförderung der Deutschen Post AG und die Energieversorgung der Haushalte durch die kommunalen Gas- und Elektrizitätswerke. Diese Unternehmen können sich ihre Vertragspartner nicht aussuchen und müssen grundsätzlich mit jedem einen Vertrag abschließen.
- **Gestaltungsfreiheit:** Der Inhalt eines Vertrages kann durch die Vertragspartner frei bestimmt werden, solange er nicht gegen eine gesetzliche Regelung verstößt.
- **Formfreiheit:** Verträge können grundsätzlich formlos abgeschlossen werden. Die Einhaltung einer bestimmten Form, z. B. der Schriftform, ist nicht erforderlich. Es gibt jedoch Ausnahmen von diesem Prinzip.

Form der Rechtsgeschäfte

Abweichend vom Grundsatz der **Formfreiheit** schreibt der Gesetzgeber für manche Rechtsgeschäfte eine bestimmte Form vor. Für diese Rechtsgeschäfte besteht somit **Formzwang**. Der Gesetzgeber sieht dabei eine Abstufung von der Textform, der elektronischen Form, der Schriftform, der öffentlichen Beglaubigung bis hin zur notariellen Beurkundung vor. Durch die Wahrung einer bestimmten Form sollen die Vertragsparteien vor übereiltem und leichtfertigem Handeln bewahrt werden. Zudem gewährleistet die Einhaltung einer bestimmten Form eine erhöhte Rechtssicherheit und Beweisbarkeit im Rechtsverkehr. Wird die gesetzliche vorgeschriebene Form nicht eingehalten, ist das Rechtsgeschäft nach § 125 BGB nichtig (= ungültig) und der Vertrag kommt nicht zustande.

- **Textform:** Zur Wahrung der Textform muss eine lesbare Erklärung auf einem dauerhaften Datenträger, z. B. auf einem Blatt Papier, abgeben werden und die Person des Erklärenden genannt sein. Eine eigenhändige Unterschrift des Erklärenden ist nicht notwendig. Der Textform genügen bspw. E-Mails, Faxe, Kopien und maschinell erstellte Briefe.

Beispiele: Es ist gesetzlich ausreichend (aber nicht gesetzlich zwingend), Garantieerklärungen gegenüber Verbrauchern und Belehrungen über das Widerrufsrecht bei Fernabsatzverträgen in Textform zu verfassen.

- **Schriftform:** Es wird ein Schriftstück verfasst, das vom Erklärenden eigenhändig zu unterzeichnen ist.

  Beispiele: Bürgschaftserklärung eines Nichtkaufmanns, Kündigung eines Arbeitsverhältnisses, Kündigung eines Mietverhältnisses über Wohnraum, Mietvertrag über Wohnraum mit mehr als ein Jahr Laufzeit, Verbraucherdarlehensvertrag, Abzahlungsgeschäfte zwischen Unternehmer und Verbraucher (Ratenkauf), Schuldanerkenntnis

- **Elektronische Form:** Zahlreiche Verträge werden heutzutage mithilfe von elektronischen Kommunikationsmedien, wie das Internet abgeschlossen. Um die Abwicklung dieser Verträge zu erleichtern, kann in diesen Fällen die Schriftform durch die elektronische Form ersetzt werden, sofern der Gesetzgeber nichts Abweichendes vorschreibt. Zur Wahrung der elektronischen Form wird ein speicherbares elektronisches Dokument erstellt, das die Vertragspartner mit einer qualifizierten Signatur nach dem Signaturgesetzes (SigG) versehen.

  Beispiele: Ersetzt die Schriftform, aber ausgeschlossen z. B. bei: Verbraucherdarlehensvertrag, Kündigung eines Arbeitsverhältnisses

- **Öffentliche/notarielle Beglaubigung:** Ist die öffentliche Beglaubigung vorgeschrieben, so muss die Erklärung schriftlich abgefasst und die Echtheit der Unterschrift von einem Notar beglaubigt werden. Deshalb soll die Unterschrift in Anwesenheit des Notars geleistet werden. Von der öffentlichen Beglaubigung ist die amtliche Beglaubigung zu unterscheiden, bei der lediglich die Übereinstimmung einer Abschrift oder Kopie mit dem Original von einer Verwaltungsbehörde bescheinigt wird.

  Beispiele: Ausschlagung einer Erbschaft, Anträge auf Eintragung in das Grundbuch, das Handelsregister, das Vereinsregister oder das Güterrechtsregister

- **Notarielle Beurkundung:** Das Verfahren der notariellen Beurkundung ist im Beurkundungsgesetz (BeurkG) geregelt. Die Erklärungen der Beteiligten werden nach Beratung durch den Notar in einer Niederschrift abgefasst. Der Notar soll dabei sicherstellen, dass das Geschäft dem wahren Willen der Beteiligten entspricht und evtl. auftretende Missverständnisse und Zweifel klären. Die Niederschrift wird sodann den Beteiligten vom Notar vorgelesen. Anschließend wird der Inhalt von den Beteiligten genehmigt und eigenhändig unterschrieben. Bei der notariellen Beurkundung wird also sowohl der Inhalt der Niederschrift als auch die Echtheit der Unterschrift durch einen Notar beurkundet.

  Beispiele: Grundstückskaufvertrag, Eintragungen von Hypotheken und Grundschulden ins Grundbuch, Ehevertrag, Schenkungsversprechen

INFOBOX

Info 2: Auszug aus dem BGB

§ 125 Nichtigkeit wegen Formmangels
Ein Rechtsgeschäft, welches der durch Gesetz vorgeschriebenen Form ermangelt, ist nichtig. Der Mangel der durch Rechtsgeschäft bestimmten Form hat im Zweifel gleichfalls Nichtigkeit zur Folge.

§ 126 Schriftform
(1) Ist durch Gesetz schriftliche Form vorgeschrieben, so muss die Urkunde von dem Aussteller eigenhändig durch Namensunterschrift oder mittels notariell beglaubigten Handzeichens unterzeichnet werden.
(2) Bei einem Vertrag muss die Unterzeichnung der Parteien auf derselben Urkunde erfolgen. Werden über den Vertrag mehrere gleichlautende Urkunden aufgenommen, so genügt es, wenn jede Partei die für die andere Partei bestimmte Urkunde unterzeichnet.
(3) Die schriftliche Form kann durch die elektronische Form ersetzt werden, wenn sich nicht aus dem Gesetz ein anderes ergibt.
(4) Die schriftliche Form wird durch die notarielle Beurkundung ersetzt.

INFOBOX

INFOBOX

§ 126a Elektronische Form
(1) Soll die gesetzlich vorgeschriebene schriftliche Form durch die elektronische Form ersetzt werden, so muss der Aussteller der Erklärung dieser seinen Namen hinzufügen und das elektronische Dokument mit einer qualifizierten elektronischen Signatur nach dem Signaturgesetz versehen.
(...)

§ 126b Textform
Ist durch Gesetz Textform vorgeschrieben, so muss eine lesbare Erklärung, in der die Person des Erklärenden genannt ist, auf einem dauerhaften Datenträger abgegeben werden. Ein dauerhafter Datenträger ist jedes Medium, das
1 es dem Empfänger ermöglicht, eine auf dem Datenträger befindliche, an ihn persönlich gerichtete Erklärung so aufzubewahren oder zu speichern, dass sie ihm während eines für ihren Zweck angemessenen Zeitraums zugänglich ist, und
2. geeignet ist, die Erklärung unverändert wiederzugeben.

§ 128 Notarielle Beurkundung
Ist durch Gesetz notarielle Beurkundung eines Vertrags vorgeschrieben, so genügt es, wenn zunächst der Antrag und sodann die Annahme des Antrags von einem Notar beurkundet wird.

§ 129 Öffentliche Beglaubigung
(1) Ist durch Gesetz für eine Erklärung öffentliche Beglaubigung vorgeschrieben, so muss die Erklärung schriftlich abgefasst und die Unterschrift des Erklärenden von einem Notar beglaubigt werden. (...)
(2) Die öffentliche Beglaubigung wird durch die notarielle Beurkundung der Erklärung ersetzt.

Vertiefende Übungen

1 Nennen Sie die Form, die laut Gesetz für folgende Rechtsgeschäfte vorgesehen ist.
a) Kauf einer Eigentumswohnung
b) Wohnungsmietvertrag über zwei Jahre
c) Bürgschaftserklärung eines Kaufmanns
d) Ausschlagung einer Erbschaft
e) Schenkungsversprechen
f) Antrag auf Eintragung in das Handelsregister

2 Klaus Lange ist Busfahrer der Linie 3 in Münster. Als sein Nachbar Karl Brandt zusteigen will, verweigert er diesem den Zutritt zum Bus. Insgeheim vermutet Klaus Lange, dass sein Nachbar ein Techtelmechtel mit seiner Frau hat. Beurteilen Sie, ob Klaus Lange dazu berechtigt ist.

ZUSAMMENFASSUNG

Vertragsfreiheit		
______ freiheit	______ freiheit	______ freiheit

Für einige Rechtsgeschäfte ist eine bestimmte ______ vorgeschrieben. Es existiert Form______.

Gesetzliche Formvorschriften	
notarielle ______	Beurkundung des ______ der Niederschrift und der ______ der Unterschrift
öffentliche/notarielle ______	______ Erklärung und Beglaubigung der ______ der Unterschrift
______form	______ und eigenhändige ______

Gesetzliche Formvorschriften	
______ Form	kann die ______ ersetzen, sofern das Gesetz nichts Abweichendes vorschreibt; speicherbares, elektronisches ______ mit qualifizierter ______ Signatur
______form	lesbare ______ des Verfassers ohne ______ Unterschrift

SELBSTEINSCHÄTZUNG	JA ☺	MIT HILFE 😐	NEIN ☹
Ich kann die Merkmale der Vertragsfreiheit erläutern.			
Ich kann erklären, welche Beschränkungen der Vertragsfreiheit der Gesetzgeber vorgesehen hat.			
Ich kann die verschiedenen Formvorschriften erklären.			
Ich kann Rechtsgeschäften die jeweils korrekte Form zuordnen.			
Ich kann die Konsequenzen beschreiben, wenn die gesetzlich vorgeschriebene Form für Rechtsgeschäfte nicht eingehalten wird.			
Ich kann mit Gesetzestexten umgehen.			

Außerdem habe ich gelernt:

______

______

______

______

______

______

______

HINWEIS

Zur Wiederholung und Vertiefung der Inhalte der Lernsituation:
Seite 165, Aufgabe 4.

LERNSITUATION 5: Gründe für die Nichtigkeit und Anfechtbarkeit von Rechtsgeschäften erläutern

Ausgangssituation I: „Viel Lärm um nichts"

„Endlich Mittag", denkt sich Leonie Gremme. Da kommt auch schon Maik Balster um die Ecke, mit dem sie sich zum Essen verabredet hat. Maik sieht nachdenklich aus. „Was ist los, Maik? Hattest du auch einen anstrengenden Tag?" „In der Firma ist alles in Ordnung", erwidert Maik, „aber in der Familie war gestern die Hölle los. Alle haben sie ihre ‚Geschäfte' gemacht, aber am Ende kann man nur sagen: viel Lärm um nichts." „Erzähl mal, Maik, was war denn los?", fragt Leonie gespannt nach. Maik legt los:

1. „Gestern Morgen hat sich mein sechsjähriger Bruder zunächst mal ein Spielzeugauto für 10,00 € gekauft. Meine Mutter war damit gar nicht einverstanden. Der Kleine hat ja jede Menge Spielzeug.
2. Meine 16-jährige Schwester Cordula durfte da natürlich nicht nachstehen. Sie hat sich einen neuen Fernseher für 850,00 € gekauft. Meine Mutter war ziemlich sauer. Cordula solle den Fernseher umgehend zurückbringen.
3. Dann klingelte das Telefon. Meine Tante Rita war dran. Mein volljähriger Cousin Walter war gestern ‚randvoll'. Da hat er gleich mal sein Auto verschenkt.
4. Natürlich ist Walter morgens nicht zur Arbeit gegangen. Sein Chef hat angerufen und Walter gesagt, er soll mal schön liegen bleiben, er sei gekündigt.
5. Als Walter dann nachmittags wieder fit war, hat er sich einen Joint gekauft. Er brauche das jetzt, um runterzukommen nach all dem Stress. Meine Tante Rita ist ausgerastet.
6. Als mein Vater nach Hause kam, hat er sich in seinen Sessel fallen lassen. ‚100,00 € für denjenigen, der mir eine Flasche Bier aus dem Keller holt', meinte er nur. Sofort ist meine Schwester Cordula in den Keller gesprintet und hat ihm eine Flasche geholt. Mein Vater hat ihr die 100,00 € nicht gegeben. Seitdem redet meine Schwester kein Wort mehr mit ihm.
7. Abends rief dann mein Onkel Dieter an und hat sich über meine Cousine Anja beschwert. Anja ist gerade zu Hause ausgezogen. Da sie bei den Banken keinen Kredit bekommen hat, hat sie bei einem Geldverleiher ein Darlehen für ihre Wohnungseinrichtung aufgenommen. Der Geldverleiher verlangt einen Zinssatz von satten 40 %. ‚Wie dumm kann man nur sein', meinte mein Onkel.
8. Meine Cousine Anja ist manchmal sowieso ein wenig schräg drauf. Als sich letztens ihr Nachbar im Haushalt verletzt und sie um Verbandszeug gebeten hat, erwiderte sie nur: ‚Na klar habe ich Verbandszeug, Herr Breulmann, aber 30,00 € brauche dafür schon.' Da niemand anderes im Haus ihm helfen konnte, hat der arme Kerl bereitwillig bezahlt.
9. Zum Schluss hat mein Onkel Dieter dann noch mit meinem Vater über unser Grundstück in der Gartenstraße gesprochen. Das Grundstück hatte meine Mutter erst kürzlich von ihrer Großtante geerbt und mein Onkel Dieter möchte es kaufen. Mein Onkel hat vorgeschlagen, sie sollten in den Kaufvertrag 250 000,00 € statt der besprochenen 300 000,00 € eintragen. Die restlichen 50 000,00 € würde er in einem Koffer übergeben. So könnte er Grunderwerbsteuer sparen."

„Ja, Maik", meint Leonie, „wirklich viel Lärm um nichts."

Arbeitsauftrag

Begründen Sie mithilfe der Infobox, ob die beschriebenen Rechtsgeschäfte nichtig sind.

Info 1: Nichtigkeit von Rechtsgeschäften

Wenn ein Rechtsgeschäft nichtig ist, dann ist es von Anfang ungültig. Deshalb ergeben sich für die Beteiligten keine Rechtsfolgen. Der Gesetzgeber führt folgende Gründe an, die zu einer Nichtigkeit von Rechtsgeschäften führen:

- Geschäfte mit **geschäftsunfähigen Personen** (§ 105 BGB)
- Geschäfte, die im Zustand der Bewusstlosigkeit oder **vorübergehender Störung der Geistestätigkeit** abgegeben werden (§ 105 BGB)
- Geschäfte mit **beschränkt geschäftsfähigen Personen ohne Zustimmung** der gesetzlichen Vertreter (§ 108 BGB)
- Geschäfte, die zum Schein abgeschlossen werden, sog. **Scheingeschäfte** (§ 117 BGB)
- Geschäfte, denen es an der Ernsthaftigkeit mangelt, sog. **Scherzgeschäfte** (§ 118 BGB)

  Beachte: Ein Scherzgeschäft sollte für jedermann erkennbar sein (können). Unter Umständen muss der „Scherzbold" für evtl. auftretende Schäden haften.
- Geschäfte, die gegen gesetzliche **Formvorschriften** verstoßen (§ 125 BGB)
- Geschäfte, die gegen ein **gesetzliches Verbot** verstoßen (§ 134 BGB)
- Geschäfte, die gegen die **guten Sitten** verstoßen (§ 138 BGB)

Info 2: Auszüge aus dem BGB zur Nichtigkeit von Rechtsgeschäften

§ 105 Nichtigkeit der Willenserklärung
(1) Die Willenserklärung eines Geschäftsunfähigen ist nichtig.
(2) Nichtig ist auch eine Willenserklärung, die im Zustand der Bewusstlosigkeit oder vorübergehender Störung der Geistestätigkeit abgegeben wird.

§ 108 Vertragsschluss ohne Einwilligung
(1) Schließt der Minderjährige einen Vertrag ohne die erforderliche Einwilligung des gesetzlichen Vertreters, so hängt die Wirksamkeit des Vertrags von der Genehmigung des Vertreters ab.
(2) Fordert der andere Teil den Vertreter zur Erklärung über die Genehmigung auf, so kann die Erklärung nur ihm gegenüber erfolgen; eine vor der Aufforderung dem Minderjährigen gegenüber erklärte Genehmigung oder Verweigerung der Genehmigung wird unwirksam. Die Genehmigung kann nur bis zum Ablauf von zwei Wochen nach dem Empfang der Aufforderung erklärt werden; wird sie nicht erklärt, so gilt sie als verweigert.
(3) Ist der Minderjährige unbeschränkt geschäftsfähig geworden, so tritt seine Genehmigung an die Stelle der Genehmigung des Vertreters.

§ 117 Scheingeschäft
(1) Wird eine Willenserklärung, die einem anderen gegenüber abzugeben ist, mit dessen Einverständnis nur zum Schein abgegeben, so ist sie nichtig.
(2) Wird durch ein Scheingeschäft ein anderes Rechtsgeschäft verdeckt, so finden die für das verdeckte Rechtsgeschäft geltenden Vorschriften Anwendung.

§ 118 Mangel der Ernstlichkeit
Eine nicht ernstlich gemeinte Willenserklärung, die in der Erwartung abgegeben wird, der Mangel der Ernstlichkeit werde nicht verkannt werden, ist nichtig.

§ 122 Schadensersatzpflicht des Anfechtenden
(1) Ist eine Willenserklärung nach § 118 nichtig oder auf Grund der §§ 119, 120 angefochten, so hat der Erklärende, wenn die Erklärung einem anderen gegenüber abzugeben war, diesem, andernfalls jedem Dritten den Schaden zu ersetzen, den der andere oder der Dritte dadurch erleidet, dass er auf die Gültigkeit der Erklärung vertraut, jedoch nicht über den Betrag des Interesses hinaus, welches der andere oder der Dritte an der Gültigkeit der Erklärung hat.
(2) Die Schadensersatzpflicht tritt nicht ein, wenn der Beschädigte den Grund der Nichtigkeit oder der Anfechtbarkeit kannte oder infolge von Fahrlässigkeit nicht kannte (kennen musste).

INFOBOX

§ 125 Nichtigkeit wegen Formmangels
Ein Rechtsgeschäft, welches der durch Gesetz vorgeschriebenen Form ermangelt, ist nichtig. Der Mangel der durch Rechtsgeschäft bestimmten Form hat im Zweifel gleichfalls Nichtigkeit zur Folge.

§ 134 Gesetzliches Verbot
Ein Rechtsgeschäft, das gegen ein gesetzliches Verbot verstößt, ist nichtig, wenn sich nicht aus dem Gesetz ein anderes ergibt.

§ 138 Sittenwidriges Rechtsgeschäft; Wucher
(1) Ein Rechtsgeschäft, das gegen die guten Sitten verstößt, ist nichtig.
(2) Nichtig ist insbesondere ein Rechtsgeschäft, durch das jemand unter Ausbeutung der Zwangslage, der Unerfahrenheit, des Mangels an Urteilsvermögen oder der erheblichen Willensschwäche eines anderen sich oder einem Dritten für eine Leistung Vermögensvorteile versprechen oder gewähren lässt, die in einem auffälligen Missverhältnis zu der Leistung stehen.

Ausgangssituation II: „Das ficht dich an!“

Als Maik Balster und Leonie Gremme gerade zu einem kleinen Imbiss aufbrechen wollen, kommt die Auszubildende Anna Brinkmann hinzu. „Hallo Anna“, wird sie von Leonie Gremme begrüßt, „wie war dein Morgen denn so?“ „Hätte nicht schlimmer sein können“, erwidert Anna Brinkmann kurz und knapp. „Wieso das denn?“, schaltet sich Maik Balster ein. „Na dann will ich euch mal meinen Morgen schildern“, sagt Anna Brinkmann und legt los:

1. „Als ich heute Morgen durch Zufall noch mal die Auftragsbestätigungen der letzten Woche durchgegangen bin, ist mir aufgefallen, dass da ein Artikel notiert war, den ich gar nicht kannte. Also habe ich schnell meine Bestellung hervorgeholt. Und tatsächlich, ich hatte einen Zahlendreher bei der Artikelnummer. Ich habe 550 Stahlrohre von 1,5 mm Stärke bestellt, obwohl wir nur 2 mm starke Stahlrohre verarbeiten.
2. Anschließend rief mich Herr Meier an. Er wollte wissen, warum gerade 1 000 Pakete Kopierpapier angeliefert würden. ‚Das kann nicht sein‘, meinte ich nur. ‚Ich habe doch unseren Praktikanten bei unserem Papierlieferanten vorbeigeschickt und ihm gesagt, er solle 100 Pakete Kopierpapier bestellen.‘
3. Habt ihr übrigens gehört, dass unser neuer Auslieferungsfahrer gar keinen Führerschein hat? Schon lustig, da bewirbt sich jemand bei uns als Fahrer und Herr Lüke fragt nicht nach dem Führerschein.
4. Na ja, so kann man sich irren. Das ist mir neulich auch passiert. Ich habe ein Bild auf dem Flohmarkt für 50,00 € verkauft, das ich für eine billige Kopie gehalten habe. Es stellte sich aber später heraus, dass das Bild ein Original war. Es wurde von einem regional bekannten Künstler gemalt und hatte einen Wert von 2 000,00 €.
5. Um 10:00 Uhr wollte ich dann zum Abendessen einen Tisch für mich und meinen Freund im ‚Goldenen Krug‘ bestellen. Ich habe ein Fax geschickt und geschrieben, dass wir im ‚Goldenen Krug‘ logieren möchten und gegen 19:00 Uhr eintreffen werden. Soeben habe ich ein Fax vom ‚Goldenen Krug‘ erhalten: ‚Gerne bestätigen wir Ihre Buchung. Wir freuen uns, dass Sie bei uns übernachten möchten.‘ Mein Freund meinte daraufhin: ‚Logieren oder dinieren, das ist schon ein beachtlicher Unterschied.‘
6. Wisst ihr eigentlich schon, dass Herr Volland sich von seiner Freundin getrennt hat? Dabei hatte er schon einen Verlobungsring für 1 500,00 € gekauft. Der Juwelier wollte den Ring natürlich nicht zurücknehmen.
7. Um 11:00 Uhr dann der nächste Schock. Im letzten Monat hatte ich einen größeren Posten hochwertige Ledersättel bei einem neuen Lieferanten eingekauft. Als die Sättel heute verbaut werden sollten, stellte sich heraus, dass unser Lieferant einfach minderwertiges Leder aufgearbeitet hat. Anscheinend hat er es schon öfter mit dieser Masche versucht.

8. Dann habe ich heute um 12:00 Uhr eine neue Wohnung angemietet. Ich habe mir in der letzten Woche mit meinem Freund eine Wohnung angeschaut und um Bedenkzeit gebeten. Heute rief mich der Vermieter erneut an. Der muskelbepackte Typ meinte nur, ich solle endlich unterschreiben, ansonsten werde er sich mal näher mit einem Freund ‚unterhalten' und die Sache von ‚Mann zu Mann' klären. Was sollte ich machen? Ich habe natürlich unterschrieben und ihm den Vertrag zugeschickt."

Arbeitsaufträge

a) Begründen Sie, ob und aus welchem Grund die beschriebenen Rechtsgeschäfte anfechtbar sind. Erläutern Sie, welche Anfechtungsfristen jeweils einzuhalten sind.
b) Erläutern Sie, mit welchen Konsequenzen der Anfechtende bei einer Anfechtung wegen Irrtums rechnen muss.

INFOBOX

Info 1: Anfechtbarkeit von Rechtsgeschäften

Anfechtbarkeit von Rechtsgeschäften

Die Anfechtung ist ein einseitiges empfangsbedürftiges Rechtsgeschäft. Sie bewirkt, dass ein bis dahin gültiges Rechtsgeschäft durch die Anfechtung im Nachhinein nichtig, d. h. ungültig wird. Im Unterschied zur Nichtigkeit hat der Anfechtende also die Wahl, ob er durch die Erklärung der Anfechtung das Rechtsgeschäft ungültig machen oder das Rechtsgeschäft beibehalten möchte, indem er auf die Anfechtung des Rechtsgeschäftes verzichtet.

Gründe zur Anfechtung von Rechtsgeschäften

- **Anfechtung wegen Irrtums in der Erklärung (§ 119 Abs. 1 BGB)**
  Ein **Erklärungsirrtum** liegt vor, wenn der Erklärende eine Erklärung dieses Inhalts überhaupt nicht abgeben wollte, z. B. weil er sich verspricht oder verschreibt.

  Beispiel: Der „Vertriebsleiter West" der WFW AG, Harald Peters, verschreibt sich und bietet der Radsport Beike GmbH irrtümlich das Mountainbike MB-750 für 695,00 € statt des tatsächlichen Preises von 965,00 € an.

- **Anfechtung wegen Irrtums über den Inhalt (§ 119 Abs. 1 BGB)**
  Ein **Inhaltsirrtum** liegt dann vor, wenn sich der Erklärende über die **Bedeutung** seiner Erklärung nicht bewusst ist.

  Beispiel: Anna Brinkmann besucht mit ihrem Freund die Kölner Altstadt. In einem Brauhaus bestellt sie einen „halven Hahn". Statt wie erwartet ein halbes Hähnchen zu bekommen, erhält sie ein halbes Brötchen mit einer Scheibe Käse (= halve Hahn).

- **Anfechtung wegen Irrtums über eine verkehrswesentliche Eigenschaft einer Person oder Sache (§ 119 Abs. 2 BGB)**
  Bei einem **Eigenschaftsirrtum** wird einer Person oder Sache eine verkehrswesentliche Eigenschaft beigemessen, die diese in Wirklichkeit nicht hat.

  Beispiel: Manfred Meier wird von der TSM AG als Lkw-Fahrer eingestellt. Es stellt sich aber später heraus, dass er den notwendigen Führerschein nicht besitzt.

INFOBOX

- **Anfechtung wegen Irrtums in der Übermittlung (§ 120 BGB)**
  Bei einem **Übermittlungsirrtum** wird eine Erklärung durch eine Person (z. B. Bote) oder eine Einrichtung (z. B. Post) unrichtig übermittelt.

  Beispiel: Herr Storck bietet einem Kunden ein Touring-Bike für 699,00 € an. Durch ein Rauschen und Knacken in der Telefonleitung versteht der Kunde aber 399,00 €.

  Ausnahme: Bei einem **Motivirrtum (Irrtum im Beweggrund)** ist keine Anfechtung möglich.

  Beispiel: Leonie Gremme hat sich ein paar Laufschuhe gekauft, weil sie jeden Mittwoch mit Anna Brinkmann joggen möchte. Weil Anna sich jedoch am Knie verletzt hat und nicht mehr mittrainieren kann, möchte Leonie Gremme lieber Rennrad fahren und das Rechtsgeschäft anfechten. Hier ist eine Anfechtung nicht möglich, weil hier ein Irrtum über das Motiv des Kaufs vorliegt (= das gemeinsame Joggingtraining).

- **Anfechtung wegen arglistiger Täuschung (§ 123 BGB)**

  Beispiel: Das Autohaus Drivel GmbH bietet der WFW AG einen Gebrauchtwagen für 26 000,00 € an. Der Verkäufer versichert, dass der Wagen unfallfrei sei, obwohl er weiß, dass der Wagen in einen schweren Unfall verwickelt war. Drei Monate, nachdem die WFW AG den Wagen gekauft hat, stellt sich bei einem Werkstattbesuch heraus, dass das Fahrgestell verzogen ist.

- **Anfechtung wegen widerrechtlicher Drohung (§ 123 BGB)**

  Beispiel: Rico Meier verlangt von seinem Chef, Klaus Venker, eine kräftige Gehalterhöhung. Sollte er diese nicht bekommen, werde er der Frau von Klaus Venker über dessen amouröse Abenteuer berichten.

Die Anfechtung von Rechtsgeschäften kann nur innerhalb von bestimmten **Fristen** vorgenommen werden. Eine Anfechtung wegen eines Irrtums ist ohne schuldhaftes Zögern (= unverzüglich) nach Entdeckung des Irrtums vorzunehmen. Wegen einer arglistigen Täuschung oder widerrechtlichen Drohung kann innerhalb eines Jahres ab Entdeckung der Täuschung oder Aufhören der Zwangslage angefochten werden. Die Anfechtung ist grundsätzlich ausgeschlossen, wenn seit Abgabe der Willenserklärung zehn Jahre vergangen sind.

Wird ein Rechtsgeschäft wegen eines Irrtums angefochten, so hat der Anfechtende den Vertrauensschaden zu ersetzen, den der Anspruchsberechtigte dadurch erleidet, dass er auf die Gültigkeit der Erklärung vertraut. Er ist also so zu stellen, als wenn er von dem Geschäft nichts gehört hätte.

Beispiel: Maik Heller hat sich verschrieben und fälschlicherweise 1 000 statt 100 Türbeschläge bestellt. Er kann den Kaufvertrag zwar wegen eines Erklärungsirrtums anfechten, muss aber dem Lieferanten den Schaden ersetzen, wenn die Beschläge nicht anderweitig verkauft werden können.

INFOBOX

Info 2: Auszüge aus dem BGB zur Anfechtung

§ 119 Anfechtbarkeit wegen Irrtums
(1) Wer bei der Abgabe einer Willenserklärung über deren Inhalt im Irrtum war oder eine Erklärung dieses Inhalts überhaupt nicht abgeben wollte, kann die Erklärung anfechten, wenn anzunehmen ist, dass er sie bei Kenntnis der Sachlage und bei verständiger Würdigung des Falles nicht abgegeben haben würde.
(2) Als Irrtum über den Inhalt der Erklärung gilt auch der Irrtum über solche Eigenschaften der Person oder der Sache, die im Verkehr als wesentlich angesehen werden.

§ 120 Anfechtbarkeit wegen falscher Übermittlung
Eine Willenserklärung, welche durch die zur Übermittelung verwendete Person oder Einrichtung unrichtig übermittelt worden ist, kann unter der gleichen Voraussetzung angefochten werden wie nach § 119 eine irrtümlich abgegebene Willenserklärung.

§ 121 Anfechtungsfrist

(1) Die Anfechtung muss in den Fällen der §§ 119, 120 ohne schuldhaftes Zögern (unverzüglich) erfolgen, nachdem der Anfechtungsberechtigte von dem Anfechtungsgrund Kenntnis erlangt hat. Die einem Abwesenden gegenüber erfolgte Anfechtung gilt als rechtzeitig erfolgt, wenn die Anfechtungserklärung unverzüglich abgesendet worden ist.

(2) Die Anfechtung ist ausgeschlossen, wenn seit der Abgabe der Willenserklärung zehn Jahre verstrichen sind.

§ 122 Schadensersatzpflicht des Anfechtenden

(1) Ist eine Willenserklärung nach § 118 nichtig oder auf Grund der §§ 119, 120 angefochten, so hat der Erklärende, wenn die Erklärung einem anderen gegenüber abzugeben war, diesem, andernfalls jedem Dritten den Schaden zu ersetzen, den der andere oder der Dritte dadurch erleidet, dass er auf die Gültigkeit der Erklärung vertraut, jedoch nicht über den Betrag des Interesses hinaus, welches der andere oder der Dritte an der Gültigkeit der Erklärung hat.

(2) Die Schadensersatzpflicht tritt nicht ein, wenn der Beschädigte den Grund der Nichtigkeit oder der Anfechtbarkeit kannte oder infolge von Fahrlässigkeit nicht kannte (kennen musste).

§ 123 Anfechtbarkeit wegen Täuschung oder Drohung

(1) Wer zur Abgabe einer Willenserklärung durch arglistige Täuschung oder widerrechtlich durch Drohung bestimmt worden ist, kann die Erklärung anfechten.

(2) Hat ein Dritter die Täuschung verübt, so ist eine Erklärung, die einem anderen gegenüber abzugeben war, nur dann anfechtbar, wenn dieser die Täuschung kannte oder kennen musste. Soweit ein anderer als derjenige, welchem gegenüber die Erklärung abzugeben war, aus der Erklärung unmittelbar ein Recht erworben hat, ist die Erklärung ihm gegenüber anfechtbar, wenn er die Täuschung kannte oder kennen musste.

§ 124 Anfechtungsfrist

(1) Die Anfechtung einer nach § 123 anfechtbaren Willenserklärung kann nur binnen Jahresfrist erfolgen.

(2) Die Frist beginnt im Falle der arglistigen Täuschung mit dem Zeitpunkt, in welchem der Anfechtungsberechtigte die Täuschung entdeckt, im Falle der Drohung mit dem Zeitpunkt, in welchem die Zwangslage aufhört. Auf den Lauf der Frist finden die für die Verjährung geltenden Vorschriften der §§ 206, 210 und 211 entsprechende Anwendung.

(3) Die Anfechtung ist ausgeschlossen, wenn seit der Abgabe der Willenserklärung zehn Jahre verstrichen sind.

§ 142 Wirkung der Anfechtung

(1) Wird ein anfechtbares Rechtsgeschäft angefochten, so ist es als von Anfang an nichtig anzusehen.

(2) Wer die Anfechtbarkeit kannte oder kennen musste, wird, wenn die Anfechtung erfolgt, so behandelt, wie wenn er die Nichtigkeit des Rechtsgeschäfts gekannt hätte oder hätte kennen müssen.

Vertiefende Übungen

1 Erläutern Sie, ob und aus welchem Grund die folgenden Rechtsgeschäfte nichtig sind.

a) Der 13-jährige Marvin Lehmann hat sein Taschengeld lange gespart. Stolz kauft er sich sein erstes Mountainbike für 350,00 €. Als seine Eltern von dem Kauf erfahren, sind sie entrüstet. Marvin sollte lieber bei der örtlichen Borussia Fußball spielen.

b) Harald Peters hat ein neues Hobby für sich entdeckt. Er möchte Gedenkmünzen sammeln und erwirbt beim ortsansässigen Münzhändler Paul Numis seine ersten Münzen, die ihm der Händler als hervorragende Basis für seine Sammlung empfohlen hat. Zu Hause stellt er fest, dass er für die Münzen den dreifachen Katalogpreis gezahlt hat.

c) Karl Knübel ist Inhaber eines Fahrradgeschäftes und möchte einen Kredit bei seiner Hausbank beantragen. Damit die wirtschaftliche Situation seines Geschäftes in besserem Licht erscheint, überredet er einige seiner Freunde, bei ihm pro forma Kaufverträge über Fahrräder zu unterschreiben. Selbstverständlich müssten sie kein Fahrrad abnehmen.

d) Der 20-jährige Christian Meier hat ein Studium begonnen und möchte zu Hause ausziehen. Da er noch kein geregeltes Einkommen hat, verlangt der Vermieter Herr Döring eine Mietbürgschaft seines Vaters Rico. Auf Nachfrage von Herrn Döring bürgt Rico Meier am Telefon für seinen Sohn.

e) Nachdem Malte Schründer den letzten Teil der Abschlussprüfung zum Industriekaufmann abgelegt hat, meint er zu den umstehenden Mitstreitern: „Jetzt eine Zigarette, dafür zahle ich 50,00 €!“ Sofort bekommt er mehrere Zigaretten angeboten.

f) Der sechsjährige Klaus Bisping bekommt von seinen Eltern wöchentlich 2,00 € Taschengeld. Als er sich für sein Taschengeld eine Tüte Chips und eine Flasche Cola kauft, sind seine Eltern gar nicht einverstanden.

g) Georg Pelzich liegt mit seinem Arbeitskollegen Walter Wittler im Streit. Deshalb verspricht er einem anderen Arbeitskollegen 100,00 €, wenn dieser bei Walter Wittler die Fensterscheiben einwirft.

h) Als Maik Balster nach durchzechter Nacht aufwacht, stellt er fest, dass in seiner Garage ein neues Fahrrad steht. Er kann sich nicht mehr erinnern, aber eine Freundin berichtet ihm, dass er das Rad gestern gekauft habe, um nach Hause zu kommen.

2 Begründen Sie, ob und aus welchem Grund die beschriebenen Rechtsgeschäfte anfechtbar sind. Erläutern Sie, welche Anfechtungsfristen jeweils einzuhalten sind.

a) Herbert Wulf erwirbt bei einem Versandhändler ein Bild eines regional bekannten Künstlers. Als er das Paket des Versandhändlers auspackt, stellt sich heraus, dass es sich bei dem Bild um einen Druck und nicht um ein Original handelt, wie Herbert Wulf angenommen hatte.

b) Harald Peters hat bei einem Antiquitätenhändler einen Silberteller gekauft. Der Teller wurde vom Händler als besonders wertvoll angepriesen. Als er den Teller einem Freund zeigt, stellt dieser fest, dass ihm der Händler einen minderwertigen Zinnteller verkauft hat. „Deshalb hat der Händler immer so freundlich gelächelt, als er mir den Teller verkauft hat“, meint Karl Peters.

c) Leonie Gremme bestellt für die WFW AG bei einem Lieferanten telefonisch 91 Rennradschaltungen. Eigentlich wollte sie lediglich 19 Schaltungen bestellen.

d) Herbert Haller wird von der Stadtsparkasse Münster als Kassierer eingestellt. Nach drei Monaten stellt sich heraus, dass Herbert Haller wegen mehrerer Eigentumsdelikte vorbestraft ist.

e) Alexander Herbold „bittet“ Malte Wiege, ihm sein neues Mountainbike MB-500 zu verkaufen, das er erst kürzlich von der WFW AG erstanden hat. Wenn er dies nicht tue, würde sein Bruder Klaus Herbold bei ihm vorstellig werden, der einer ortsansässigen Rockergruppe angehöre.

f) In einer Münsteraner Kneipe bestellt Omar Guetat ein „Radler“ in der Annahme, er erhalte ein Bier mit Sprite. Tatsächlich erhält er jedoch Bier mit Fanta.

g) Rainer Flender möchte telefonisch 500 Telekom-Aktien über seine Bank erwerben. Aufgrund der schlechten Telefonverbindung versteht der Bankmitarbeiter jedoch, dass er 500 Telekom-Aktien verkaufen solle.

h) In der Mittagspause bestellt sich Fritz Lang in einer Münsteraner Imbissstube einen Salatteller. Als er den vorzüglichen Grillteller seines Vertriebskollegen Rico Meier sieht, überlegt es sich Fritz Lang anders und meint zur Verkäuferin: „Ich habe mich leider geirrt. Ich habe gar keinen Hunger auf einen Salat. Bitte bringen Sie mir stattdessen auch einen Grillteller.“

3 Malte Wiege ist Auszubildender bei der WFW AG und zurzeit im Einkauf eingesetzt: Als Klaus Berns ihn mahnt, seine Bestellungen sorgfältiger zu kontrollieren, meint er: „Herr Berns, wir müssen unsere Bestellungen gar nicht so sorgfältig kontrollieren. Wenn ich mich bei der Bestellung verschreibe, kann ich den Kaufvertrag immer noch aufgrund eines Erklärungsirrtums anfechten.“ Nehmen Sie Stellung.

4 Herr Flender besucht mit den Vertriebsmitarbeitern der WFW AG den Kölner Weihnachtsmarkt, um das Jahr gemütlich ausklingen zu lassen.

a) Beurteilen Sie, ob die folgenden Rechtsgeschäfte gültig, anfechtbar oder nichtig sind. Gehen Sie dabei auf den Grund für die Anfechtbarkeit oder Nichtigkeit ein.

aa) Die WFW AG benötigt eine angemietete Lagerhalle nicht mehr. Als Herr Flender den Vermieter der Halle trifft, teilt er ihm die Kündigung mit.

ab) Nach einigen Gläschen Glühwein ist Herr Flender guter Dinge. Eigentlich ist Herr Flender passionierter Nichtraucher, aber jetzt ruft er: „20,00 € für eine Zigarette!“ Sofort bietet ihm Herr Venker eine Zigarette an und verlangt 20,00 €.

ac) Frau Glohr scheint etwas abwesend zu sein. Gestern hat sie versehentlich einen Schreibtisch für 20,00 € anstatt für 2000,00 € schriftlich angeboten. Heute Morgen hat der Kunde prompt bestellt.

ad) Auch über ein anderes Angebot hat sich Frau Glohr geärgert. Aufgrund des starken Konkurrenzdruckes in der Branche hat sie einem Händler einen Rabatt von 5 % gewährt, den dieser normalerweise nicht bekommt. Dadurch sinkt die Gewinnmarge der WFW AG für diesen Auftrag erheblich. Herr Flender war nicht gerade begeistert.

ae) Herr Flender studiert gerade das kulinarische Angebot einer Imbissbude. Dort heißt es: „Halver Hahn 2,00 €". Kurzerhand bestellt Herr Flender in dem Glauben, dass es sich um halbe Hähnchen handelt, für jeden Mitarbeiter einen „halven Hahn". Als er ein halbes Brötchen mit einer Scheibe Käse (= halver Hahn) erhält, ist er verwirrt.

af) Neben Herrn Flender bestellt gerade der sechsjährige Maximilian Pommes. Gerade als der Imbissbudenbesitzer die Pommes servieren will, schreitet seine Mutter mit den Worten ein: „Die Pommes können Sie behalten."

ag) Herr Venker, der immer noch den 20,00 € nachtrauert, lässt seinen Blick über den Weihnachtsmarkt schweifen. Er beobachtet gerade, wie Dieter Doop ein Päckchen Rauschgift übergibt und von seinem „Kunden" Zahlung verlangt.

ah) Überhaupt ist heute nicht Herrn Venkers Tag. Um seine Laune aufzubessern, kauft er für seine Frau einen Armreif. Die Verkäuferin hat versichert, dass es sich um 585er Gold handelt. Zu Hause angekommen, ist seine Frau allerdings wenig begeistert. Er könne die Imitation mal schön behalten. Jetzt weiß er das schelmische Grinsen der Verkäuferin zu deuten.

b) Erläutern Sie die Fristen und mögliche weitere Konsequenzen, die bei einer Anfechtung wegen Irrtums zu beachten sind.

5 Marvin Kemp wird von seinem Bekannten Karl-Heinz zum Verkauf seines Laptops zu einem Preis von 200,00 € „überredet". Ansonsten werde Karl-Heinz Marvins Freundin Rieke einige pikante Details aus dem letzten Mallorca-Urlaub erzählen.

a) Als Marvin aufgrund einer Internetrecherche feststellt, dass der Laptop lediglich 150,00 € wert ist, ist er mit dem Geschäft durchaus zufrieden. Begründen Sie, ob Marvin trotzdem anfechten muss.

b) Gehen Sie nun davon aus, dass der Wert des Laptops im Internet mit 400,00 € angegeben wird. Marvin hat sich zwischenzeitlich von Rieke getrennt. Erklären Sie, wie lange sich Marvin mit seiner Anfechtung Zeit lassen kann.

6 Der 20-jährige Auszubildende Karl ist bei seinen Arbeitskollegen für seine Späße bekannt. Als er mit seinen Arbeitskollegen in der Kneipe ein Fußballspiel schaut, meint er zu seinen Arbeitskollegen: „Wenn der VfL noch gewinnt, gebe ich eine Lokalrunde!" Tatsächlich schafft es der VfL das Spiel nach 0-2-Rückstand noch zu drehen. Voller Überschwang ruft Karl „Lokalrunde!". Die Bedienung zapft an und verteilt die Biere an die Gäste. Als die Bedienung kassieren möchte, weigert sich Karl zu bezahlen. Es habe sich lediglich um einen Scherz gehandelt, als Auszubildender könne er sich das gar nicht leisten. Die Bedienung besteht auf Zahlung, denn die Biere könne sie nicht weiterverkaufen. Erläutern Sie die Rechtslage.

ZUSAMMENFASSUNG

Nichtigkeit von Rechtsgeschäften

Ein nichtiges Rechtsgeschäft ist von ____________ an ____________.

Folgende ____________ führen zur Nichtigkeit von Rechtsgeschäften:

- Geschäfte, die gegen die ________ Sitten verstoßen
- Geschäfte, die gegen ein gesetzliches ________ verstoßen
- Geschäfte, denen es an der Ernsthaftigkeit mangelt, sog. ________________
- Geschäfte, die gegen gesetzliche ________________ verstoßen
- Geschäfte, die zum Schein abgeschlossen werden, sog. ________________
- Geschäfte mit ____________ geschäftsfähigen Personen ohne ____________ der gesetzlichen Vertreter
- Geschäfte, die im Zustand der ________________ oder vorübergehender Störung der ________________ abgegeben werden
- Geschäfte mit ________________ Personen

Anfechtung von Rechtsgeschäften

Durch eine Anfechtung wird ein zunächst ____________ Rechtsgeschäft ____________.

Folgende Gründe rechtfertigen eine Anfechtung von Rechtsgeschäften:

- ____________ Täuschung
- widerrechtliche ____________
- Irrtum über den ____________
- Irrtum in der ____________
- Irrtum in der ____________
- Irrtum über eine verkehrswesentliche ________ einer ________ oder ________
- Ausnahme: Ein ____________ ist nicht anfechtbar.

Bei Irrtümern muss ____________ nach dessen ____________ angefochten werden.

Wird die Anfechtung aufgrund einer arglistigen Täuschung oder einer widerrechtlichen Drohung vorgenommen, muss die Anfechtung innerhalb ____________ Jahres ab ____________ der Täuschung oder ____________ der Zwangslage geschehen.

Wird ein Rechtsgeschäft wegen eines Irrtums angefochten, so hat der Anfechtende den ________________ zu ersetzen.

SELBSTEINSCHÄTZUNG	JA ☺	MIT HILFE 😐	NEIN ☹
Ich kann erläutern, was die Nichtigkeit eines Rechtsgeschäftes bedeutet.			
Ich kann Gründe für die Nichtigkeit von Rechtsgeschäften			
• nennen,			
• erläutern,			
• unterscheiden.			
Ich kann erläutern, was die Anfechtbarkeit eines Rechtsgeschäftes bedeutet.			
Ich kann Gründe für die Anfechtbarkeit von Rechtsgeschäften			
• nennen,			
• erläutern,			
• unterscheiden.			
Ich kann Anfechtungsfristen			
• nennen,			
• berechnen.			
Ich kann erklären, welcher Schaden bei einer Anfechtung wegen Irrtums ersetzt werden muss.			

Außerdem habe ich gelernt:

____

____

____

____

____

____

____

HINWEIS Zur Wiederholung und Vertiefung der Inhalte der Lernsituation: Seite 166, Aufgabe 5.

Ausgangssituation I: Eigentumsübertragung – gewusst wie!

Als Leonie Gremme morgens die Zeitung aufschlägt, liest sie dem Verkaufssachbearbeiter „West“, Harald Peters, folgenden Artikel vor:

> Die Zweirad Nentwig AG hat Insolvenz beim Amtsgericht Münster angemeldet. Der vom Gericht eingesetzte Insolvenzverwalter Künermann hat die Geschäfte übernommen. Im Moment sind sämtliche Zahlungen eingestellt. Ob das Geschäft fortgeführt wird, hat der Insolvenzverwalter Künermann bisher offengelassen. Er müsse sich erst einen Überblick über die Geschäfte und das Vermögen verschaffen. Alle Lieferanten sind nun aufgefordert, ihre Forderungen geltend zu machen. Waren und Gegenstände, an denen die Zweirad Nentwig AG kein Eigentümer geworden ist, können nach Rücksprache mit dem Insolvenzverwalter abgeholt werden.

„Vor drei Tagen haben wir die Zweirad Nentwig AG noch beliefert“, sagt Leonie nachdenklich. „Hat sie denn schon bezahlt, Leonie?“, fragt Harald Peters interessiert nach. „Nein, noch nicht, Herr Peters. Wir sollten unsere Räder schnellstmöglich abholen. Schließlich sind wir noch Eigentümer, denn die Zweirad Nentwig AG hat noch nicht bezahlt“, entgegnet Leonie. „Da wäre ich mir nicht so sicher, Leonie“, bemerkt Harald Peters zweifelnd. „Bitte prüfen Sie das einmal genauer und setzen Sie sich auch mit der E-Mail von Rainer Flender auseinander, die ich gerade erhalten habe“, ergänzt er.

An: h.peters@wfw.de
Gesendet: Dienstag, 17. April 20(0), 13:32
Von: r.flender@wfw.de
Betreff: Eigentumsübertragung

Eine Kopie dieser Nachricht befindet sich auf dem Server.

Hallo Herr Peters,
bitte klären Sie für mich, wie in den folgenden Fällen das Eigentum schnell und zweckmäßig übertragen werden kann:

1. Wir haben der Radsport Beike GmbH drei Mountainbikes MB-300 zu Vorführzwecken überlassen. Der Inhaber Stefan Beike ist mit den Mountainbikes sehr zufrieden und möchte sie behalten.
2. Der Fahrradfachhandel Krüger GmbH in Essen haben wir zwei Cityräder CR-100 für eine Hausmesse zur Verfügung gestellt. Leider möchte Herr Krüger die Räder nicht übernehmen. Allerdings konnten die Räder an das Zweiradfachgeschäft Mönter e. K., ebenfalls in Essen ansässig, weiterverkauft werden. Herr Mönter bittet um eilige Bearbeitung des Auftrages, da seine Kunden die Räder für eine anstehende Radtour dringend benötigen.
3. Mein Vorstandskollege bei der Radsportgemeinschaft Münster, Manfred Richter, ist von meinem neuen Rennrad, das ich mir eigens für die kommende Radsportsaison zusammengestellt habe, total begeistert. Er möchte, dass es schnellstmöglich ihm gehört. Ich möchte das Rennrad allerdings noch beim „Münsterland Giro“ am kommenden Wochenende fahren.

Mit freundlichen Grüßen
Rainer Flender

Arbeitsaufträge

1 Überprüfen Sie mithilfe der Infobox, ob die WFW AG die Herausgabe der Fahrräder verlangen kann, die an die Zweirad Nentwig AG geliefert wurden.

2 Begründen Sie mithilfe der Infobox, wie in den Fällen 1 bis 3 der E-Mail das Eigentum sinnvoll übertragen werden kann.

INFOBOX

Info 1: Rechtsobjekte und Eigentumsübertragung

Rechtsobjekte

Die Gegenstände des Rechtsverkehrs werden als **Rechtsobjekte** bezeichnet. Es wird zwischen nicht körperlichen Rechtsobjekten (**Rechte**) und körperlichen Rechtsobjekten (**Sachen**) unterschieden.

Unbewegliche Sachen werden als **Immobilien**, bewegliche Sachen als **Mobilien** bezeichnet.

Sachen, die nach Maß, Zahl und Gewicht bestimmt werden und damit untereinander austauschbar sind, bezeichnet man als **vertretbare** Sachen (Handys, Neuwagen, Jeanshosen). **Nicht vertretbare** Sachen hingegen sind durch individuelle Merkmale gekennzeichnet und können nicht durch andere ersetzt werden (Originalgemälde, Gebrauchtwagen).

Rechtsobjekte			
Sachen	Bewegliche Sachen	Vertretbare Sachen	Beispiele: Handys, Neuwagen, Jeanshosen
		Nicht vertretbare Sachen	Beispiele: Originalgemälde, Gebrauchtwagen
	Unbewegliche Sachen		Beispiele: Häuser, Grundstücke
Rechte	Beispiele: Besitz, Eigentum, Patente, Lizenzen, Forderungen		

Eigentum und Besitz als Rechte

Eigentum und Besitz sind Rechte. **Eigentum** ist die rechtliche Herrschaft über eine Sache. Dem Eigentümer gehört die Sache. Er kann damit nach Belieben verfahren (§ 903 BGB), sofern er nicht gegen das Gesetz verstößt oder die Rechte Dritter verletzt. **Besitz** ist die tatsächliche Herrschaft über eine Sache (§ 854 BGB). Der **Eigentümer** einer Sache hat gegenüber dem Besitzer einen **Herausgabeanspruch** (§ 985 BGB), sofern der Besitzer nicht, beispielsweise aufgrund eines Leih- oder Mietvertrages, zum Besitz berechtigt ist. Häufig liegen Eigentum und Besitz in einer Hand. Dann ist der Eigentümer auch **unmittelbarer Besitzer**. Überlässt der Eigentümer einem anderen die Sache zum Gebrauch, z. B. durch einen Miet-, Pacht- oder Leihvertrag, wird der Mieter, Pächter oder Entleiher unmittelbarer Besitzer, da er nun die tatsächliche Herrschaft ausübt. Der Eigentümer bleibt durch diese Gebrauchsüberlassung **mittelbarer Besitzer** (§ 868 BGB).

Beispiele	Unmittelbarer Besitzer	Mittelbarer Besitzer	Eigentümer
Miete eines Autos	Mieter	Vermieter	Vermieter
Leihe eines Buches	Entleiher	Verleiher	Verleiher
Pacht eines Grundstückes	Pächter	Verpächter	Verpächter

Eigentumsübertragung durch Rechtsgeschäft

Die Eigentumsübertragung ist ein eigenes Rechtsgeschäft. Sie ist für bewegliche und unbewegliche Sachen unterschiedlich geregelt. Bei der Eigentumsübertragung von **beweglichen Sachen** sind vier Möglichkeiten denkbar.

⬇

INFOBOX

1. Das Eigentum wird durch **Einigung und Übergabe der Sache** übertragen. Die Einigung über den Eigentumswechsel findet dabei häufig durch beiderseitiges konkludentes (schlüssiges) Verhalten statt. Dies ist der Standardfall der Eigentumsübertragung.

   Beispiel: Paul verkauft Mark ein Buch. Paul übergibt das Buch. Dabei einigen sie sich (konkludent) über den Eigentumswechsel.

2. Durch bloße **Einigung** wird das Eigentum übertragen, wenn der Erwerber bereits im Besitz der Sache ist.

   Beispiel: Mark hat sich ein Buch von Paul geliehen. Da es ihm gefällt, erwirbt er das Buch von Paul.

3. Ist die Sache im Besitz eines Dritten, wird das Eigentum durch **Einigung und Abtretung des Herausgabeanspruches** übertragen.

   Beispiel: Paul verkauft Mark ein Buch. Da Paul das Buch an Peter verliehen hat, soll sich Mark das Buch von Peter herausgeben lassen.

4. Soll der alte Eigentümer auch weiterhin der unmittelbare Besitzer der Sache bleiben, kann das Eigentum durch **Einigung und Vereinbarung eines Besitzkonstitutes** (z. B. eines Miet-, Pacht- oder Leihvertrages) übertragen werden. Der alte Eigentümer überträgt zwar das Eigentum an einer Sache, bleibt aber unmittelbarer Besitzer, indem er die Sache mietet, pachtet oder leiht. Der neue Eigentümer wird mittelbarer Besitzer.

   Beispiel: Paul verkauft Mark ein Buch. Gleichzeitig leiht Mark wiederum Paul das Buch, da Paul es noch für die Vorbereitung auf eine Prüfung benötigt.

An **unbeweglichen Sachen** (z. B. Kauf eines Grundstücks) wird durch **Auflassung** (= notariell beurkundete Einigung über den Eigentumswechsel) und **Eintragung in das Grundbuch** Eigentum erworben.

Beispiel: Paul kauft von Mark ein Grundstück. Sie einigen sich vor dem Notar über den Eigentumswechsel. Anschließend wird Paul durch Eintragung in das Grundbuch neuer Eigentümer des Grundstücks.

INFOBOX

Info 2: Auszug aus dem BGB

§ 854 Erwerb des Besitzes
(1) Der Besitz einer Sache wird durch die Erlangung der tatsächlichen Gewalt über die Sache erworben. (...)

§ 868 Mittelbarer Besitz
Besitzt jemand eine Sache als Nießbraucher, Pfandgläubiger, Pächter, Mieter, Verwahrer oder in einem ähnlichen Verhältnis, vermöge dessen er einem anderen gegenüber auf Zeit zum Besitz berechtigt oder verpflichtet ist, so ist auch der andere Besitzer (mittelbarer Besitz).

§ 903 Befugnisse des Eigentümers
Der Eigentümer einer Sache kann, soweit nicht das Gesetz oder Rechte Dritter entgegenstehen, mit der Sache nach Belieben verfahren und andere von jeder Einwirkung ausschließen. (...)

§ 929 Einigung und Übergabe
Zur Übertragung des Eigentums an einer beweglichen Sache ist erforderlich, dass der Eigentümer die Sache dem Erwerber übergibt und beide darüber einig sind, dass das Eigentum übergehen soll. Ist der Erwerber im Besitz der Sache, so genügt die Einigung über den Übergang des Eigentums.

§ 930 Besitzkonstitut
Ist der Eigentümer im Besitz der Sache, so kann die Übergabe dadurch ersetzt werden, dass zwischen ihm und dem Erwerber ein Rechtsverhältnis vereinbart wird, vermöge dessen der Erwerber den mittelbaren Besitz erlangt.

§ 931 Abtretung des Herausgabeanspruchs
Ist ein Dritter im Besitz der Sache, so kann die Übergabe dadurch ersetzt werden, dass der Eigentümer dem Erwerber den Anspruch auf Herausgabe der Sache abtritt.

§ 985 Herausgabeanspruch
Der Eigentümer kann von dem Besitzer die Herausgabe der Sache verlangen.

Ausgangssituation II: Der Schutz des guten Glaubens

Die WFW AG hat im Moment einige Überkapazitäten im EDV-Bereich. Deshalb hat Herr Flender einen nicht mehr benötigten Großrechner an die WEBER GmbH vermietet. Da sich die WEBER GmbH in finanziellen Schwierigkeiten befindet, verkauft diese den Großrechner an die TSM AG weiter. Der Großrechner ist mittlerweile bei der TSM AG installiert worden. Herr Hinkel, der EDV-Leiter der TSM AG, hat den Großrechner zuvor in den Räumlichkeiten der WEBER GmbH besichtigt, wo man ihm auch berichtete, dass der Rechner zuverlässig gelaufen sei. Zwischenzeitlich hat Herr Flender vom Verkauf des Rechners an die TSM AG erfahren und verlangt von Herrn Hinkel dessen Herausgabe.

Arbeitsaufträge

1 Prüfen und erläutern Sie, wer Eigentümer des Großrechners ist.

2 Erläutern Sie, wie der Fall zu beurteilen wäre, wenn Herr Hinkel gewusst hätte, dass der Rechner von der WFW AG an die WEBER GmbH vermietet wurde.

3 Gehen Sie nun davon aus, dass der Großrechner aus den Räumlichkeiten der WFW AG gestohlen wurde. Die Diebe haben den Rechner an die gutgläubige EMCA AG verkauft. Begründen Sie, wer nun Eigentümer des Rechners ist.

4 In der Ausgangssituation II wurde die erste Miete von der WEBER GmbH bar gezahlt. Es handelte sich dabei um Geld, das aus einem Überfall bei der Sparkasse Münster stammt und zufällig über mehrere Umwege in die Kasse der WEBER GmbH gelangte. Als die Leiterin des Rechnungswesens, Frau Kamp, das Geld auf das Konto der WFW AG einzahlen will, stellt der Schalterangestellte der Sparkasse Münster anhand der Geldscheinnummern fest, dass das Geld aus einem Überfall der Sparkasse Münster stammt. Die Sparkasse Münster beansprucht das Eigentum an den Geldscheinen. Nehmen Sie Stellung.

INFOBOX

Info 1: Gutgläubiger Eigentumserwerb vom Nichtberechtigten

Ausnahmsweise kann man auch von Sachen Eigentümer werden, die dem Verkäufer nicht gehören (= **Verfügung eines Nichtberechtigten**). Voraussetzung dafür ist, dass der Käufer **gutgläubig** handelt (§ 932 BGB).

Beispiel: Der Auszubildende Malte Wiege hat sich ein Fahrrad von einem Bekannten geliehen. Dieses Fahrrad verkauft Malte Wiege seinem Freund Maik Balster und übergibt es vereinbarungsgemäß. Da Maik nicht weiß, dass Malte Wiege das Fahrrad nur geliehen hat, handelt er gutgläubig und wird Eigentümer des Fahrrades.

An **gestohlenen, verloren gegangenen oder sonst abhandengekommenen Sachen** kann nach § 935 BGB grundsätzlich kein Eigentum erworben werden, selbst wenn die Sache in gutem Glauben erworben wurde.

Beispiel: Leonie Gremme erwirbt ein Fahrrad von Klaus Krüler, den sie für den rechtmäßigen Eigentümer hält. Klaus Krüler hat das Fahrrad jedoch Kai Lüken gestohlen. Leonie Gremme wird deshalb trotz Gutgläubigkeit keine Eigentümerin, sondern Kai Lüken bleibt Eigentümer des Fahrrades.

Eine Ausnahme von dieser Regelung stellt der Eigentumserwerb an **Geld, Inhaberpapieren oder Sachen aus öffentlicher Versteigerung** dar. In diesen Ausnahmefällen ist gutgläubiger Erwerb immer möglich.

Beispiel: Leonie Gremme ersteigert ein Fahrrad in einer öffentlichen Versteigerung. Später stellt sich heraus, dass das Fahrrad gestohlen wurde. Leonie Gremme bleibt trotzdem Eigentümerin des Fahrrades.

INFOBOX

Info 2: Auszug aus dem BGB

§ 932 Gutgläubiger Erwerb vom Nichtberechtigten
(1) Durch eine nach § 929 erfolgte Veräußerung wird der Erwerber auch dann Eigentümer, wenn die Sache nicht dem Veräußerer gehört, es sei denn, dass er zu der Zeit, zu der er nach diesen Vorschriften das Eigentum erwerben würde, nicht im guten Glauben ist. In dem Falle des § 929 Satz 2 gilt dies jedoch nur dann, wenn der Erwerber den Besitz von dem Veräußerer erlangt hat.
(2) Der Erwerber ist nicht im guten Glauben, wenn ihm bekannt oder infolge grober Fahrlässigkeit unbekannt ist, dass die Sache nicht dem Veräußerer gehört.

§ 935 Kein gutgläubiger Erwerb von abhandengekommenen Sachen
(1) Der Erwerb des Eigentums auf Grund der §§ 932 bis 934 tritt nicht ein, wenn die Sache dem Eigentümer gestohlen worden, verlorengegangen oder sonst abhandengekommen war. Das Gleiche gilt, falls der Eigentümer nur mittelbarer Besitzer war, dann, wenn die Sache dem Besitzer abhandengekommen war.
(2) Diese Vorschriften finden keine Anwendung auf Geld oder Inhaberpapiere sowie auf Sachen, die im Wege öffentlicher Versteigerungen veräußert werden.

Vertiefende Übungen

1 Prüfen Sie, welche Arte von Rechtsobjekt (Sache, Recht) vorliegt.
   a) neuer Fernsehsessel
   b) Erdbeeren (Güteklasse A)
   c) Grundstück
   d) gebrauchtes Skateboard
   e) Lizenz
   f) Forderung aus einer Lieferung

2 Klären Sie die Eigentums- und Besitzverhältnisse in den folgenden Fällen.
   a) Das Autohaus Berkemeier verkauft im Kundenauftrag einen Pkw an Max Morlock.
   b) Die Helmut Rahn OHG mietet für ein halbes Jahr einen Lkw von der Sesendrup KG.
   c) Kristin Jürgens kauft sich neue Winterhandschuhe. Sie lässt diese auf dem Nachhauseweg im Bus liegen. Alexandra Spengler findet die Handschuhe.

3 Erläutern Sie, wie in den folgenden Fällen das Eigentum zweckmäßigerweise übertragen wird.
   a) Leonie Gremme leiht ihrem Freund Walter ihren MP3-Player. Walter möchte den MP3-Player erwerben.
   b) Gehen Sie davon aus, dass Walter den Player doch nicht erworben hat und Leonie den Player zwischenzeitlich an Dieter verkauft hat, der ein Nachbar von Walter ist. Der Player befindet sich noch in der Obhut von Walter.
   c) Nun ist Dieter Eigentümer des Players. Er verkauft ihn an seine Freundin Tessa, möchte aber den Player noch über das Wochenende nutzen.
   d) Nachdem Tessa nun den Player erhalten hat, verkauft sie ihn einige Zeit später an ihre Schwester Herta.

4 Rico Meier, Vertriebsmitarbeiter der WFW AG, verkauft der Fahrradfachhandel Krüger GmbH telefonisch 10 Mountainbikes MB-500. Die Räder werden heute an den Fahrradfachhandel ausgeliefert und sollen in drei Tagen bezahlt werden. Begründen Sie, wer
   a) heute Eigentümer und Besitzer,
   b) in drei Tagen Eigentümer und Besitzer ist.

5 Die Fahrradfachhandel Krüger GmbH verkauft ein Mountainbike MB-500 (vgl. Aufgabe 4) am nächsten Tag an den Endverbraucher Klaus Bisping. Das Fahrrad wird übergeben und bezahlt.
   Begründen Sie,
   a) ob Klaus Bisping Eigentümer des Fahrrades wird,
   b) ob Klaus Bisping Eigentümer des Fahrrades wird, wenn er weiß, dass das Rad noch nicht von der Fahrradfachhandel Krüger GmbH bezahlt wurde.

6 Beurteilen Sie die folgenden Rechtsfälle.

a) Alfons leiht seinem Freund Christoph ein Fahrrad. Christoph ist im Moment knapp bei Kasse und verkauft das Fahrrad an Ralf. Begründen Sie, wer Eigentümer des Fahrrades ist.

b) Walter leiht seinem Bekannten Bernhard seinen Laptop. Diesem wird der Laptop gestohlen. Der Dieb wiederum verkauft und übergibt den Laptop an Waltraud, die von alledem nichts ahnt. Begründen Sie, wer Eigentümer des Laptops ist.

Ergänzende Übungen

Beurteilen Sie die folgenden Rechtsfälle.

a) Heike Möllenhoff erwirbt ein Fahrrad aus einer öffentlichen Versteigerung. Bei einer allgemeinen Verkehrskontrolle stellt die Polizei fest, dass das Fahrrad in einem anderen Bundesland gestohlen worden ist, und fordert Heike Möllenhoff zur Herausgabe des Fahrrades auf. Heike Möllenhoff verweigert die Herausgabe des Fahrrades, da sie rechtmäßige Eigentümerin sei.

b) Christian Kamp verkauft sein Auto an Barbara Krüler, die es bar bezahlt. Als Christian Kamp das Geld bei der örtlichen Bank einzahlen will, beansprucht diese das Eigentum am Geld. Es sei Geld, das aus einem Bankraub stammt und der Bank zustehe.

c) Rainer Flender kauft in der Kunstgalerie Schenk die Skulptur eines bekannten Münsteraner Künstlers. Als Rainer Flender die Skulptur bezahlt, vereinbart er mit Herrn Schenk, dass er die Skulptur für zwei Stunden in Verwahrung nimmt, da er noch weitere Besorgungen in der Münsteraner Innenstadt tätigen muss. Der Kunde Franz Krämer, der diesen Vorgang beobachtet, möchte selbst die Skulptur erwerben. Als Rainer Flender die Galerie verlassen hat, bietet er Herrn Schenk 1 000,00 € mehr, als Rainer Flender für die Skulptur bezahlt hat. Herr Schenk willigt daraufhin ein und übergibt Franz Krämer die Skulptur.

ZUSAMMENFASSUNG

<table>
<tr><th colspan="4">Rechtsobjekte</th></tr>
<tr><td rowspan="3">__________</td><td rowspan="2">__________ Sachen</td><td>__________ Sachen</td><td>Sachen, die nach __________, __________ und __________ bestimmt werden und damit untereinander __________ sind.</td></tr>
<tr><td>Nicht vertretbare Sachen</td><td>Sachen, die durch __________ Merkmale gekennzeichnet sind, können __________ durch andere ersetzt werden.</td></tr>
<tr><td colspan="2">__________ Sachen</td><td>Sie werden __________ genannt.</td></tr>
<tr><td>__________</td><td colspan="3">nicht __________ Rechtsobjekte</td></tr>
</table>

Eigentumsübertragung		
______	durch **Einigung** und ______ (§ 929 BGB)	Dies ist der Standardfall der Eigentumsübertragung. Häufig findet die Einigung durch beiderseitiges schlüssiges (______) Verhalten statt.
	durch **Einigung** (§ 929 BGB)	Wenn der Erwerber bereits im ______ der Sache ist, genügt die bloße ______. Eine ______ der Sache ist nicht mehr notwendig.
	durch **Einigung** und ______ ______ (§ 931 BGB)	Ist ein ______ im Besitz der Sache, wird die Übergabe der Sache durch die ______ des ______ gegenüber dem Dritten ersetzt.
	durch **Einigung** und ______ ______ (§ 930 BGB)	Soll der alte Eigentümer ______ Besitzer und Nutzer der Sache bleiben, wird ein ______ vereinbart. Der neue Eigentümer wird lediglich ______ Besitzer. Beispiele für ein ______ sind Miet-, Pacht- oder Leihverträge.
Immobilien	durch ______ (= notariell beurkundete Einigung über den Eigentumswechsel) und ______ ______ (§§ 873, 925 BGB)	Diese Art der Eigentumsübertragung findet z. B. bei einem Kauf eines ______ Anwendung.

Gutgläubiger Erwerb vom Nichtberechtigten
Der Käufer kann nur dann Eigentum von einem ______ erwerben, wenn er ______ ist. Ist die Sache ______, verloren gegangen oder sonst abhandengekommen, kann (bis auf wenige Ausnahmen) kein ______ erworben werden.

SELBSTEINSCHÄTZUNG	JA ☺	MIT HILFE 😐	NEIN ☹
Ich kann Sachen und Rechte voneinander unterscheiden und jeweils Beispiele nennen.			
Ich kann Eigentum und Besitz definieren.			
Ich kann zwischen unmittelbarem und mittelbarem Besitz unterscheiden.			
Ich kann die unterschiedlichen Möglichkeiten der Eigentumsübertragung erklären.			
Ich kann fallbezogen begründen, wie Eigentum sinnvoll übertragen wird.			
Ich kann die Voraussetzungen für einen gutgläubigen Erwerb vom Nichtberechtigten erläutern.			
Ich kann begründen, ob gutgläubig Eigentum erworben wurde.			
Ich kann mit Gesetzestexten umgehen.			

Außerdem habe ich gelernt:

____

____

____

____

____

____

____

HINWEIS

Zur Wiederholung und Vertiefung der Inhalte der Lernsituation:
Seite 167 f., Aufgabe 6.

Ausgangssituation: Kaufvertrag unterzeichnet und doch kein Eigentümer?

Die 25-jährige Franziska Klein, leidenschaftliche Hobby-Radrennfahrerin beim Rennrad-Club Bonn, möchte sich nach einem erfolgreichen Sportstudium einen Traum erfüllen und ihr altes Rennrad durch ein neues Modell aus dem Hause WFW ersetzen. Bei Zweirad Fritsche GmbH ist ihr schon vor einiger Zeit ein ganz besonders Fahrrad der WFW aufgefallen, das sich Franziska jetzt gönnen möchte.

Nach einer kurzen Beratung sind sich Franziska und Verkaufsleiter Frank Fritsche jr. schnell einig. Das gewünschte Modell kann vom Zentrallager der Zweirad Fritsche GmbH innerhalb von einer Woche frei Haus ausgeliefert werden. Herr Fritsche setzt einen Kaufvertrag auf, den Franziska Klein sofort unterschreibt. Weil sie nach ihrem Studium momentan nicht so „flüssig" ist, hat man sich auf eine Ratenzahlung über fünf Monate verständigt, sodass der Kaufpreis des Rennrads – in Höhe von 2 500,00 € – in Raten zu je 500,00 € beglichen werden kann.

Zwei Tage später erhält Franziska die schriftliche Mitteilung, dass ihr neues Rennrad in drei Tagen geliefert werde. Die Lieferung erfolgt pünktlich und Franziska bestätigt mit ihrer Unterschrift auf dem Lieferschein den ordnungsgemäßen Zustand des Rennrads. Im Gegenzug händigt ihr der Fahrer der Spedition die Rechnung aus.

Vier Wochen später überweist Franziska die erste Rate auf das angegebene Konto der Zweirad Fritsche GmbH. Dabei fällt ihr ein Satz auf der Rechnung auf, den sie bei aller Euphorie während der Unterzeichnung des Kaufvertrages überlesen hat. Auf beiden Belegen heißt es:

> ***Zweirad Fritsche GmbH***
>
> **Rechnung**
>
> Rechnungsbetrag: 2 500,00 €
>
> Zahlung: 5 Raten à 500,00 €, jeweils fällig am letzten des Monats
>
> ***Eigentumsvorbehalt: Die Ware bleibt bis zur vollständigen Bezahlung Eigentum der Zweirad Fritsche GmbH.***

Arbeitsaufträge

1 Der von Franziska zunächst auf dem Kaufvertrag und der Rechnung überlesene Satz hat Auswirkungen auf die Übertragung von Besitz und Eigentum. Ab welchem Zeitpunkt wäre Franziska Besitzerin und Eigentümerin des Rennrades geworden, wenn der angesprochene Satz nicht Bestandteil des Kaufvertrages geworden wäre. Begründen Sie Ihre Entscheidung.

2 Nach drei Monaten hat Franziska die zweite Rate trotz mehrmaliger schriftlicher Mahnung immer noch nicht beglichen. Erläutern Sie, welche Rechte die Zweirad Fritsche GmbH aufgrund der oben genannten vertraglichen Regelung hat.

3 Stellen Sie die Rechtslage dar, falls der Satz nicht im Kaufvertrag gestanden hätte.

4 Schweren Herzens hat sich Franziska dazu entschlossen, ihr Rennrad an einen Bekannten aus ihrem Rennrad-Club zu verkaufen, weil sich ihre finanzielle Lage leider nicht verbessert hat. Den Verkaufserlös in Höhe von 1 500,00 € nutzt sie allerdings nicht, um die fälligen Raten bei Zweirad Fritsche zu

begleichen, sondern um die noch offenen letzten beiden Monatsmieten an ihren Vermieter zu zahlen. Erklären Sie, welche Konsequenzen diese Entwicklung für die Zweirad Fritsche GmbH hat.

5 Erläutern Sie, welche weiteren Sachverhalte dazu führen würden, dass die Zweirad Fritsche GmbH ihr Eigentum an dem Rennrad verliert, falls Franziska Klein ihren Zahlungsverpflichtungen nicht nachkommt.

6 Die Zweirad Fritsche GmbH möchte sich nach den Vorkommnissen mit Franziska Klein über die verschiedenen Sonderformen des Eigentumsvorbehalts informieren. Beraten Sie das Unternehmen über die zur Verfügung stehenden Möglichkeiten und geben Sie geeignete Beispiele an, bei denen der Vorteil erkennbar wird.

INFOBOX

Info 1: Arten des Eigentumsvorbehalts

Der Eigentumsvorbehalt ist eine vertragliche Vereinbarung zwischen Verkäufer und Käufer, bei der das Eigentum, an z. B. einer Warenlieferung, erst mit der vollständigen Bezahlung auf den Käufer übergeht, somit wird der Käufer zunächst nur Besitzer. Eine solche Vereinbarung wird in der betrieblichen Praxis insbesondere dann getroffen, wenn der Verkäufer seinem Kunden ein Zahlungsziel einräumt. Der dadurch entstehende zeitliche Unterschied zwischen Auslieferung und Bezahlung der Ware wird über den Eigentumsvorbehalt abgesichert (§ 449 BGB). Eine solche Regelung wird nur wirksam, wenn diese ausdrücklich im Kaufvertrag festgelegt wurde, und kann sowohl beim einseitigen Handelskauf (Kaufmann an Privatmann) als auch beim zweiseitigen Handelskauf (beide Vertragspartner sind Kaufleute) vereinbart werden.

Beim **einfachen Eigentumsvorbehalt** erstreckt sich der Eigentumsvorbehalt lediglich auf die gelieferte Sache, d. h. den Kaufgegenstand **eines Kaufvertrages**. Bezahlt der Käufer die aus dem Kaufvertrag resultierende Forderung, so erlischt der einfache Eigentumsvorbehalt. Leistet der Käufer die Zahlung nicht bzw. nicht rechtzeitig, kann der Verkäufer vom Vertrag zurücktreten und die Herausgabe der Ware verlangen. Kommt es zu einem Insolvenzverfahren oder zu einer Pfändung durch einen Vollstreckungsbeamten gegen den Käufer, kann der Verkäufer die Ware aus der Insolvenzmasse aussondern lassen bzw. die Freigabe der gepfändeten Ware verlangen, weil der Käufer lediglich Besitzer, aber kein Eigentümer an der Ware geworden ist. Allerdings führt der gutgläubige Erwerb durch einen Dritten, der Verbrauch oder die Vernichtung der Ware dazu, dass der einfache Eigentumsvorbehalt unwirksam wird. Ebenso kann es sein, dass durch einen Eigentumserwerb kraft Gesetz der einfache Eigentumsvorbehalt nicht mehr greift.

Eigentumserwerb kraft Gesetz		
durch Verbindung mit einem Grundstück (§ 946 BGB)	**durch Verbindung oder Vermischung mit einer beweglichen Sache (§§ 947, 948 BGB)**	**durch Verarbeitung (§ 950 BGB)**
Beispiel: Die WFW AG erneuert sämtliche elektrischen Leitungen in ihrem Bürogebäude. Sie wird damit Eigentümer der Leitungen.	Beispiel: Die WFW AG hat ihren Öltank auffüllen lassen. Wenn die getankte Menge im Verhältnis zum bisherigen Tankinhalt klein war, verliert der Öllieferant sein Eigentum an dem Öl.	Beispiel: Die WFW AG verarbeitet Aluminiumrohre ihres Lieferanten und stellt daraus Fahrräder her. Der Lieferant verliert das Eigentum an den Aluminiumrohren.

Um das Erlöschen des Eigentumsvorbehalts aus den genannten Gründen zu vermeiden, stehen dem Verkäufer die Sonderformen des Eigentumsvorbehalts zur Verfügung.

Der **erweiterte Eigentumsvorbehalt** führt dazu, dass nicht nur die Forderung aus einer Lieferung abgesichert wird, sondern dass die **Forderungen aus sämtlichen Lieferungen** an einen Kunden dadurch abgesichert werden. Somit geht das Eigentum erst mit der Begleichung aller Forderungen an den Käufer über.

Mit einem **verlängerten Eigentumsvorbehalt** sichert der Verkäufer seine Forderungen ab, wenn absehbar ist, dass der Käufer durch Verarbeitung Eigentum an der Ware erwirbt oder durch Weiterverkauf Eigentum an der Ware überträgt.

INFOBOX

Beim verlängerten Eigentumsvorbehalt mit **Weiterverarbeitungsklausel** geht der Verkäufer davon aus, dass sein Kunde die Waren unmittelbar nach der Auslieferung weiterverarbeiten wird (z. B. bei Rohstofflieferungen in der Industrie). Durch diese Weiterverarbeitung wird der Käufer kraft Gesetz Eigentümer der neu hergestellten Sache. Die Weiterverarbeitungsklausel sichert dem Verkäufer je nach Klausel ein Allein- oder auch Miteigentumsrecht an der neu hergestellten Sache zu.

Beim verlängerten Eigentumsvorbehalt mit **Weiterveräußerungsklausel** geht der Verkäufer davon aus, dass der Käufer (z. B. ein Händler) die Ware schnell weiterverkauft und damit auch das Eigentum an der Ware auf einen Dritten überträgt. Die Weiterveräußerungsklausel sichert nun dem ursprünglichen Verkäufer einen Abtretungsanspruch auf die aus dem Weiterverkauf entstehenden Forderungen zu.

INFOBOX

Info 2: Auszug aus dem Bürgerlichen Gesetzbuch (BGB)

§ 398 Abtretung
Eine Forderung kann von dem Gläubiger durch Vertrag mit einem anderen auf diesen übertragen werden (Abtretung). Mit dem Abschluss des Vertrags tritt der neue Gläubiger an die Stelle des bisherigen Gläubigers.

§ 433 Vertragstypische Pflichten beim Kaufvertrag
(1) Durch den Kaufvertrag wird der Verkäufer einer Sache verpflichtet, dem Käufer die Sache zu übergeben und das Eigentum an der Sache zu verschaffen. Der Verkäufer hat dem Käufer die Sache frei von Sach- und Rechtsmängeln zu verschaffen.
(2) Der Käufer ist verpflichtet, dem Verkäufer den vereinbarten Kaufpreis zu zahlen und die gekaufte Sache abzunehmen.

§ 449 Eigentumsvorbehalt
(1) Hat sich der Verkäufer einer beweglichen Sache das Eigentum bis zur Zahlung des Kaufpreises vorbehalten, so ist im Zweifel anzunehmen, dass das Eigentum unter der aufschiebenden Bedingung vollständiger Zahlung des Kaufpreises übertragen wird (Eigentumsvorbehalt).
(2) Auf Grund des Eigentumsvorbehalts kann der Verkäufer die Sache nur herausverlangen, wenn er vom Vertrag zurückgetreten ist.
(3) Die Vereinbarung eines Eigentumsvorbehalts ist nichtig, soweit der Eigentumsübergang davon abhängig gemacht wird, dass der Käufer Forderungen eines Dritten, insbesondere eines mit dem Verkäufer verbundenen Unternehmens, erfüllt.

§ 903 Befugnisse des Eigentümers
Der Eigentümer einer Sache kann, soweit nicht das Gesetz oder Rechte Dritter entgegenstehen, mit der Sache nach Belieben verfahren und andere von jeder Einwirkung ausschließen. (...)

§ 929 Einigung und Übergabe
Zur Übertragung des Eigentums an einer beweglichen Sache ist erforderlich, dass der Eigentümer die Sache dem Erwerber übergibt und beide darüber einig sind, dass das Eigentum übergehen soll. Ist der Erwerber im Besitz der Sache, so genügt die Einigung über den Übergang des Eigentums.

§ 932 Gutgläubiger Erwerb vom Nichtberechtigten
(1) Durch eine nach § 929 erfolgte Veräußerung wird der Erwerber auch dann Eigentümer, wenn die Sache nicht dem Veräußerer gehört, es sei denn, dass er zu der Zeit, zu der er nach diesen Vorschriften das Eigentum erwerben würde, nicht in gutem Glauben ist. In dem Falle des § 929 Satz 2 gilt dies jedoch nur dann, wenn der Erwerber den Besitz von dem Veräußerer erlangt hatte.
(2) Der Erwerber ist nicht in gutem Glauben, wenn ihm bekannt oder infolge grober Fahrlässigkeit unbekannt ist, dass die Sache nicht dem Veräußerer gehört.

§ 946 Verbindung mit einem Grundstück
Wird eine bewegliche Sache mit einem Grundstück dergestalt verbunden, dass sie wesentlicher Bestandteil des Grundstücks wird, so erstreckt sich das Eigentum an dem Grundstück auf diese Sache.

§ 947 Verbindung mit beweglichen Sachen
(1) Werden bewegliche Sachen miteinander dergestalt verbunden, dass sie wesentliche Bestandteile einer einheitlichen Sache werden, so werden die bisherigen Eigentümer Miteigentümer dieser Sache; die Anteile bestimmen sich nach dem Verhältnis des Wertes, den die Sachen zur Zeit der Verbindung haben.
(2) Ist eine der Sachen als die Hauptsache anzusehen, so erwirbt ihr Eigentümer das Alleineigentum.

§ 948 Vermischung
(1) Werden bewegliche Sachen miteinander untrennbar vermischt oder vermengt, so finden die Vorschriften des § 947 entsprechende Anwendung.
(2) Der Untrennbarkeit steht es gleich, wenn die Trennung der vermischten oder vermengten Sachen mit unverhältnismäßigen Kosten verbunden sein würde.

§ 950 Verarbeitung
(1) Wer durch Verarbeitung oder Umbildung eines oder mehrerer Stoffe eine neue bewegliche Sache herstellt, erwirbt das Eigentum an der neuen Sache, sofern nicht der Wert der Verarbeitung oder der Umbildung erheblich geringer ist als der Wert des Stoffes. Als Verarbeitung gilt auch das Schreiben, Zeichnen, Malen, Drucken, Gravieren oder eine ähnliche Bearbeitung der Oberfläche.
(2) Mit dem Erwerb des Eigentums an der neuen Sache erlöschen die an dem Stoffe bestehenden Rechte.

Vertiefende Übungen

1 Die WFW AG kauft Stahlrohre zur weiteren Verarbeitung für die Fahrradherstellung. Es wurde ein einfacher Eigentumsvorbehalt vereinbart. Prüfen Sie die folgenden Aussagen auf Richtigkeit und korrigieren Sie diese gegebenenfalls.
   a) Der Lieferant kann die Stahlrohre nicht mehr zurückfordern, wenn die WFW AG eine Anzahlung über die Hälfte der Forderung geleistet hat.
   b) Die WFW AG darf die Stahlrohre erst verarbeiten, wenn diese vollständig bezahlt worden sind.
   c) Die WFW AG hat eine Anzahlung über 30 % des Kaufpreises geleistet und darf deshalb anschließend mit der Verarbeitung der Stahlrohre beginnen.
   d) Sollte die WFW AG ihrer Zahlungsverpflichtung nicht bzw. nicht rechtzeitig nachkommen, kann der Lieferant die Herausgabe der Stahlrohre verlangen, sofern diese noch nicht verarbeitet worden sind.
   e) Sollte die WFW AG die Stahlrohre vor der Bezahlung verarbeiten wollen, so benötigt das Unternehmen die Zustimmung des Lieferanten.

2 Bei der Müller KG werden sämtliche Kaufverträge mit folgender Formulierung abgeschlossen: „Die Ware bleibt bis zur vollständigen Bezahlung unser Eigentum."
   a) Begründen Sie, welche Form des Eigentumsvorbehalts hier vereinbart wird.
   b) Stellen Sie dar, welche Schwächen dieser Eigentumsvorbehalt hat.
   c) Erläutern Sie, worin der Unterschied zum erweiterten Eigentumsvorbehalt besteht. Ändern Sie die Formulierung der Müller KG entsprechend ab.

3 In den nachfolgenden Fällen überlegen die verkaufenden Unternehmen, welche Form des Eigentumsvorbehalts vereinbart werden sollte. Wählen Sie eine geeignete Form und begründen Sie Ihre Entscheidung.
   a) Die Maschinenbau Kleinbrink GmbH stellt kleine Gartenbau-Maschinen her und liefert diese an einen Maschinengroßhändler.
   b) Ein Hersteller von Markenturnschuhen beliefert das Sportfachgeschäft Franken mit Lauf-, Hallen- und Freizeitschuhen im Gesamtwert von 12000,00 €.
   c) Lebensmittel-Großhändler Schmidden beliefert zahlreiche regionale Großbäckereien mit nahezu allen erforderlichen Backzutaten.

4 In einem Kaufvertrag lesen Sie:

   „Die aus dem Weiterverkauf unserer Waren entstehenden Forderungen gegenüber Dritten tritt der Käufer schon heute in Höhe unserer Forderungen an uns ab."

   Welche Eigentumsabsicherung beinhaltet diese Formulierung?

Ergänzende Übungen

Zunehmender Konkurrenzdruck und ein daraus resultierender massiver Preiskampf mit mehreren großen Zweirad-Fachmarktketten haben die Wettbewerbsfähigkeit der Zweirad Fritsche GmbH massiv geschädigt. Die Folgen sind dramatisch: drastische Umsatzeinbußen, Zahlungsunfähigkeit und eine drohende Insolvenz. Auch die WFW AG ist von diesen Entwicklungen betroffen. Ein großer Teil des Sortiments der Zweirad Fritsche GmbH stammt aus dem Hause WFW. Aufgrund der langjährigen und bislang sehr erfolgreichen Geschäftsbeziehung wurde mit der Zweirad Fritsche GmbH ein Zahlungsziel von 90 Tagen vereinbart, sodass fast die Hälfte der ausgelieferten Fahrräder noch nicht bezahlt worden sind. Die WFW AG fürchtet nun, auf den offenen Rechnungen sitzenzubleiben.

a) Erläutern Sie, welche Konsequenzen diese Entwicklung für die WFW AG haben könnten, wenn für die Kaufverträge mit der Zweirad Fritsche GmbH kein Eigentumsvorbehalt vereinbart wurde.
b) Welche Form(en) des Eigentumsvorbehalts würde(n) die WFW AG vor den möglichen Folgen der drohenden Insolvenz bei der Zweirad Fritsche GmbH schützen? Begründen Sie Ihre Entscheidung.

ZUSAMMENFASSUNG

Der Eigentumsvorbehalt ist eine ______________ Vereinbarung zwischen Verkäufer und Käufer, wodurch das Eigentum an einer Kaufsache erst mit der ______________ Bezahlung auf den Kunden übergeht.

Einfacher Eigentumsvorbehalt

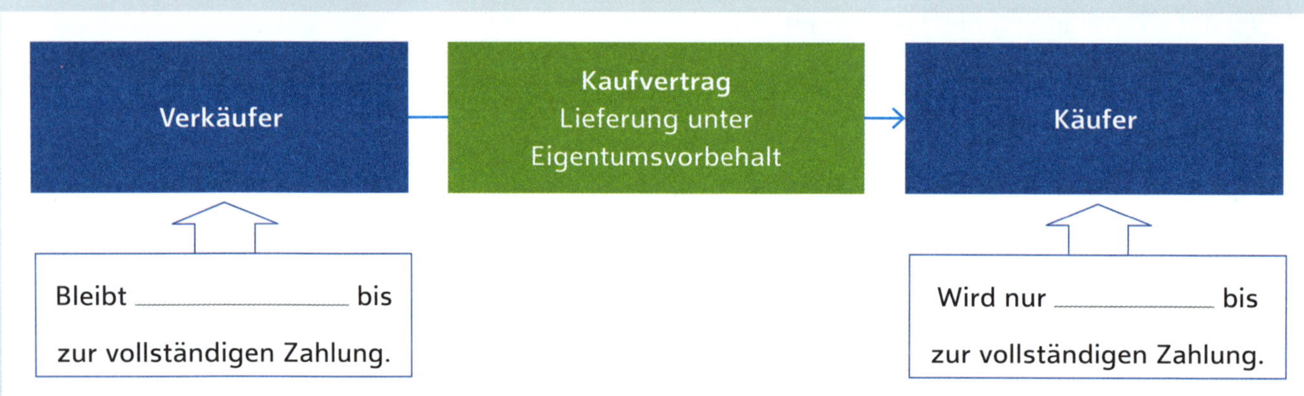

Erweiterter Eigentumsvorbehalt

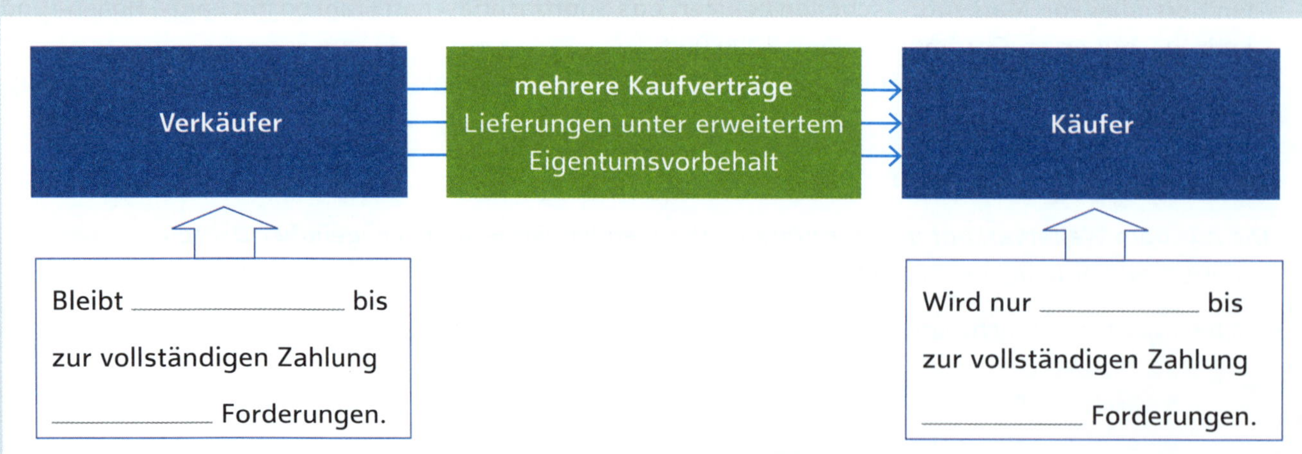

Verlängerter Eigentumsvorbehalt mit Weiterveräußerungsklausel

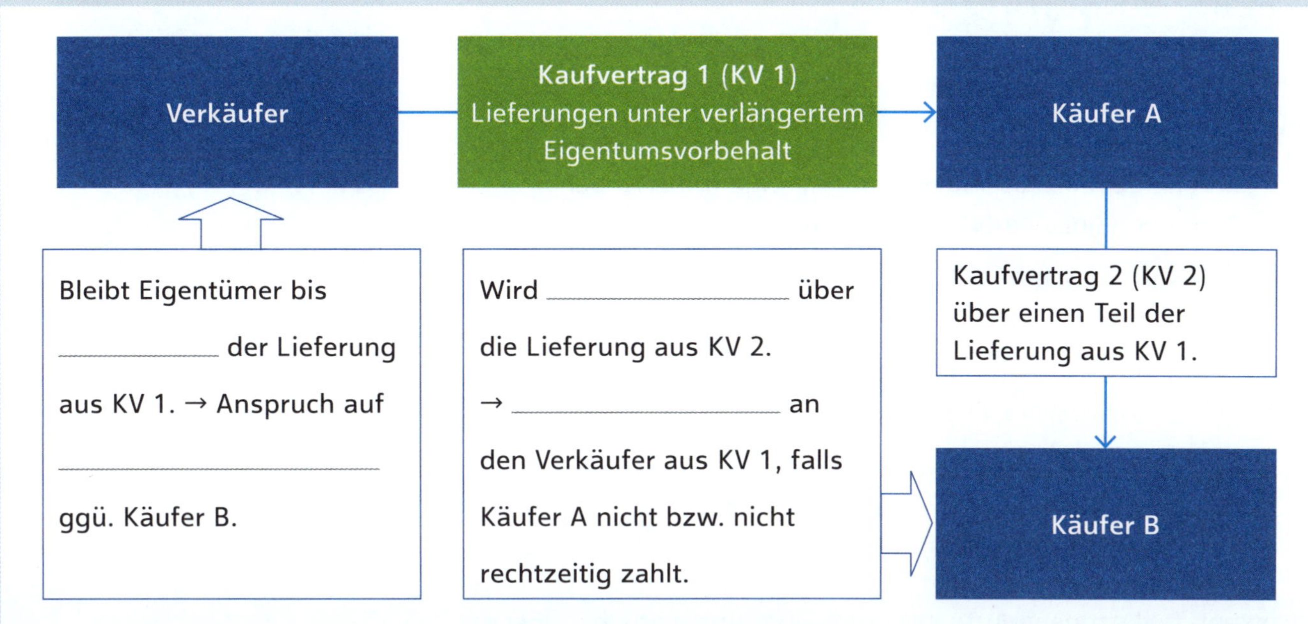

Verlängerter Eigentumsvorbehalt mit Weiterverarbeitungsklausel

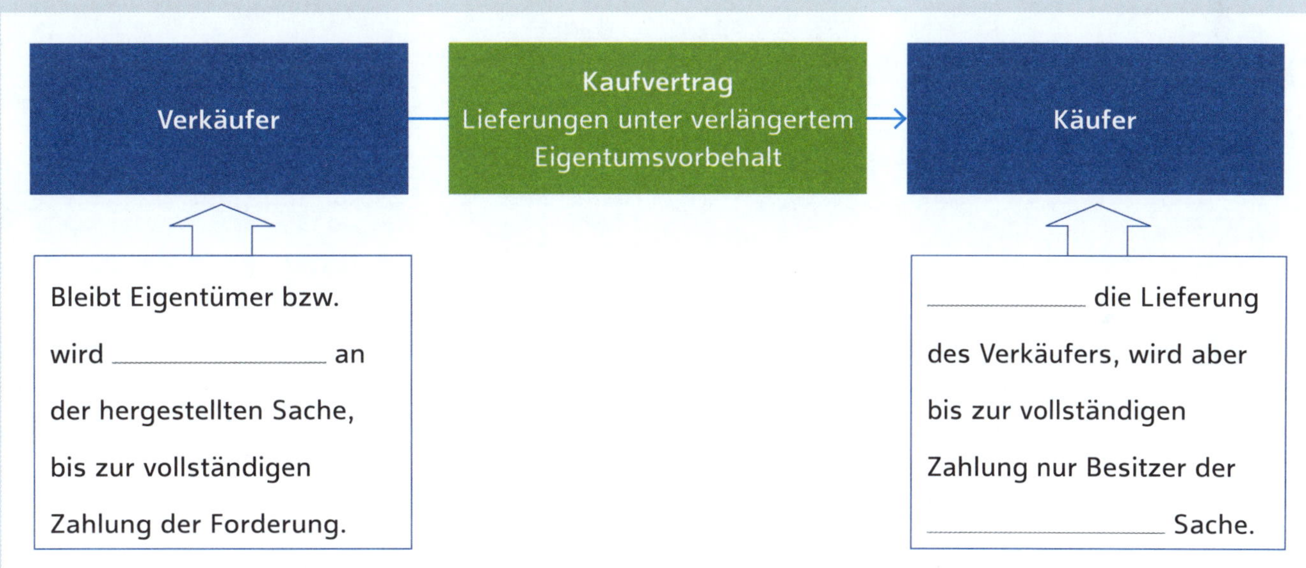

SELBSTEINSCHÄTZUNG	JA ☺	MIT HILFE 😐	NEIN ☹
Ich kann die Bedeutung des Eigentumsvorbehalts zur Absicherung von Forderungen erläutern.			
Ich kann den einfachen und erweiterten Eigentumsvorbehalt erläutern und voneinander unterscheiden.			
Ich kann den verlängerten Eigentumsvorbehalt mit Weiterverarbeitungsklausel erläutern.			
Ich kann den verlängerten Eigentumsvorbehalt mit Weiterverkaufsklausel erläutern.			
Ich kann die Rechte des Verkäufers bei nicht rechtzeitiger Zahlung des Käufers erläutern, wenn im Kaufvertrag ein Eigentumsvorbehalt vereinbart wurde.			
Ich kann fallbezogene Aufgaben zum Eigentumsvorbehalt lösen.			
Ich kann mit Gesetzestexten umgehen.			

Außerdem habe ich gelernt:

___

___

___

___

___

___

___

HINWEIS

Zur Wiederholung und Vertiefung der Inhalte der Lernsituation: Seite 168, Aufgabe 7.

LERNSITUATION 8: Einen Kaufvertrag schließen

Ausgangssituation I: Die Bestellung – die erste oder zweite Willenserklärung?

Leonie Gremme ist gerade damit beschäftigt, eine Bestellung zu schreiben, als Maik Balster das Büro betritt. „Ich muss nur noch die Bestellung zu Ende schreiben, Maik, dann komme ich mit zum Frühstücken. Wir müssen den Kaufvertrag unbedingt heute Morgen noch abschließen, denn wir bekommen die Aluminiumrohre wirklich äußerst günstig angeboten“, berichtet sie Maik. „Merkwürdig, Leonie, bei uns im Verkauf kommt der Kaufvertrag meistens durch unsere Auftragsbestätigung zustande“, entgegnet Maik.

Arbeitsaufträge

Ein Kaufvertrag kommt wie jeder andere Vertrag durch zwei (oder mehrere) übereinstimmende Willenserklärungen zustande. Stellen Sie zwei Möglichkeiten dar, indem Sie die Sachverhalte jeweils in die Kästchen eintragen (Anmerkung: WE = Willenserklärung):

Bestellung: 1. WE = Antrag
Auftragsbestätigung: 2. WE = Annahme

Angebot: 1. WE = Antrag
Bestellung: 2. WE = Annahme

Kaufvertrag

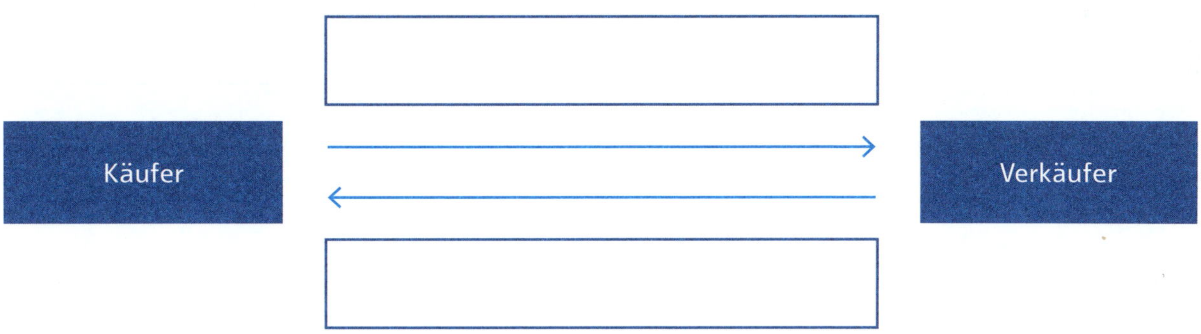

Kaufvertrag

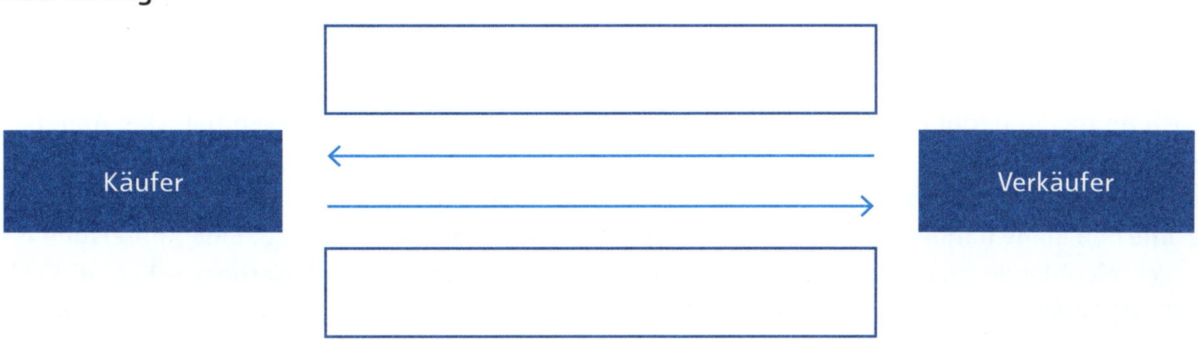

Ausgangssituation II: Angebot oder Anpreisung?

Als Leonie Gremme in der Frühstückspause die Zeitung aufschlägt, entdeckt sie die Zeitungsbeilage eines bekannten Elektroeinzelhändlers. „Ich wollte mir schon vor langer Zeit einen neuen Laptop kaufen. Endlich habe ich das Geld zusammen – und hier gibt es jetzt ein wirklich tolles Angebot. Dieser Laptop gefällt mir“, meint sie zu Maik Balster und zeigt ihm die Zeitungsbeilage. „Stimmt, ein gutes Modell. Ich möchte mir gerade auch einen neuen Laptop kaufen. Aber von den angepriesenen Modellen kommt für mich keines infrage. Ich benötige eine besondere Ausstattung und habe mir letzte Woche schon Angebote von verschiedenen Fachhändlern eingeholt. Schau mal hier, Leonie, diesen Laptop werde ich mir heute kaufen“, entgegnet Maik Balster und zeigt ihr das Angebot eines Computerfachgeschäftes. „Dann scheinen wir ja beide ein passendes Modell gefunden zu haben. Heute Abend werden wir beide einen erstklassigen Laptop gekauft haben“, frohlockt Leonie. „Für mich mag das gelten, bei dir bin ich mir aber nicht so sicher“, entgegnet Maik.

Computerfachgeschäft Müller e. K.

(...)

Angebot

Sehr geehrter Herr Balster,

hiermit bieten wir Ihnen den Laptop „Rapid“ zu einem Preis von 650,00 € an.
(...)

Dieses Angebot ist vier Wochen gültig.

Heinz Müller

Zeitungsbeilage der Westfälischen Zeitung

Laptop „Excellence“

Sensationspreis 645 €

Arbeitsauftrag

Unterscheiden Sie zwischen einem Angebot und einer Anpreisung und beurteilen Sie Maiks Aussage.

INFOBOX

Info: Angebot und Anpreisung

Das Angebot dient dem Abschluss eines Kaufvertrages. Der Verkäufer erklärt seine Absicht, Waren unter den im Angebot angegebenen Bedingungen zu liefern. Wer ein Angebot macht, ist dabei nach § 145 BGB grundsätzlich an das Angebot gebunden, sofern er die Bindung nicht ausgeschlossen hat. Das Angebot ist die erste Willenserklärung zum Abschluss eines Kaufvertrages. Im Gegensatz zum Angebot ist die Anpreisung nicht an eine bestimmte Person oder Personengruppe gerichtet. Adressat ist die Allgemeinheit. Im rechtlichen Sinne handelt es sich bei einer Anpreisung nicht um einen Antrag. Eine Anpreisung ist somit rechtlich nicht bindend. Die Anpreisung dient vor allem Informations- und Werbezwecken und soll dabei den Käufer bewegen, seinerseits einen Antrag zu machen. Zu den Anpreisungen zählen Kataloge, Preislisten, Zeitungsanzeigen, Werbeprospekte oder auch Warenangebote auf Internetseiten.

Ausgangssituation III: Anfrage und Freizeichnungsklauseln

Gleich nach der Mittagspause erkundigt sich der Einkaufsleiter Carl Büker bei Leonie Gremme, ob bis Ende nächster Woche mit dem Eingang der 27-Gang-Schaltwerke für einen Großauftrag zu rechnen sei. „Es ist alles klar, Herr Büker, die Bestellung ist gestern rausgegangen. Die Trimano AG wird umgehend liefern.“ Als Leonie Gremme ihre E-Mails sichtet, ist sie äußerst beunruhigt, denn sie entdeckt eine neue E-Mail von Paul Korte, dem zuständigen Sachbearbeiter bei der Trimano AG. Insgesamt stellt sich der E-Mail-Verkehr wie folgt dar:

An: p.korte@trimano.de
Gesendet: Montag, 16. September 20(0), 08:32
Von: l.gremme@wfw.de
Betreff: Anfrage

Sehr geehrter Herr Korte,

aufgrund eines Großauftrages benötigen wir kurzfristig 700 Stück 27-Gang-Schaltwerke „Omega“. In der Vergangenheit haben wir Sie als zuverlässigen und flexiblen Lieferanten schätzen gelernt. Bitte unterbreiten Sie uns ein Angebot zu den sonst üblichen Liefer- und Zahlungsbedingungen.

Mit freundlichen Grüßen

Leonie Gremme

An: l.gremme@wfw.de
Gesendet: Dienstag, 17. September 20(0), 13:32
Von: p.korte @trimano.de
Betreff: Re: Anfrage

Sehr geehrte Frau Gremme,

vielen Dank für Ihre Anfrage. Wir bieten Ihnen die gewünschten Schaltwerke freibleibend zu einem Preis von 47,80 €/Stück an und können sofort liefern. Wie gewünscht gelten die üblichen Liefer- und Zahlungsbedingungen.

Gerne erwarten wir Ihre Bestellung.

Mit freundlichen Grüßen

Paul Korte

An: p.korte@trimano.de
Gesendet: Mittwoch, 18. September 20(0), 08:32
Von: l.gremme@wfw.de
Betreff: Re: AW: Anfrage

Sehr geehrter Herr Korte,

Ihr Angebot sagt uns zu. Hiermit bestellen wir 700 Stück 27-Gang-Schaltwerke „Omega" zur sofortigen Lieferung.

Mit freundlichen Grüßen

Leonie Gremme

An: l.gremme@wfw.de
Gesendet: Mittwoch, 18. September 20(0), 13:32
Von: p.korte@trimano.de
Betreff: Re: AW: Re: Anfrage

Sehr geehrte Frau Gremme,

leider sind unsere Lagerbestände aufgrund eines Großauftrages zwischenzeitlich aufgebraucht, sodass wir Ihre Bestellung nicht mehr entgegennehmen können. Eine Lieferung ist erst wieder ab Anfang Oktober möglich.

Es tut uns leid. Wir hoffen weiterhin auf eine gute Geschäftsbeziehung.

Mit freundlichen Grüßen

Paul Korte

Arbeitsauftrag

Prüfen Sie mithilfe der Infobox, ob bereits ein rechtskräftiger Kaufvertrag zustande gekommen ist.

INFOBOX

Info: Anfrage und Freizeichnungsklauseln

Die **Anfrage** dient in erster Linie der Informationsbeschaffung und damit der Anbahnung eines Kaufvertrages. Sie ist eine Aufforderung an den Anbieter, ein Angebot zu erstellen. Dabei kann sich die Anfrage schon auf ein konkretes Produkt (**bestimmte Anfrage**) oder ganz allgemein auf das Absatzprogramm eines Unternehmens beziehen (**unbestimmte Anfrage**). Die Anfrage bedarf keiner bestimmten Form. Im Geschäftsleben üblich sind sowohl mündliche Anfragen als auch Anfragen per E-Mail, Fax oder Brief. Im rechtlichen Sinne ist eine Anfrage unverbindlich.

Durch **Freizeichnungsklauseln** kann der Anbieter seine Gebundenheit an das Angebot ganz oder teilweise ausschließen. Er ist damit rechtlich nicht mehr an das Angebot gebunden. Vielmehr kann sich der Anbieter überlegen, ob er noch zu den im Angebot angegebenen Bedingungen liefern oder leisten will.

Freizeichnungsklauseln wie „freibleibend“, „ohne Gewähr“ oder „ohne Obligo“ entheben den Anbieter gänzlich seiner Bindung. Durch Klauseln wie „Preis freibleibend“ oder „solange Vorrat reicht“ schließt der Anbieter die Bindung hinsichtlich bestimmter Bedingungen wie Preis oder Liefermenge aus.

Ausgangssituation IV: Die Bindung an das Angebot

Leonies Arbeitstag verläuft auch am Nachmittag nicht viel besser. Auf ihrem Schreibtisch liegt ein Stapel Geschäftskorrespondenz. Und auch hier sind noch einige Telefonate zu führen. „Jetzt muss endlich mal alles glattgehen“, denkt sie, „schließlich sind hier einige verbindliche Angebote dabei.“

Arbeitsaufträge

Beurteilen Sie bei folgenden Sachverhalten mithilfe der Infobox, ob bzw. zu welchem Zeitpunkt ein Kaufvertrag zustande kommt:

a) Die Farbenpracht GmbH hat der WFW AG vor zwei Wochen ein Angebot über diverse Lacke und Grundierungen per Post zugeschickt. Da das Angebot den Vorstellungen der WFW AG entspricht, schreibt Leonie Gremme sogleich eine Bestellung.

b) Als sich danach Herr Munir von der VEKUMA AG telefonisch meldet, ist Leonie begeistert. Er bietet ihr einen größeren Sonderposten Lenkergriffe zu einem sehr günstigen Preis an. Als sie 15 Minuten nach dem Telefonat das Angebot nach Rücksprache mit dem Abteilungsleiter Herrn Büker annehmen möchte, lehnt Herr Munir die Lieferung ab. Er habe den Sonderposten zwischenzeitlich leider schon anderweitig verkauft.

c) Sodann beschäftigt sich Leonie mit einem Angebot der Güttler GmbH & Co. KG. Die Güttler GmbH & Co. KG bietet braune Fahrradsattel für die Touringbikes zu 15,00 € je Stück an. Umgehend bestellt Leonie schwarze Fahrradsättel zu 15,00 € je Stück.

d) Mit dem Angebot von Heinrich Schulte e. K. ist Leonie nicht zufrieden. Zwar liefert Heinrich Schulte als Stammlieferant immer zuverlässig in einer guten Qualität, aber der Preis für 400 Beleuchtungssysteme ist Leonie zu hoch. Kurzerhand bestellt sie die Beleuchtungssysteme zum vorgegebenen Preis und setzt zusätzlich einen Treuerabatt von 5 % an.

e) Als Leonie das Angebot der Becke Bürobedarfs GmbH sichtet, ist sie ein wenig irritiert. Das Angebot über Bürobedarf ist bis gestern befristet, allerdings ist der Preis zu verlockend. Deshalb schreibt sie sofort eine E-Mail und bestellt laut Angebot.

f) Schon wieder klingelt das Telefon. Am Apparat ist Herr Hinkel von der Schuppert Metallerzeugnisse OHG. Er meint, dass er leider die gewünschten Stahlrohre nicht liefern und damit die Bestellung der WFW AG nicht akzeptieren könne. Ein anderer Kunde sei eben schneller gewesen. „Komisch“, denkt Leonie, „im gestrigen brieflichen Angebot der Schuppert Metallerzeugnisse OHG gab es keine Freizeichnungsklausel. Da bin ich mir ganz sicher.“

g) Als kurz vor Feierabend Frau Möllers von der H & T Fahrradgroßhandel AG anruft und ihr Beleuchtungssysteme zum Sonderpreis anbietet, kommt sie ins Grübeln. Heute Mittag hat sie eine schriftliche Bestellung bei einem Konkurrenten der H & T Fahrradgroßhandel AG in die Hauspost gegeben. „Die Post ist sicher schon weitergeleitet. Schade, da kann ich wohl nichts mehr machen“, denkt sie.

Info: Auszug aus dem Bürgerlichen Gesetzbuch (BGB)

§ 130 Wirksamwerden der Willenserklärung gegenüber Abwesenden
(1) Eine Willenserklärung, die einem anderen gegenüber abzugeben ist, wird, wenn sie in dessen Abwesenheit abgegeben wird, in dem Zeitpunkt wirksam, in welchem sie ihm zugeht. Sie wird nicht wirksam, wenn dem anderen vorher oder gleichzeitig ein Widerruf zugeht.
(...)

§ 145 BGB Bindung an den Antrag
Wer einem anderen die Schließung eines Vertrags anträgt, ist an den Antrag gebunden, es sei denn, dass er die Gebundenheit ausgeschlossen hat.

§ 146 BGB Erlöschen des Antrags
Der Antrag erlischt, wenn er dem Antragenden gegenüber abgelehnt oder wenn er nicht diesem gegenüber nach den §§ 147 bis 149 rechtzeitig angenommen wird.

§ 147 BGB Annahmefrist
(1) Der einem Anwesenden gemachte Antrag kann nur sofort angenommen werden. Dies gilt auch von einem mittels Fernsprechers oder einer sonstigen technischen Einrichtung von Person zu Person gemachten Antrag.
(2) Der einem Abwesenden gemachte Antrag kann nur bis zu dem Zeitpunkt angenommen werden, in welchem der Antragende den Eingang der Antwort unter regelmäßigen Umständen erwarten darf.

§ 148 BGB Bestimmung einer Annahmefrist
Hat der Antragende für die Annahme des Antrags eine Frist bestimmt, so kann die Annahme nur innerhalb der Frist erfolgen.

§ 150 BGB Verspätete und abändernde Annahme
(1) Die verspätete Annahme eines Antrags gilt als neuer Antrag.
(2) Eine Annahme unter Erweiterungen, Einschränkungen oder sonstigen Änderungen gilt als Ablehnung verbunden mit einem neuen Antrag.

Vertiefende Übungen

Entscheiden Sie, wer in den folgenden Fällen zum Zeitpunkt des Zustandekommens des Kaufvertrages den Antrag und wer die Annahme macht. Tragen Sie die Namen in die Tabelle ein.

a) Maik Balster ist begeisterter Skifahrer. Als er in einem Sportartikelgeschäft den neuesten Helm eines namhaften Herstellers entdeckt, entnimmt er diesen dem Regal und probiert ihn an. „Passt“, denkt er, nimmt den Helm, geht zur Kasse und bezahlt.

b) In einem anderen Bekleidungsfachgeschäft entdeckt Maik eine Jeans, die ihm sehr gut gefällt. Allerdings hält er den ausgezeichneten Preis von 89,00 € für zu teuer. „Na gut, dann überlasse ich Ihnen die Hose für 80,00 €“, meint der Verkäufer. „Abgemacht“, sagt Maik, geht mit dem Verkäufer zur Kasse und bezahlt 80,00 € für die Hose.

c) Zu Hause angekommen entdeckt er, dass er von einem Sportartikelversandhaus einen Katalog zugeschickt bekommen hat. Schnell findet er eine passende Skibrille, füllt den Bestellschein aus und gibt ihn bei der Post auf. Nach vier Tagen erhält Maik seine Skibrille.

d) Mit dem Kauf eines Hi-Fi-Receivers hat sich Maik mehr Zeit gelassen. Da er eine bestimmte Anlage kaufen möchte, hat er per E-Mail mehrere Anfragen an verschiedene Händler geschickt. Das Angebot des Händlers „SuperSound“ kommt für Maik am ehesten infrage. Der Händler bietet den Receiver für 370,00 € an. Daraufhin bestellt Maik den Receiver zu einem Preis von 350,00 €. Der Händler liefert pünktlich.

e) Das Angebot für ein neues Paar Boxen hat Maik schon fast vergessen. Das Angebotsschreiben liegt schließlich schon seit zwei Wochen auf seinem Schreibtisch. Eilig bestellt er daraufhin per E-Mail. Der Händler schreibt eine Auftragsbestätigung und liefert die Boxen nach vier Tagen wie gewünscht.

f) „Fehlt jetzt nur noch die passende Verkabelung“, denkt Maik. Schnell hat er auf der Internetseite eines Hi-Fi-Händlers das passende Kabel gefunden und bestellt es. Allerdings ist das Kabel des gewünschten

Herstellers nicht mehr verfügbar. Der Händler bedauert dies in seiner E-Mail und verweist gleichzeitig auf das Kabel eines anderen Herstellers, das man ihm zu einem Sonderpreis verbindlich liefern könne. Maik bestellt daraufhin das Kabel und erhält eine Auftragsbestätigung.

	a)	b)	c)	d)	e)	f)
Antrag						
Annahme						

Ergänzende Übung

Leonie Gremme hat endlich Feierabend. „Um die Preisänderung der Trimano AG in ihrer Auftragsbestätigung muss ich mich sowieso nicht kümmern“, meint Leonie und geht nach Hause. „Die Trimano AG ist schließlich unser Stammlieferant“, behauptet sie. Beurteilen Sie die Rechtslage mithilfe der Infobox.

Info: Auszug aus dem Handelsgesetzbuch (HGB)

INFOBOX

§ 362 HGB Schweigen auf Anträge
(1) Geht einem Kaufmann, dessen Gewerbebetrieb die Besorgung von Geschäften für andere mit sich bringt, ein Antrag über die Besorgung solcher Geschäfte von jemand zu, mit dem er in Geschäftsverbindung steht, so ist er verpflichtet, unverzüglich zu antworten; sein Schweigen gilt als Annahme des Antrags. Das Gleiche gilt, wenn einem Kaufmann ein Antrag über die Besorgung von Geschäften von jemand zugeht, dem gegenüber er sich zur Besorgung solcher Geschäfte erboten hat.
(...)

ZUSAMMENFASSUNG

- Ein Kaufvertrag kommt durch zwei übereinstimmende ______________________ zustande, den ______________ und die ______________. Ein Angebot ist dabei immer die erste, eine Auftragsbestätigung immer die ______________ Willenserklärung. Eine Bestellung kann die ______________ oder ______________ Willenserklärung sein.
- Die ____________________ dient der Anbahnung eines Kaufvertrages und ist im rechtlichen Sinne ________________________. Man unterscheidet eine ________________________ und eine unbestimmte Anfrage.
- Auch ________________________ sind unverbindlich. Sie sind nicht wie ein Angebot an eine bestimmte Person oder Personengruppe gerichtet, sondern an die ____.
- Dagegen ist ein Angebot grundsätzlich ____________________, es sei denn, dass der Anbieter z. B. durch die Verwendung von ___________________________________ die Gebundenheit ausgeschlossen hat.

- Nimmt der Antragende ein Angebot nicht ______________ an, also
  - innerhalb einer gesetzten ______________,
  - bei Anwesenden während eines Gespräches (dazu zählt auch ein Gespräch mittels ______________) oder
  - bei ______________, solange der Antragende unter regelmäßigen Umständen mit einer Annahme rechnen kann,

  erlischt das Angebot.
- Eine verspätete Annahme gilt ebenso wie eine Annahme unter Abänderungen als ______________ ______________.
- Der ______________ einer Willenserklärung muss ________ oder gleichzeitig mit der Willenserklärung zugehen.

SELBSTEINSCHÄTZUNG	JA ☺	MIT HILFE 😐	NEIN ☹
Ich kann erklären, wie ein Kaufvertrag zustande kommt.			
Ich kann eine Anpreisung von einem Angebot unterscheiden.			
Ich kann verschiedene Freizeichnungsklauseln nennen und deren die Bedeutung erläutern.			
Ich kann die Bindung an ein Angebot fallbezogen überprüfen.			
Ich kann die rechtliche Bedeutung einer Anfrage, einer Anpreisung, einer Bestellung, eines Angebotes und einer Auftragsbestätigung erkennen und erklären, wer bei einem Kaufvertrag den Antrag und wer die Annahmen macht.			

Außerdem habe ich gelernt:

____

____

____

____

____

____

HINWEIS Zur Wiederholung und Vertiefung der Inhalte der Lernsituation: Seite 169 f., Aufgabe 8.

Ausgangssituation: Was gehört in ein Angebot?

In letzter Zeit ist es im Bereich der Fahrradsättel wiederholt zu Schwierigkeiten mit dem Stammlieferanten, der H & T Fahrradgroßhandel AG, gekommen. Insbesondere wurden Lieferfristen nicht termingerecht eingehalten. Frau Brand, die zuständige Sachbearbeiterin, überlegt deshalb, die Sättel direkt vom Hersteller zu beziehen. Deshalb hat sie der Auszubildenden Leonie Gremme aufgetragen, Angebote verschiedener Hersteller zu analysieren. Unter anderem liegt Leonie Gremme auch ein Angebot der Röber Royal GmbH & Co. KG vor. „Bevor Sie einen neuen Lieferanten für die Sättel auswählen, müssen Sie sich mit den Inhalten eines Angebotes auseinandersetzen. Häufig versuchen unsere Lieferanten, die gesetzlichen Regelungen zu ihren Gunsten abzuändern. Das ist natürlich zulässig, da es sich hier um privates Recht handelt“, meint Frau Brand. „Schon gut, Frau Brand, aber was gibt es da außer den Preis noch zu regeln?“, entgegnet Leonie.

Röber Royal GmbH & Co. KG

Röber Royal GmbH & Co. KG, Karlstr. 28, 47059 Duisburg

Westfälische Fahrradwerke AG
Kanalstraße 48–52
48159 Münster

Ihr Zeichen: Fr-T
Ihre Nachricht vom: 17.01.20(0)
Unser Zeichen: Frau Juhn
Unsere Nachricht vom: 23.01.20(0)

Telefon: 0203 4455-305
Telefax: 0203 4455-99
E-Mail: juhn@roeberroyal.de
Homepage: www.roeberroyal.de

Datum: 23.01.20(0)

ANGEBOT

Sehr geehrte Frau Brand,

wir danken für Ihre Anfrage und bieten Ihnen anhand unseres aktuellen Katalogs und der zurzeit gültigen Preisliste an:

Fahrradsattel „Touring“, Art.-Nr. 13457, den Anforderungen der DIN 79100 entsprechend, Listenverkaufspreis: 120,00 € je 10 Stück

Rabattstaffel:
Abnahmemenge über 1 000 Stück 7 % Rabatt
Abnahmemenge über 2 000 Stück 10 % Rabatt

Für die Versandverpackung berechnen wir 2,00 € je 50 Stück. Die Versendung der Fahrradsättel erfolgt über die Spedition Müller. Als Frachtkosten berechnet die Spedition Müller 6,00 € je 100 Stück, die wir Ihnen in Rechnung stellen.

Die Lieferung erfolgt innerhalb von 14 Tagen nach Auftragseingang.

Unsere Rechnungen sind innerhalb von 10 Tagen ab Rechnungsdatum abzüglich 2 % Skonto auf den Warenwert, ansonsten innerhalb von 30 Tagen rein netto Kasse zahlbar.

Es gelten die gesetzlichen Regelungen zum Erfüllungsort und Gerichtsstand.

Gerne erwarten wir Ihre Bestellung, die wir sorgfältig ausführen werden.

Mit freundlichen Grüßen

Nicole Juhn

Nicole Juhn
(Fachbereichsleiter Vertrieb)

Röber Royal GmbH & Co. KG
Karlstr. 28
47057 Duisburg
Telefon: 0203 33285 - 0
Homepage: www.roeberroyal.de

Geschäftsführer:
D. Fleischer
Handelsregister Duisburg:
HR A 13524
USt-IdNr. DE164941457

Bankverbindungen
Sparkasse Duisburg
IBAN DE96350500000431200783
BIC: DUISDE33XXX

Arbeitsaufträge: Was gehört in ein Angebot?

Bestimmen Sie anhand des Angebots der Röber Royal GmbH & Co. KG die Inhalte eines Kaufvertrages. Kennzeichnen Sie die einzelnen Regelungen im Angebot.

Arbeitsaufträge: Art, Güte, Menge und Preis der Ware

1 Für jede Warenlieferung sind Art (= handelsübliche Bezeichnung) und Güte (= Qualität und Beschaffenheit) anzugeben. Erläutern Sie die Merkmale anhand des Angebotes der Röber Royal GmbH & Co. KG.

2 Nennen Sie drei weitere Möglichkeiten, die Güte einer Ware näher zu bestimmen, und bringen Sie jeweils ein Beispiel für die Gütebezeichnung.

3 Frau Brand war mit der gelieferten Qualität der H & T Fahrradgroßhandel AG nicht immer zufrieden. Sie ist der Meinung: „Ich akzeptiere generell bei all unseren Lieferanten nur allerbeste Qualität. Mittelmaß akzeptiere ich nicht!“ Erläutern Sie die Rechtslage.

4 Berechnen Sie den Bezugspreis für eine Warenlieferung über 1 300 Fahrradsättel „Touring“.

Listeneinkaufspreis	
– Rabatt (vom Listeneinkaufspreis)	
= Zieleinkaufspreis	
– Skonto (vom Zieleinkaufspreis)	
= Bareinkaufspreis	
+ Bezugskosten	
• Verpackung	
• Fracht	
= Bezugspreis/Einstandspreis	

5 Die Fahrradsättel „Touring“ wiegen 0,25 kg je Stück. Je 50 Fahrradsättel werden in einem Karton verpackt. Das Gewicht eines Kartons beträgt 0,6 kg. Berechnen Sie das Bruttogewicht, das Verpackungsgewicht (Tara) sowie das Nettogewicht der Warenlieferung.

Nettogewicht (Reingewicht)	
+ Verpackungsgewicht	
= Bruttogewicht (Rohgewicht)	

6 Der Lieferant gibt je nach Kunde häufig verschiedene Rabatte auf den Listenpreis. Ordnen Sie den Rabatt und die korrekte Beschreibung durch Pfeile zu.

Rabattart	Nachlass aufgrund ...
Bonus	langjähriger Geschäftsbeziehung
Treuerabatt	vorzeitiger Zahlung
Skonto	des Weiterverkaufs der Ware durch einen Händler
Wiederverkäuferrabatt	einer bestimmten Umsatzhöhe oder Absatzmenge

Info: Art, Güte, Menge und Preis der Ware

Die Güte einer Ware wird je nach Art der Ware durch unterschiedliche Qualitäts- und Beschaffenheitsmerkmale gekennzeichnet. Infrage kommen Güteklassen, Handelsklassen, Typen, Standards, Gütezeichen, Marken, Herkunft, Jahrgang, Zusammensetzung, Muster und Proben usw.

§ 360 HGB Gattungsschuld
Wird eine nur der Gattung nach bestimmte Ware geschuldet, so ist Handelsgut mittlerer Art und Güte zu leisten.

§ 380 HGB Abzug des Verpackungsgewichts
(1) Ist der Kaufpreis nach dem Gewicht der Ware zu berechnen, so kommt das Gewicht der Verpackung (Taragewicht) in Abzug, wenn nicht aus dem Vertrag oder dem Handelsgebrauch des Ortes, an welchem der Verkäufer zu erfüllen hat, sich ein anderes ergibt.
(...)

Arbeitsaufträge: Beförderungs- und Verpackungskosten

1 Erläutern Sie, wer nach der gesetzlichen Regelung grundsätzlich die Beförderungskosten trägt. Gehen Sie dabei auch auf die Regelung beim Versendungskauf ein.

2 Prüfen Sie, ob die Regelung zu den Beförderungskosten im Angebot der Röber Royal GmbH & Co. KG der gesetzlichen Regelung entspricht.

3 Erläutern Sie, wer nach der gesetzlichen Regelung grundsätzlich die Verpackungskosten trägt. Unterscheiden Sie dabei zwischen der Versand- und der Aufmachungsverpackung.

4 Prüfen Sie, ob die Regelung zu den Verpackungskosten im Angebot der Röber Royal GmbH & Co. KG der gesetzlichen Regelung entspricht.

5 Die gesetzlichen Regelungen zu den Beförderungs- und Verpackungskosten werden häufig durch vertragliche Vereinbarungen explizit konkretisiert oder auch abgeändert. Ermitteln Sie die Beförderungs- und Verpackungskosten in den folgenden Fällen.

a) Die WFW AG bezieht eine Lieferung Stahlrohre aus Starnberg (Bayern). Dabei ergibt sich folgender Versendungsweg:

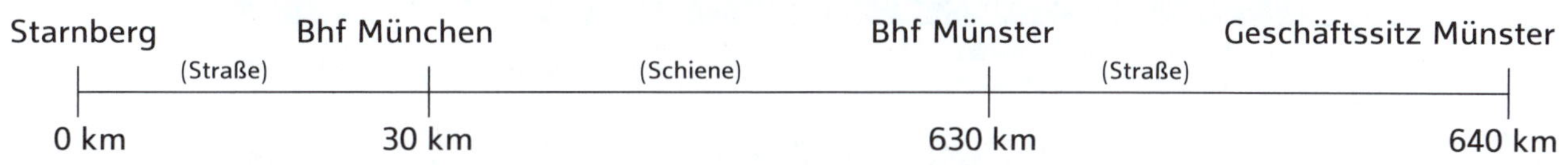

Es fallen folgende Kosten an:

Verladekosten auf Eisenbahn	110,00 €
Entladekosten von Eisenbahn	100,00 €
Preis für Schienentransport je km	1,90 €
Rollgeld I (gesamt)	150,00 €
Rollgeld II (gesamt)	60,00 €

Berechnen Sie die Kosten für die WFW AG bei folgenden Lieferbedingungen:

aa)	frei Haus	
ab)	ab Werk	
ac)	unfrei	
ad)	frachtfrei	

b) Die WFW AG bezieht von der Farbenwerke Weller GmbH 500 Liter Lack. Der Lack wird in 50-Liter-Behältern transportiert. Ein Liter Lack wiegt 1,2 kg, ein Behälter 5 kg. Für 1 kg Lack berechnet die Farbenwerke Weller GmbH 2,50 €. Für das Verpacken sämtlicher Behälter fallen Verpackungskosten in Höhe von 30,00 € an.

Berechnen Sie die Kosten für die WFW AG, wenn folgende Vereinbarungen getroffen wurden:

ba)	Preis netto einschließlich Verpackung	
bb)	Preis netto ausschließlich Verpackung	
bc)	Preis brutto einschließlich Verpackung (brutto für netto)	
bd)	Preis brutto ausschließlich Verpackung	

Info: Beförderungs- und Verpackungskosten

Ist **nichts** Abweichendes **vereinbart**, sind Warenschulden laut Gesetz grundsätzlich Holschulden. Demnach muss der Käufer die Waren abholen und die **Beförderungskosten** tragen.

Befinden sich Käufer und Verkäufer nicht am gleichen Ort und wird vereinbart, dass der Verkäufer die Versendung der Waren (**Versendungskauf**) übernimmt, trägt der Verkäufer die Beförderungskosten bis zur ersten Versandstation (z. B. Bahnhof, Hafen oder Postversandstelle des Verkäufers). Die restlichen Beförderungskosten trägt der Käufer.

Abweichend von den gesetzlichen Regelungen sind je nach Versandart viele unterschiedliche **vertragliche Regelungen** denkbar, wie die folgende Abbildung zeigt:

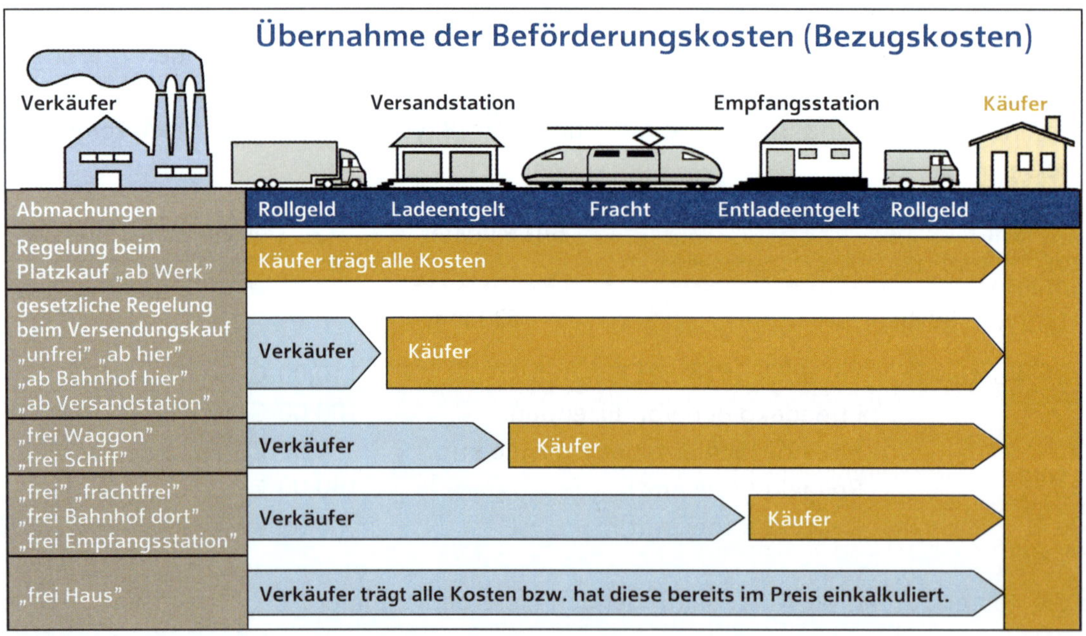

Die Transportkosten bis zur ersten Versandstation werden als Rollgeld I und die Transportkosten ab der Empfangsstation als Rollgeld II bezeichnet.

Hinsichtlich der **Verpackungskosten** wird zwischen den Kosten für die Versand- und den Kosten für die Verkaufsverpackung unterschieden. Die **Versandverpackung** dient dazu, die Ware transport- und versandfähig zu machen, z. B. Kartons oder Transportbehälter. Diese Kosten übernimmt der Käufer, da sie Kosten der Abnahme im Sinne des § 448 BGB sind. Der Verkäufer hingegen übernimmt die Kosten der

Verkaufsverpackung, die auch als Aufmachungsverpackung bezeichnet wird. Dies sind z. B. Tüten, Tuben usw. Ebenso trägt der Verkäufer die Kosten der Bereitstellung sowie des Messens und Wiegens der Ware, da sie Kosten der Übergabe der Ware sind (§ 448 BGB).

§ 448 BGB Kosten der Übergabe
(1) Der Verkäufer trägt die Kosten der Übergabe der Sache, der Käufer die Kosten der Abnahme und der Versendung der Sache nach einem anderen Ort als dem Erfüllungsort.
(...)

Häufig werden im Kaufvertrag gesonderte Regelungen über die Verteilung der **Verpackungskosten** getroffen:

Klausel	Käufer zahlt
Preis netto einschließlich Verpackung	Nettogewicht
Preis netto ausschließlich Verpackung (gesetzliche Regelung)	Nettogewicht + Verpackungskosten
Preis brutto einschließlich Verpackung (= brutto für netto, kurz bfn)	Bruttogewicht (= Nettogewicht + Tara)
Preis brutto ausschließlich Verpackung	Bruttogewicht + Verpackungskosten

Arbeitsaufträge: Lieferungs- und Zahlungsbedingungen

1 Erläutern Sie die gesetzlichen Regelungen zur Zahlungs- und Lieferzeit.

2 Hinsicht der Lieferzeit lassen sich die folgenden Kaufvertragsarten unterscheiden:
- Sofortkauf
- Terminkauf
- Fixkauf
- Kauf auf Abruf

Ordnen Sie die Kaufvertragsarten den folgenden Erklärungen zu.

Erklärung	Kaufvertragsart
a) Die Lieferung erfolgt zu einem bestimmten Lieferzeitpunkt oder innerhalb einer bestimmten Lieferfrist.	
b) Die Lieferung erfolgt zu einem bestimmten Zeitpunkt. Zusätzlich wird die Bedeutung des Lieferzeitpunktes durch Klauseln wie „fix“, „fest“ oder „genau“ hervorgehoben.	
c) Im Kaufvertrag wird der Lieferzeitpunkt nicht festgelegt. Der Käufer ruft die Lieferung als Ganzes oder in Teilmengen ab.	
d) Der Käufer kann sofortige Lieferung verlangen.	

3 Begründen Sie, um welche Kaufvertragsart es sich hinsichtlich des Lieferzeitpunktes beim Angebot der Röber Royal GmbH & Co. KG handelt.

4 Auch hinsichtlich der Zahlungszeit lassen sich verschiedene Kaufvertragsarten unterscheiden:
- Vorauszahlung/Anzahlung
- Barkauf
- Zielkauf
- Abzahlungskauf/Ratenkauf

Ordnen Sie die Kaufvertragsarten den folgenden Erklärungen zu.

Erklärung	Kaufvertragsart
a) Es wird ein Zahlungstermin festgelegt, bis zu dem der Käufer die Ware bezahlen muss.	
b) Der Käufer begleicht seine Schulden durch Teilzahlungen nach Lieferung der Ware.	
c) Bevor die Ware geliefert wird, zahlt der Käufer die ganze Kaufsumme oder einen Teil davon.	
d) Die Ware wird sofort bei Übergabe mit Scheinen und Münzen bezahlt.	

5 Erklären Sie, um welche Kaufvertragsart es sich hinsichtlich des Zahlungszeitpunktes beim Angebot der Röber Royal GmbH & Co. KG handelt.

INFOBOX

Info: Lieferungs- und Zahlungsbedingungen

Bei einem Kaufvertrag schulden der Verkäufer die Ware und der Käufer das Geld. Wann der Warenschuldner und der Geldschuldner ihre Leistung zu erbringen haben, regelt § 271 BGB:

§ 271 BGB Leistungszeit
(1) Ist eine Zeit für die Leistung weder bestimmt noch aus den Umständen zu entnehmen, so kann der Gläubiger die Leistung sofort verlangen, der Schuldner sie sofort bewirken.
(...)

Arbeitsaufträge: Erfüllungsort, Gefahrenübergang und Gerichtsstand

1 Unterscheiden Sie allgemein zwischen dem Erfüllungsort (Leistungsort) und dem Erfolgsort.

2 Ergänzen Sie in der folgenden Übersicht, ob der Erfüllungs- sowie der Erfolgsort beim Gläubiger oder beim Schuldner liegen:

	Holschulden	Schickschulden	Bringschulden
Erfüllungsort			
Erfolgsort			

3 Erläutern Sie, wo die Röber Royal GmbH & Co. KG ihre Schuld erfüllt, und beschreiben Sie, wer das Risiko trägt, falls der Lkw der Spedition auf dem Weg nach Münster verunglückt.

4 Definieren Sie, was man unter einem Gerichtsstand versteht, und begründen Sie, wo der Gerichtsstand für die Warenschuld liegt.

5 Angenommen, im Angebot wäre folgende Vereinbarung getroffen worden: „Erfüllungsort für beide Teile ist Münster." Erläutern Sie die Konsequenzen einer solchen Vereinbarung.

6 Erklären Sie, wo der Erfüllungsort für die Geldschuld ist, und begründen Sie, ob es ausreicht, wenn die WFW AG am letzten Tag der Zahlungsfrist die Überweisung veranlasst.

7 Begründen Sie, wo der Gerichtsstand für die Geldschuld liegt.

8 Leonie Gremme ist der Meinung, dass sie die Kosten der Überweisung vom Rechnungsbetrag abziehen kann. Nehmen Sie Stellung.

9 Fünf Tage, nachdem die WFW AG das Geld überwiesen hat, ist immer noch kein Geld auf dem Konto der Röber Royal GmbH & Co. KG eingegangen. Aufgrund einer Falschbuchung einer Bank ist das Geld auf unerklärliche Weise verschwunden. Deshalb bittet die Röber Royal GmbH & Co. KG um erneute Überweisung. Klären Sie die Rechtslage.

INFOBOX

Info: Erfüllungsort, Gefahrenübergang und Gerichtsstand

Unter dem **Erfüllungsort** (auch Leistungsort genannt) wird der Ort verstanden, an dem der Schuldner seine Leistungshandlung vornehmen muss. Für den Kaufvertrag regelt der Erfüllungsort also, wo der Käufer zahlen und der Verkäufer seine Ware übergeben muss.

Vom Erfüllungsort zu unterscheiden ist der **Erfolgsort**. Dies ist der Ort, an dem der Leistungserfolg, also die Übereignung der Ware bzw. des Geldes, eintritt.

Warenschulden

Da **Warenschulden** grundsätzlich **Holschulden** sind, ist sowohl der Erfüllungsort als auch der Erfolgsort der Wohn- bzw. Geschäftssitz des Schuldners. Der Käufer muss folglich die Ware beim Verkäufer abholen, da dort die Schuld erfüllt wird. Am Erfüllungsort wird der Käufer zudem durch die Übergabe Eigentümer der Ware, an diesem Ort tritt also auch der Leistungserfolg ein. Ab jetzt trägt der Käufer die Gefahr, d. h. das Risiko des zufälligen Untergangs bzw. der Verschlechterung der Ware.

§ 446 BGB Gefahr- und Lastenübergang
Mit der Übergabe der verkauften Sache geht die Gefahr des zufälligen Untergangs und der zufälligen Verschlechterung auf den Käufer über. Von der Übergabe an gebühren dem Käufer die Nutzungen und trägt er die Lasten der Sache. Der Übergabe steht es gleich, wenn der Käufer im Verzug der Annahme ist.

Schickschulden werden am Wohn- bzw. Geschäftssitz des Schuldners erfüllt, allerdings tritt der Erfolg erst am Wohn- bzw. Geschäftssitz des Gläubigers ein. Bei einem **Versendungskauf** (Schickschuld) übernimmt der Verkäufer die Versendung der Ware nach einem anderen Ort als dem Erfüllungsort. Er erfüllt seine Schuld mit der Übergabe der Ware an den Spediteur oder Frachtführer. Dementsprechend trägt der Verkäufer bis dorthin die Kosten und die Gefahr, danach der Käufer. Der Leistungserfolg tritt erst ein, wenn der Käufer Eigentümer der Ware wird. Der Erfolgsort ist damit der Wohn- oder Geschäftssitz des Gläubigers.

§ 447 Gefahrübergang beim Versendungskauf
(1) Versendet der Verkäufer auf Verlangen des Käufers die verkaufte Sache nach einem anderen Ort als dem Erfüllungsort, so geht die Gefahr auf den Käufer über, sobald der Verkäufer die Sache dem Spediteur, dem Frachtführer oder der sonst zur Ausführung der Versendung bestimmten Person oder Anstalt ausgeliefert hat.
(...)

Hat der Schuldner sich verpflichtet, die Ware zu bringen, handelt es sich um eine **Bringschuld**. Sowohl Erfüllungsort als auch Erfolgsort liegen beim Gläubiger. Dementsprechend trägt der Verkäufer bis dorthin sowohl die Kosten und als auch die Gefahr.

Der natürliche oder gesetzliche **Erfüllungsort** bestimmt bei einer Warenschuld zudem den **Gerichtsstand,** also den Ort, an dem Klage zu erheben ist.

§ 29 ZPO Besonderer Gerichtsstand des Erfüllungsorts
(1) Für Streitigkeiten aus einem Vertragsverhältnis und über dessen Bestehen ist das Gericht des Ortes zuständig, an dem die streitige Verpflichtung zu erfüllen ist.
(...)

Bei Kaufleuten begründet auch ein vertraglicher Erfüllungsort den Gerichtsstand. Ebenso können Kaufleute unabhängig vom Erfüllungsort einen anderen Gerichtsstand vereinbaren. Solche Vereinbarungen sind gegenüber Privatleuten jeweils unwirksam.

Geldschulden

Geldschulden werden mittlerweile aufgrund eines Urteils des Europäischen Gerichtshofes (EuGH) als **modifizierte Bringschulden** bezeichnet. Der Geldschuldner erfüllt seine Schuld, indem er das Geld auf seine Kosten und Gefahr fristgerecht übermittelt. Dabei muss das Geld (bei einer Überweisung) innerhalb der Zahlungsfrist auf dem Konto des Gläubigers eingegangen sein. Als „modifiziert" wird die Bringschuld deshalb bezeichnet, weil der Gerichtsstand der Wohn- oder Geschäftssitz des Geldschuldners ist.

Vertiefende Übungen

1 Die Emsdettener Haushaltswerke GmbH, ein Hersteller von Kunststoffhaushaltswaren, bezieht von der GRANU AG 800 kg Granulat. Das Granulat wird in 50-kg-Behältern transportiert. Dabei wiegt ein Behälter 5 kg. Für 1 kg Granulat berechnet die GRANU AG 4,00 €. Für das Verpacken des Granulats fallen Kosten in Höhe von 40,00 € an.
Berechnen Sie die Kosten des Granulats für die Emsdettener Haushaltswerke GmbH, wenn folgende Vereinbarungen getroffen wurden:

a)	Preis netto einschließlich Verpackung	
b)	Preis netto ausschließlich Verpackung	
c)	Preis brutto einschließlich Verpackung	
d)	Preis brutto ausschließlich Verpackung	

2 Die Versendung einer Ware verursacht die unten aufgeführten Kosten. Berechnen Sie die Transportkosten für den Käufer unter der Voraussetzung, dass folgende Regelungen bezüglich der Beförderungskosten getroffen wurden.

Klauseln:

a)	„frei Waggon"	
b)	„unfrei"	
c)	„frachtfrei"	
d)	„ab Werk"	

Versandkosten:

Rollgeld I/Kosten der Zufuhr	88,00 €
Verladekosten	60,00 €
Bahnfracht	630,00 €
Entladekosten	62,00 €
Rollgeld II/Kosten der Abfuhr	105,00 €

3 Die WFW AG bezieht Lacke von der Farbenwerke Weller GmbH aus Hamburg. Die Zahlung soll innerhalb von 30 Tagen nach Rechnungsdatum erfolgen, die Lieferung innerhalb von sieben Werktagen nach Auftragserteilung. Ansonsten gelten die gesetzlichen Regelungen.

a) Die Farbenwerke Weller GmbH rechnet den Lack nach Gewicht ab. Der Lack wiegt 800 kg, die Transportfässer für den Lack 50 kg. Erläutern Sie, welches Gewicht in Rechnung zu stellen ist.
b) Benennen Sie, wie man einen solchen Kauf hinsichtlich des Zahlungszeitpunktes und hinsichtlich des Lieferzeitpunktes nennt.
c) Erklären Sie die gesetzlichen Regelungen hinsichtlich der Zahlungs- und Lieferzeit.
d) Die WFW AG ist der Meinung, die Farbenwerke Weller GmbH müsse die Lacke frei Haus liefern. Nehmen Sie Stellung.
e) Die WFW AG beauftragt eine Spedition mit der Abholung der Fässer. Als der Lkw auf dem Weg nach Münster verunglückt, verlangt die WFW AG erneute Lieferung. Klären Sie die Rechtslage.
f) Weil der Lack mangelhaft ist, möchte die WFW AG Klage erheben. Erläutern Sie, welches Gericht zuständig ist.
g) Da die WFW AG ihren Zahlungsverpflichtungen nicht nachkommt, erhebt die Farbenwerke Weller GmbH Klage beim Amtsgericht Münster. Prüfen Sie, ob die Farbenwerke Weller GmbH richtig handelt.

ZUSAMMENFASSUNG

- Im Angebot ist die Ware hinsichtlich Art, ____________________ genau zu bestimmen. Häufig gewährt der Lieferant verschiedene Nachlässe, z. B. ____________________ ____________________. Abgerechnet wird dabei das __________gewicht einer Ware.
- Da Warenschulden ______schulden sind, trägt der ____________ einer Ware die Beförderungskosten. Auch muss er die __________verpackung bezahlen, wohingegen der ____________ die Kosten der __________ verpackung trägt. Diese Regelungen können ____________ abgeändert bzw. konkretisiert werden.
- Waren- und ______________ sind gesetzlich verpflichtet, die Ware __________ zu liefern bzw. zu zahlen. Häufig werden allerdings Zahlungs- bzw. ________ziele vereinbart. Man nennt dies einen __________ bzw. Terminkauf
- Der Erfüllungsort für Warenschulden ist grundsätzlich der Wohn- oder Geschäftssitz des ______________. Dort geht auch die ____________ über. Übernimmt der Verkäufer die Versendung der Ware (______________), geht die Gefahr mit der Übergabe der Ware auf den ____________________ über.

  Der gesetzliche Erfüllungsort für die Ware bestimmt auch gleichzeitig den ____________, also den Ort der Klageerhebung.
- Geldschulden hat der Schuldner auf seine __________ und Gefahr fristgerecht zu übermitteln. Bei einer Überweisung muss das Geld innerhalb der Zahlungsfrist auf dem __________ des Gläubigers gutgeschrieben sein.

  Der Gerichtsstand für Geldschulden ist der Wohn- oder Geschäftssitz des ____________________.

SELBSTEINSCHÄTZUNG	JA ☺	MIT HILFE 😐	NEIN ☹
Ich kann die Inhalte eines Angebotes benennen.			
Ich kann die gesetzlichen und vertraglichen Regelungen eines Angebotes, hinsichtlich ...			
• der Art, der Güte, der Menge und des Preises,			
• der Beförderungs- und Verpackungskosten,			
• der Lieferungs- und Zahlungsbedingungen,			
• des Erfüllungsortes und des Gerichtsstandes erklären.			
Ich kann die gesetzlichen und vertraglichen Inhalte eines Angebotes erkennen, auslegen und fallbezogen anwenden.			

Außerdem habe ich gelernt:

____

____

____

____

____

____

HINWEIS Zur Wiederholung und Vertiefung der Inhalte der Lernsituation: Seite 170, Aufgabe 9.

LERNSITUATION 10: Die Incoterms® bei Auslandsgeschäften berücksichtigen

Ausgangssituation: Fahrradreifen aus Fernost – Wer trägt die Transportkosten und das Risiko?

Der wachsende Konkurrenzdruck auf dem Zweirad-Markt und das inzwischen gute Preis-Leistungs-Verhältnis bei vielen Produkten aus Asien haben die WFW AG dazu veranlasst, einen Teil der im Sortiment verbauten Fahrradreifen (Schläuche und Mäntel) aus China zu importieren.
Im Gegensatz zu den Lieferungsbedingungen, die die WFW AG bei inländischen Kaufverträgen vereinbart, werden bei Auslandsgeschäften internationale Handelsklauseln in die Verträge aufgenommen, die Incoterms® (International Commerial Terms).
Aufgrund der aktuellen Grippewelle unterstützt Maik Balster zurzeit die Abteilung Einkauf. Er soll klären, welche Auswirkungen das neue Vertragsangebot des chinesischen Fahrradreifenherstellers, der LINGZU Kautsch Industries Ltd., für die WFW AG hat. Bei einer gleichbleibenden Absatzprognose und ansonsten unveränderten Auftragsdaten hat die LINGZU Ltd. lediglich die Incoterms®-Klausel von bislang „DDP Münster“ zu „CIF Hamburg“ verändert.
Folgende Informationen liegen bezüglich der Übernahme von Transport- und Versicherungskosten vor:

Interne Info

WFW AG

Angaben zu Transport- und Versicherungskosten CHINA

Die LINGZU Kautsch Industries Ltd. mit Sitz in Guangzhou transportiert die produzierten Fahrradreifen mit dem Lkw nach Hongkong, wo diese per Seeschiff nach Hamburg verschifft werden. Von dort erfolgt der Weitertransport nach Münster erneut per Lkw.

Folgende Kosten sind zu berücksichtigen:

Anfuhrkosten/Vorlauf (Lkw)	3 375,00 CNY
Verladekosten (vom Lkw aufs Schiff)	1 200,00 CNY
Kosten für Ausfuhrzoll	0,00 CNY
Frachtkosten (Seefracht)	57 000,00 CNY
Kosten für Einfuhrzoll	2 400,00 EUR
Entladekosten (vom Schiff auf den Lkw)	380,00 EUR
Zufuhrkosten/Nachlauf (Lkw)	660,00 EUR
Versicherung A (Guangzhou → Hongkong)	862,50 CNY
Versicherung B (Hongkong → Hamburg)	10 125,00 CNY
Versicherung C (Hamburg → Münster)	95,00 EUR

Wechselkurs: 1,00 EUR = 7,50 CNY (Chinesischer Renminbi Yuan)

Arbeitsaufträge

1 Die WFW AG bezieht nicht nur Fahrradreifen, sondern auch zahlreiche weitere Materialien und Zukaufteile von internationalen Handelspartnern. Erläutern Sie je zwei wesentliche Vorteile und Nachteile/Gefahren von Auslandsgeschäften.

2 In allen Geschäften mit ausländischen Partnern legt die WFW AG Incoterms® zugrunde.
   a) Erläutern Sie, was man unter Incoterms® versteht.
   b) Begründen Sie, welche Vorteile mit der Verwendung von Incoterms® verbunden sind.

3 Bislang wurde bei Geschäften mit der LINGZU Kautsch Industries Ltd. die Klausel „DDP" vereinbart. Das neue Angebot sieht vor, dass zukünftig die Klausel „CIF" vereinbart werden soll. Erläutern Sie allgemein die wesentlichen Unterschiede dieser beiden Klauseln bezüglich der Kosten- und Risikoübernahme.

4 Maik möchte nun konkret einen Kostenvergleich bezüglich der beiden Handelsklauseln durchführen, um die Ergebnisse bei den in der nächsten Woche anstehenden Vertragsverhandlungen mit der LINGZU Kautsch Industries Ltd. verwenden zu können. Ermitteln Sie sowohl die für die WFW AG als Käufer als auch die für die LINGZU Kautsch Industries Ltd. als Verkäufer anfallenden Kosten, die sich aufgrund der beiden internationalen Handelsklauseln ergeben. Führen Sie den Kostenvergleich in Euro durch und nutzen Sie dazu die nachfolgende Tabelle.

Kostenvergleich:

DDP Münster					
Verkäufer (LINGZU Ltd.)			Käufer (WFW AG)		
Kosten für	in CNY	in EUR	Kosten für	in CNY	in EUR
Gesamtkosten in EUR			Gesamtkosten in EUR		

CIF Hamburg					
Verkäufer (LINGZU Ltd.)			Käufer (WFW AG)		
Kosten für	in CNY	in EUR	Kosten für	in CNY	in EUR
Gesamtkosten in EUR			Gesamtkosten in EUR		

Info 1: Besonderheiten bei Auslandsgeschäften mithilfe der Incoterms® regeln

Besonders Deutschland, eine international weit vernetzte Industrienation, profitiert von den Vorteilen von Auslandsgeschäften. Vergrößerungen des Absatzmarktes und damit verbundene Absatzsteigerungen haben bei global agierenden Unternehmen zu steigenden Umsatzerlösen und wachsenden Gewinnen beigetragen. Eine Vielzahl von Arbeitsplätzen und damit ein nicht unerheblicher Teil des volkswirtschaftlichen Wohlstands sind heute unmittelbar vom Exportgeschäft abhängig. Aber auch Risiken wie kulturelle und politische Unterschiede, Wechselkursschwankungen und Transportrisiken müssen in Betracht gezogen werden. Aus diesem Grund werden Incoterms® vereinbart, um einen Teil dieser Risiken abfedern zu können.

Bereits 1936 wurden von der Internationalen Handelskammer (ICC) in Paris die ersten Incoterms® veröffentlicht und bis heute immer wieder an die sich ständig ändernden Rahmenbedingungen im Welthandel angepasst. Die letzte Anpassung erfolgte 2010, hier wurde die Zahl der Incoterms® von 13 auf elf reduziert.

Standardisierte Vereinbarungen sind im Außenhandel von entscheidender Bedeutung, um ein für alle Beteiligten verlässliches und einheitliches Regelwerk zu haben. Dabei liefern die Incoterms® zwar keine gesetzliche Grundlage, aber international gültige Regeln für Liefer- und Transportbedingungen, die von den Vertragspartnern akzeptiert werden.

Die Incoterms® werden in vier Gruppen unterteilt, in denen Kosten- und Gefahrübergang für unterschiedliche Transportarten und die Ausfuhr- und Einfuhrabwicklungen geregelt werden. Zahlungsbedingungen, Rügefristen oder die Eigentumsübertragung werden hingegen nicht von Incoterms® geregelt.

Die **E-Gruppe** beinhaltet lediglich **EXW**, hierbei geht der Verkäufer die geringste Verpflichtung ein (**Minimalverpflichtung**), weil er die Produkte lediglich zur Abholung bereitstellen muss. Hierbei handelt es sich um eine **Einpunktklausel**, weil Gefahren- und Kostenübergang identisch sind und ab Werk erfolgen.

Die **F-Gruppe** umfasst die Klausel **FCA** sowie die speziellen Schifffahrtsklauseln **FAS** und **FOB**. Der Verkäufer muss seine Produkte an einen vom Käufer auf eigene Kosten beauftragten Frachtführer übergeben. Die **Hauptlast** von Abwicklung, Kosten und Risiko liegt damit beim **Käufer**. Da der Gefahren- und Kostenübergang identisch sind, handelt es sich auch hier um **Einpunktklauseln**.

Zu den **C-Klauseln** gehören die Incoterms® **CPT** und **CIP** sowie deren Pendants in der Schifffahrt, die Klauseln **CFR** und **CIF**. Der Verkäufer beauftragt einen Frachtführer und schließt ggf. auch eine Transportversicherung ab (CIP, CIF). Ort und Zeitpunkt des Kosten- und Gefahrenübergangs sind hierbei nicht identisch, es handelt sich deshalb um **Zweipunktklauseln**. Während der **Transport** zum Bestimmungsort auf Kosten des **Verkäufers** erfolgt, geht die **Gefahr** bereits bei Übergabe an den Frachtführer auf den **Käufer** über, sodass dieser das Risiko trägt.

Die **D-Klauseln** sind unterteilt in die Incoterms® **DAP**, **DAT** und **DDP** und bedeuten die umfassendsten Verpflichtungen für den Verkäufer (**Maximalverpflichtung**). Dieser übernimmt die gesamte Abwicklung des Transports (Kosten und Risiko) bis zum Bestimmungsort. Hierbei handelt es sich erneut um **Einpunktklauseln**.

INFOBOX

Info 2: Incoterms® 2010 – Übersicht

Incoterms®-Klausel	Bedeutung/...Lieferort	Transport-versicherung	Ausfuhr-abfertigung	Einfuhr-abfertigung	Gefahrenübergang Verkäufer auf Käufer	Kostenübergang Verkäufer auf Käufer
Klauseln für alle Transportarten						
EXW (ex works)	Ab Werk/... benannter Lieferort (auch Lager usw.)	keine Verpflichtung	Käufer	Käufer	Lieferort	Lieferort
FCA (free carrier)	Frei Frachtführer/... benannter Lieferort (Übergabe an den ersten Frachtführer) (Käufer zahlt den Haupttransport)	keine Verpflichtung	Verkäufer	Käufer	Lieferort	Lieferort
CPT (carriage paid to)	Frachtfrei/...benannter Bestimmungsort (Ort der Übergabe an den ersten Frachtführer) (Verkäufer zahlt den Haupttransport)	keine Verpflichtung	Verkäufer	Käufer	Lieferort (Übergabe an den ersten Frachtführer)	Bestimmungsort
CIP (carriage and insurance paid to)	Frachtfrei versichert/... benannter Bestimmungsort (Ort der Übergabe an den ersten Frachtführer) (Verkäufer zahlt den Haupttransport)	Verkäufer Mindestdeckung Kaufpreis + 10% = 110%	Verkäufer	Käufer	Lieferort (Übergabe an den ersten Frachtführer)	Bestimmungsort
DAT (delivered at terminal)	Geliefert Terminal/... benannter Terminal im Bestimmungshafen/-ort (Verkäufer zahlt den Haupttransport)	keine Verpflichtung	Verkäufer	Käufer	Terminal/ Bestimmungshafen/-ort (Ware ist entladen)	Terminal/ Bestimmungshafen/-ort (Ware ist entladen)
DAP (delivered at place)	Geliefert benannter Bestimmungsort (Verkäufer zahlt den Haupttransport)	keine Verpflichtung	Verkäufer	Käufer	Bestimmungsort (Ware ist entladebereit)	Bestimmungsort (Ware ist entladebereit)
DDP (delivered duty paid)	Geliefert verzollt/... benannter Bestimmungsort (verzollt, versteuert)	keine Verpflichtung	Verkäufer	Verkäufer	Bestimmungsort (Ware ist entladebereit)	Bestimmungsort (Ware ist entladebereit)
Klauseln für den See- und Binnenschiffstransport						
FAS (free alongside ship)	Frei Längsseite Schiff/... benannter Verschiffungshafen (Käufer zahlt den Haupttransport)	keine Verpflichtung	Verkäufer	Käufer	Verschiffungshafen	Verschiffungshafen
FOB (free on board)	Frei an Bord/... benannter Verschiffungshafen (die Ware wird an Bord geliefert) (Käufer zahlt den Haupttransport)	keine Verpflichtung	Verkäufer	Käufer	An-Bord-Lieferung	An-Bord-Lieferung
CFR (cost and freight)	Kosten und Fracht/... benannter Bestimmungshafen (die Ware wird an Bord geliefert) (Verkäufer zahlt den Haupttransport)	keine Verpflichtung	Verkäufer	Käufer	An-Bord-Lieferung	Bestimmungshafen
CIF (cost insurance and freight)	Kosten, Versicherung und Fracht/... benannter Bestimmungshafen (die Ware wird an Bord geliefert) (Verkäufer zahlt den Haupttransport)	Verkäufer Mindestdeckung Kaufpreis + 10% = 110%	Verkäufer	Käufer	An-Bord-Lieferung	Bestimmungshafen

Diese Übersicht ist nicht als einzige Informationsquelle zu verwenden, sondern sollte immer zusammen mit dem Originaltext der Incoterms® 2010 genutzt werden. Die Incoterms® 2010 sind zu beziehen unter www.iccgermany.de.

O

Info 3: Incoterms® 2010 – Grafische Veranschaulichung

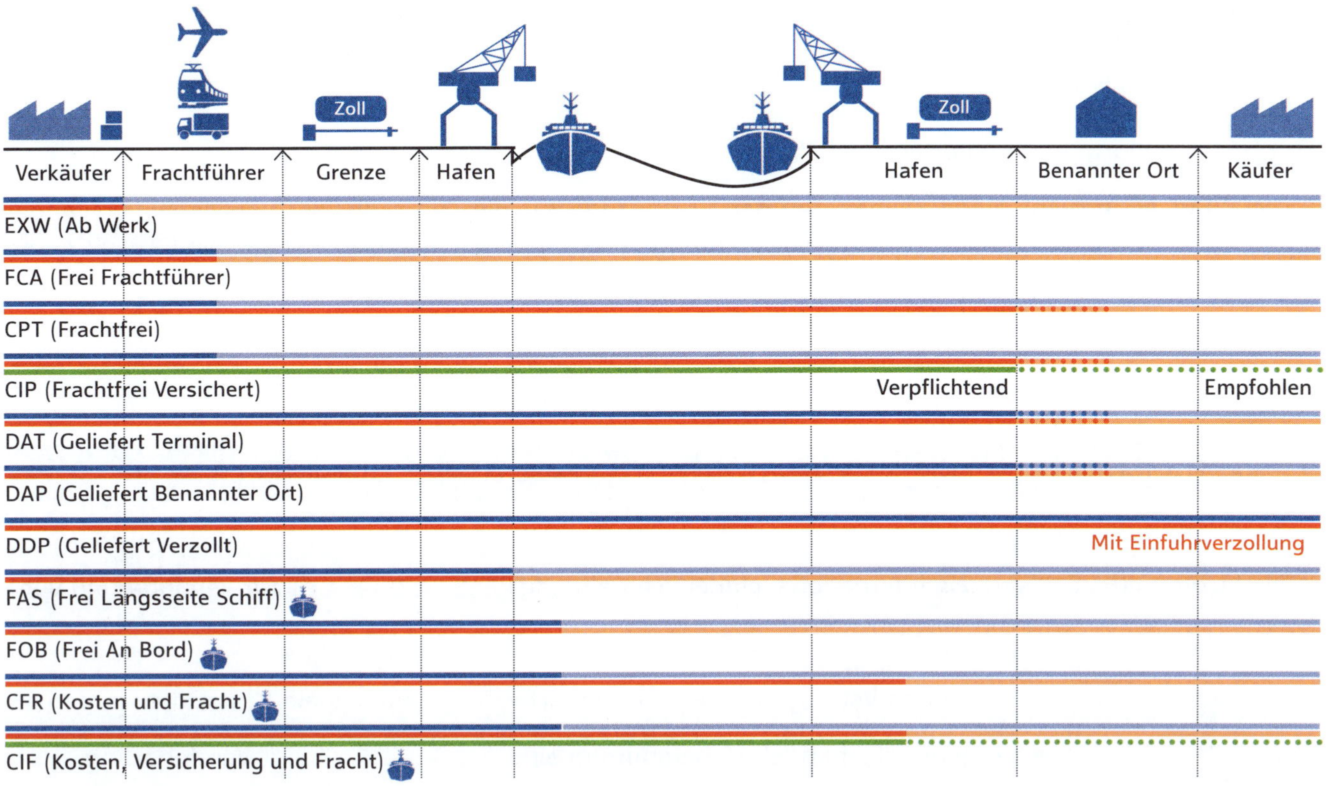

* Benannter Bestimmungsort kann individuell festgelegt werden (z. B. im Hafen, Lagerhalle, Kai).

- Die Gefahren werden vom Verkäufer getragen.
- Die Kosten werden vom Verkäufer getragen.
- Transportversicherung liegt in der Verantwortung des Verkäufers.
- Die Gefahren werden vom Käufer getragen.
- Die Kosten werden vom Käufer getragen.
- Incoterms® für See- und Binnenschifffahrt

Vertiefende Übungen

1 Beschreiben sie, welche Sachverhalte Incoterms® bei internationalen Handelsverträgen regeln.

2 Bei Incoterms® kann zwischen Ein- und Zweipunktklauseln unterschieden werden. Erläutern Sie den Unterschied.

3 Neben Klauseln, die für alle Transportarten Gültigkeit besitzen, werden vier Klauseln nur für spezielle Transportmittel vereinbart. Nennen Sie diese vier Klauseln und erläutern Sie, für welche speziellen Transportmittel diese vereinbart werden können.

4 In der Gruppe der C-Klauseln können die Klauselpaare CPT/CIP und CIF/CFR unterschieden werden. Erläutern Sie die wesentlichen Unterschiede, Gemeinsamkeiten und Verwendungsmöglichkeiten der beiden Paare.

5 Die LINGZU Ltd. möchte bei zukünftigen Verträgen mit der WFW AG die Incoterms® „CIF Hamburg“ verwenden. Erläutern Sie, welchen Unterschied es machen würde, wenn stattdessen „CFR Hamburg“ vereinbart würde.

6 Die LINGZU Ltd. hat sich in den letzten Jahren zum weltweit führenden Hersteller von Fahrradreifen entwickelt und überlegt deshalb, die Transportkosten und das Transportrisiko noch stärker auf ihre Kunden abzuwälzen. Das Unternehmen möchte eine der nachfolgenden Incoterms® bei zukünftigen

Auslandsgeschäften vereinbaren. Ermitteln Sie die Kosten, die die LINGZU Ltd. aufgrund der nachfolgenden Incoterms® tragen müsste. Nutzen Sie dazu die in der Tabelle der Ausgangssituation angegebenen Kosten.
a) FOB Hongkong
b) FAS Hongkong
c) DAT Hamburg – Containerterminal 25

7 Die WFW AG bezieht einen kleinen Teil der Griffbezüge für die Fahrradlenker von einem Mailänder Lederwarenhersteller. Bei den Vertragsverhandlungen wird über die Incoterms®-Klauseln EXW, FCA und DAP diskutiert. Erläutern Sie, welche Klausel Sie aus Sicht der WFW AG und des Mailänder Unternehmens bevorzugen würden.

ZUSAMMENFASSUNG

- Die Incoterms® 2010 sind ein international einheitlich geltendes ______________ zur Vereinbarung von ______________ ______ ______________________.
- Die Incoterms® müssen von den Vertragspartnern vereinbart werden, um als ein Bestandteil in den ______________ einzugehen. Es handelt sich somit um eine ______________ Vereinbarung, nicht aber um eine ______________ Regelung.
- Mit den Incoterms® werden Regelungen bezüglich __________ _____ ____________________ sowie Ausfuhr- und Einfuhrabwicklung vereinbart.
- Die Incoterms® sind in vier Gruppen unterteilt. Während zur E-Gruppe lediglich die Klausel ______ gehört, umfasst die F-Gruppe die Klauseln ______, ______, und ______. In der C-Gruppe sind vier Incoterms® zu unterscheiden, diese sind ______, ______, ______ und ______. Zur letzten Gruppe D gehören die Klauseln ______, ______ und ______.
- Während die Klausel EXW lediglich eine ______________________ für den Verkäufer bedeutet und somit mit der deutschen Lieferbedingung „_____ ________“ vergleichbar ist, stellen die D-Klauseln – und dabei insbesondere die Incoterms® DDP – die umfassendsten Verpflichtungen für den Verkäufer dar (________________________).
- Bei den meisten Klauseln handelt es sich um ______________________, d. h., das Kosten- und Gefahrenübergang identisch sind. Lediglich bei den Incoterms® der C-Gruppe werden ______________________ vereinbart, bei denen Ort und Zeitpunkt des Kosten- und Gefahrenübergangs voneinander abweichen.

SELBSTEINSCHÄTZUNG	JA ☺	MIT HILFE 😐	NEIN ☹
Ich kann die Vor- und Nachteile von Auslandsgeschäften darlegen.			
Ich kann die Bedeutung von Incoterms® bei Auslandsgeschäften erklären.			
Ich kann die grundsätzlichen Unterschiede der vier Klauselgruppen E, F, C und D beschreiben.			
Ich kann den Unterschied zwischen Einpunktklauseln und Zweipunktklauseln erläutern.			
Ich kann die einzelnen Incoterms® hinsichtlich Kostenübernahme, Gefahrenübergang und Transportversicherung unterscheiden.			
Ich kann die Kostenwirkungen von unterschiedlichen Incoterms® berechnen.			

Außerdem habe ich gelernt:

____

____

____

____

____

____

____

HINWEIS Zur Wiederholung und Vertiefung der Inhalte der Lernsituation: Seite 172, Aufgabe 10.

Ausgangssituation: WFW AG testet ein neues Beleuchtungssystem

In der Produktgruppe „City-Bikes“ ist es zuletzt immer häufiger zu Reklamationen und negativen Kundenbewertungen bezüglich des bei der WFW AG verbauten Beleuchtungssystems gekommen. Deshalb möchte das Unternehmen dieser Entwicklung entgegenwirken und überlegt zukünftig ein alternatives System in dieser Produktgruppe einzusetzen.

Nikola Brand hat deshalb die nachfolgende Bestellung verfasst:

WFW AG

Westfälische Fahrradwerke AG – Kanalstr. 48–52 – 48159 Münster

H & T Fahrradgroßhandel AG
Turmstr. 36
12033 Berlin

Ihr Zeichen: ---
Ihre Nachricht vom: ---
Unser Zeichen: Frau Nikola Brand
Unsere Nachricht vom: 23.03.20(0)

Telefon: 0251 5435556
Telefax: 0251 54355578
E-Mail: n.brand@wfw.de
Homepage: www.wfw.de

Datum: 23.03.20(0)

BESTELLUNG

Sehr geehrte Frau Möllers,

in Ihrem aktuellen Katalog sind wir auf das innovative Beleuchtungssystem „ADAPTIV PLUS“ aufmerksam geworden. Bei unserer letzten Kundenbefragung mussten wir feststellen, dass ein großer Teil unserer Abnehmer in der Produktgruppe „City-Bikes“ mit unseren zurzeit verbauten Beleuchtungssystemen nicht zufrieden ist. Wir sind deshalb auf der Suche nach neuen Lieferanten.

Aus diesem Grund möchten wir zu Testzwecken folgende Bestellung vornehmen:

ADAPTIV PLUS (Artikel-Nr. 12.0005.A) Menge: 3 Stück

Die Beleuchtungssysteme sollen in Prototypen unseres neuartigen City-Rades CR-750 verbaut werden, das wir an einem Tag der offenen Tür unseren Kunden vorstellen möchten. Wir benötigen die Beleuchtungssysteme zwei Wochen vor unserem Tag der offenen Tür. Daher bitten wir um Ihre Lieferung am 12.05.20(0), fest.

Sollte die Resonanz unserer Kunden auf unser City-Rad CR-750 und Ihr Beleuchtungssystem positiv ausfallen, werden wir eine generelle Produktionsumstellung auf ADAPTIV PLUS prüfen, sodass Folgeaufträge über aktuell 12500 Stück jährlich möglich sind.

Im Übrigen gelten die mit Ihrem Haus vereinbarten Zahlungsbedingungen, 10 Tage 2% Skonto, 30 Tage netto.

Mit freundlichen Grüßen

Nikola Brand

Nikola Brand
Sachbearbeiterin Einkauf

Westfälische Fahrradwerke AG
Kanalstr. 48–52
48159 Münster
Telefon: 0251 543550
Homepage: www.wfw.de

Geschäftsführer:
Anna Wessels, Rainer Flenders
Geschäftsangaben:
HR B 564-054
USt-IdNr. DE455612796

Bankverbindung:
Deutsche Bank Münster
IBAN DE76400700800055203488

Als Leonie Gremme die Bestellung sichtet, meint sie: „Frau Brand, Sie wollen also zunächst einen Kauf auf Probe durchführen und später, wenn das Beleuchtungssystem sich als tauglich erweist, eine größere Menge zur Probe kaufen. Wir haben diese Probekäufe gerade in der Berufsschule besprochen." „Sind Sie sicher, Frau Gremme, dass Sie da auch richtig aufgepasst haben?", entgegnet Frau Brand.

Arbeitsaufträge

1 Kaufvertragsarten lassen sich nach der **Art und Beschaffenheit der Ware** unterscheiden.

a) Prüfen Sie, ob Leonie Gremme die Begriffe „Kauf auf Probe" und „Kauf zur Probe" richtig verwendet hat und korrigieren Sie Leonie Gremme gegebenenfalls.

b) Begründen Sie am Beispiel des Beleuchtungssystems „ADAPTIV PLUS", ob es sich um einen Gattungs- oder Stückkauf handelt.

c) Bei der WFW AG wird einmal im Jahr das Fertigerzeugnislager „entrümpelt". Fahrräder mit kleineren, optischen Mängeln (Lackfehler) und Ladenhüter, die drei Jahre nach Einlagerung noch nicht verkauft werden konnten, werden gegen einen Pauschalpreis an einen Restpostenhändler verkauft. Erklären Sie, welche Kaufvertragsart hier vereinbart wird.

d) Mit einem Stammkunden vereinbart die WFW AG zu Jahresbeginn eine feste Abnahmemenge, wodurch dem Kunden ein besonderer Rabatt gewährt wird. Spätestens drei Wochen, bevor der Kunde Teilmengen abruft, werden Produktionsdetails festgelegt (u. a. Lackierung, Sattel, Schaltung). Erläutern Sie, wie ein solcher Kaufvertrag bezeichnet wird und welche Vorteile er für den Käufer hat.

2 Jeder Kaufvertrag kann auch nach der **Lieferzeit** unterschieden werden.

a) Erläutern Sie, welche Vereinbarung bezüglich der Lieferzeit in der Bestellung getroffen wurde.

b) Angenommen, die Bestellung würde keine Regelung bezüglich der Lieferzeit enthalten. Legen Sie dar, welche Regelung dann gegolten hätte.

c) Frau Möllers, die Vertriebssachbearbeiterin bei H & T, kann nicht garantieren, dass der angegebene Liefertermin genau eingehalten werden kann, weil die hauseigene Logistik an diesem Tag schon ziemlich ausgebucht ist. Frau Möllers möchte deshalb lieber eine flexiblere Vereinbarung treffen, ohne dass der Tag der offenen Tür bei der WFW AG gefährdet wird. Im Zweifel möchte sie auch schon ein oder zwei Tage vorher liefern können. Formulieren Sie eine zur Situation passende Klausel bezüglich der Lieferzeit und erläutern Sie, wie man einen solchen Kaufvertrag nennt.

d) Für den Tag der offenen Tür wurde extra eine Hüpfburg gekauft. Die Hüpfburg soll für die kleinen Gäste der WFW AG in der Zeit von 10 bis 17 Uhr zur Verfügung stehen. Erläutern Sie, welche Kaufvertragsart bezüglich der Lieferzeit in diesem Fall vereinbart wurde.

e) Die WFW AG hat mit der VEKUMA AG eine Rahmenvereinbarung über die Lieferung von Kettenschutzelementen getroffen. Die genauen Liefermengen legt die WFW AG je nach Bedarf durch Mitteilung an die VEKUMA AG fest. Erläutern Sie, welche Kaufvertragsart mit der VEKUMA AG vereinbart wurde, und beschreiben Sie, welche Vorteile mit dieser Kaufvertragsart für die WFW AG verbunden sind.

3 Sämtliche Kaufverträge können auch nach dem **Zahlungszeitpunkt** unterschieden werden.

a) Erläutern Sie, welche Kaufvertragsart nach dem Zahlungszeitpunkt im vorliegenden Fall (Bestellung der Ausgangssituation) vereinbart wird.

b) Angenommen, in der Bestellung wäre vereinbart worden, dass die Beleuchtungssysteme sofort bei Übergabe Zug um Zug („Ware gegen Geld") zu bezahlen seien. Erklären Sie, wie man einen solchen Kaufvertrag nennt.

c) Der Verkäufer der Hüpfburg verlangt 25 % des Kaufpreises (3 000,00 €) bereits bei Vertragsabschluss. Erläutern Sie diese Vereinbarung.

d) In Kooperation mit einer regionalen Bank bietet die Radsport Beike GmbH seinen Kunden eine 0 %-Finanzierung an, bei der der offene Rechnungsbetrag bequem über einen Zeitraum von zwölf oder 24 Monaten beglichen werden kann. Begründen Sie, wie man einen solchen Kaufvertrag nennt.

4 Aus der **rechtlichen Stellung der Vertragspartner** ergeben sich weitere Kauvertragsarten.
a) Erläutern Sie, wie man einen zwischen der WFW AG und der VEKUMA AG geschlossenen Kaufvertrag nennt.
b) Erklären Sie, wie die folgenden Kaufverträge bezeichnet werden.
ba) Die WFW AG hat die Hüpfburg vom Privatmann Peter Oechsner gekauft.
bb) Dieser wiederum hat sich für einen Teil des Verkaufserlöses ein Rennrad bei der Radsport Beike GmbH gekauft.
bc) Herr Beike hat daraufhin eine gebrauchte Zapfanlage für seinen Partykeller vom Privatmann Rieks Westers erworben.

INFOBOX

Info 1: Kaufvertragsarten nach Art und Beschaffenheit der Ware

Gattungskauf

Eine **vertretbare** Sache, die nach allgemeinen Gattungsmerkmalen, wie z. B. Zahl, Maß oder Gewicht, bestimmbar ist. Die Sache ist somit untereinander austauschbar, weil weitere gleichartige Stücke vorhanden sind.

Stückkauf

Eine **nicht vertretbare** Sache, die nicht durch einen anderen, gleichartigen Gegenstand ersetzt werden kann, weil sie ein Einzelstück (Unikat) oder eine gebrauchte Sache ist. Dabei unterscheiden sich gebrauchte Gegenstände aufgrund von verschiedenen Abnutzungserscheinungen.

Kauf auf Probe

Der Käufer behält die Ware nur, wenn sie ihm zusagt, ansonsten kann er von seinem **Rückgaberecht** Gebrauch machen. Hierbei muss der Käufer eine vorher festgelegte Frist einhalten. Mit Überschreiten der Frist ist der Kaufvertrag zustande gekommen.

Kauf zur Probe

Mit dem **Kauf einer kleinen Menge** überzeugt sich der Käufer von der Qualität und den Eigenschaften einer Ware. Entspricht die Ware den Vorstellungen des Käufers, wird anschließend eine größere Menge gekauft.

Kauf nach Probe

Der Kunde bestellt auf **Basis** eines vorher **getesteten Musters** bzw. einer **Probe.** Dabei muss die gelieferte Ware den Eigenschaften des Musters bzw. der Probe entsprechen.

Bestimmungskauf

Hierbei werden **bestimmte Merkmale** (Spezifikationen) erst **später**, nach Abschluss des Kaufvertrages, vom Käufer **festgelegt**.

Ramschkauf

Ein **bestimmter Warenposten** wird **ohne** ein **Qualitätsversprechen** veräußert.

Info 2: Kaufvertragsarten nach der Lieferzeit

Sofortkauf

Der Kunde kann hierbei die **Leistung sofort verlangen**. Beinhaltet der Kaufvertrag diesbezüglich keine Regelung, handelt es sich um einen Sofortkauf, weil dies die gesetzliche Regelung ist.

Terminkauf

Beim Terminkauf erfolgt die **Lieferung innerhalb einer bestimmten Frist** (Leistungsintervall) oder zu einem **vereinbarten Zeitpunkt** (Termin).

Fixkauf

Beim Fixkauf wird der **Liefertermin kalendermäßig genau festgelegt** und **zusätzlich** wird eine **Klausel** („fix“, „fest“, „genau“, „exakt“) angegeben.

Kauf auf Abruf

Bei dieser vertraglichen Vereinbarung einigen sich Verkäufer und Käufer auf eine **festgelegte Abnahmemenge**, die der Käufer aber nicht sofort und komplett geliefert bekommt, sondern **in Teilmengen nach Bedarf** abrufen kann.

Zweckkauf

Bei einem solchen Kaufvertrag macht die Leistung nur innerhalb eines bestimmten Zeitraums oder zu einem bestimmten Termin Sinn, weil die vertraglich vereinbarte Leistung nur zu einem **bestimmten Anlass** (Zweck) genutzt werden kann.

Info 3: Kaufvertragsarten nach dem Zahlungszeitpunkt

Kauf gegen Anzahlung

Bei diesem Kaufvertrag erhält der Verkäufer bereits vor Fertigstellung bzw. Auslieferung der Leistung eine **Teilzahlung vorab**. Insbesondere wenn der Verkäufer besonders hohe Materialkosten hat und die Leistung über einen längeren Zeitraum hergestellt werden muss, kann der Verkäufer eine Anzahlung vertraglich festlegen lassen.

Barkauf

Hierbei erfolgt die **Zahlung sofort** bei Vertragsabschluss. Dies ist insbesondere bei Verträgen der Fall, bei denen die gesetzliche Regelung **sofortige Bezahlung der Ware bei Lieferung** zutrifft.

Zielkauf

Dem Kunden wird ein **Zahlungstermin** (Zahlungsziel) eingeräumt. Bis zu diesem Termin hat der Kunde Zeit, um den offenen Rechnungsbetrag zu begleichen. In der Regel wird dem Kunden auch eine Skontofrist angeboten, um diesen zu einer frühzeitigeren Zahlung zu bewegen.

Abzahlungskauf

Zwischen Verkäufer und Käufer wird vereinbart, dass der Rechnungsbetrag nicht in einer kompletten Zahlung erfolgt, sondern dass der Käufer den **Gesamtbetrag in kleineren Teilzahlungen** (Raten) begleichen darf.

Info 4: Kaufvertragsarten nach der rechtlichen Stellung der Vertragspartner

Zweiseitiger Handelskauf

Am Kaufvertrag sind **zwei Kaufleute** beteiligt, sodass für beide Vertragspartner sowohl die Bestimmungen des BGB als auch des HGB gelten.

Einseitiger Handelskauf/Verbrauchsgüterkauf

Bei einem einseitigen Handelskauf sind **ein Kaufmann** und **eine Privatperson** beteiligt. Während der Kaufmann die Regelungen des BGB und des HGB berücksichtigen muss, gelten für die Privatperson nur die Bestimmungen des BGB. Ist der Käufer dabei ein Verbraucher, nennt man diesen besonderen einseitigen Handelskauf auch **Verbrauchsgüterkauf**.

Privatkauf

Bei diesem **bürgerlichen Kauf** sind **zwei Privatpersonen** am Vertrag beteiligt, für diese gilt das BGB.

Vertiefende Übungen

1 Beschreiben Sie den Unterschied zwischen Stückkauf und Gattungskauf und geben Sie je ein Beispiel an.

2 Ordnen Sie den nachfolgenden Sachverhalten die jeweilige Kaufvertragsart nach der Art und Beschaffenheit der Ware zu:
   a) Während eines Messebesuchs kauft ein Feinkosthändler eine kleine Menge Schokoladenpralinen und signalisiert dem Aussteller, dass er eine größere Menge abnehmen werde, wenn die Pralinen bei seinen Kunden gut ankommen.
   b) Für die Zeiterfassung der Mitarbeiter wurden der WFW AG von der Personal-Services GmbH zwei neue Erfassungssysteme zu Testzwecken zur Verfügung gestellt. Nach einer vierwöchigen Testphase entscheidet sich die WFW AG für eine der beiden Alternativen und lässt das andere System wieder abholen.
   c) Insbesondere drei Pralinensorten sind bei den Kunden des Feinkosthändlers besonders gefragt, sodass dieser eine größere Menge der Pralinen entsprechend der auf der Messe gekauften Warenproben bestellt.
   d) Ein Polstermöbelhersteller kauft bei einem Hersteller von Polsterstoffen 1 500 Meter Stoff zu einem Preis von 15,00 € pro laufenden Meter. Drei Wochen vor der Auslieferung legt der Möbelhersteller die gewünschte Farbe und das Muster des Stoffs fest.

3 Ein Hersteller von Tiefkühlpizza bezieht diverse Zutaten von einem Lebensmittelgroßhändler. Dabei profitiert der Hersteller von nachfolgenden vertraglichen Regelungen. Beschreiben Sie die Vorteile des Pizzaproduzenten.
   a) Bestimmungskauf
   b) Kauf zur Probe
   c) Kauf nach Probe
   d) Kauf auf Abruf

4 Bei Kaufverträgen kann ein Privatkauf, ein einseitiger und ein zweiseitiger Handelskauf unterschieden werden. Verdeutlichen Sie die Unterschiede anhand von selbst gewählten Beispielen.

5 Ordnen Sie den nachfolgenden Sachverhalten die jeweilige Kaufvertragsart nach dem Zahlungszeitpunkt zu:
   a) Der Rechnungsbetrag ist zahlbar innerhalb von 14 Tagen ohne Abzug.
   b) An einer Imbissbude bestellt und bezahlt Jochen Flitsch eine Currywurst für 3,50 €.

c) Für die Errichtung einer neuen Garage überweist Familie Kunze 12000,00 € vorab an den beauftragten Bauunternehmer.
d) Nachdem der alte Fernseher den Geist aufgegeben hat, nutzt Familie Riether das 0%-Finanzierungsangebot eines Elektrofachmarktes und bezahlt die 1200,00 € für das neue Gerät über einen Zeitraum von zwei Jahren zu 50,00 € monatlich.
e) 14 Tage 2% Skonto, 30 Tage netto

6 Entscheiden Sie, ob es sich bei den nachfolgenden Sachverhalten um einen Terminkauf, Fixkauf oder Zweckkauf handelt.
a) Lieferung bis zum 30.09.20(0)
b) Bereitstellung der Würstchenbude anlässlich unseres 50-jährigen Firmenjubiläums am 11.05.20(0)
c) Lieferung am 30.09.20(0)
d) Lieferung am 30.09.20(0), genau
e) Lieferung der Weihnachtsgans am 24.12.20(0), 17:30 Uhr

7 Benennen Sie, welche Regelung bezüglich der Lieferzeit vorliegt, wenn diese den gesetzlichen Bestimmungen entsprechen soll, und erläutern Sie außerdem die Bedeutung der Vereinbarung „Kauf auf Abruf".

8 Ordnen Sie den nachfolgenden Sachverhalten die jeweilige Kaufvertragsart zu.

	Sachverhalt	Kaufvertragsart
	Kaufvertragsarten nach Art und Beschaffenheit der Ware	
a)	Die WFW AG bestellt eine neue Klingel für die Touringbikes. Da den Einkäufern der Klang der neuen Klingel nicht gefällt, wird diese umgehend zurückgeschickt.	
b)	Für die Produktgruppe Mountainbikes wird ein neues Bremssystem zu Testzwecken gekauft. Nach umfangreichen Tests wird das neue Bremssystem auf Basis des getesteten Musters zukünftig bestellt.	
c)	Wegen Geschäftsaufgabe kauft ein Restpostenmarkt den gesamten Warenbestand eines Einzelhandelsgeschäfts auf.	
d)	Für die Produktgruppe Mountainbikes wird ein neues Bremssystem zu Testzwecken gekauft. Nach umfangreichen Tests wird die abgenutzte Bremse entsorgt und entschieden, dass auch weiterhin das bewährte Bremssystem verwendet wird.	
e)	Sonderanfertigung eines Fahrrades nach exakten Kundenspezifikationen	
f)	Die WFW AG bezieht Satteltaschen von der Güttler GmbH & Co. KG. Farbe und Material der Taschen werden drei Wochen vor Auslieferung festgelegt.	
g)	Kauf von Schrauben, Farben und Reifen	
	Kaufvertragsarten nach dem Zahlungszeitpunkt	
h)	Eine Rechnung über 1200,00 € wird in sechs monatlichen Raten zu je 200,00 € beglichen.	
i)	Die WFW AG bestellt bei der Maschinenbau Maier AG eine neue Lackieranlage. Aufgrund der langen Produktionsdauer von fünf Monaten und der hohen Materialkosten überweist die WFW AG eine Anzahlung über 200000,00 € an die Maier AG.	
j)	Rechnungen sind innerhalb von 30 Tagen zu begleichen. Bei Zahlung innerhalb von sieben Tagen gewähren wir 3% Skonto.	
k)	Ein Kunde kauft bei der Zweirad Fritsche GmbH ein Touringbike für 450,00 €. Er nimmt das Fahrrad sofort mit und begleicht die Rechnung in bar.	

	Sachverhalt	Kaufvertragsart
	Kaufvertragsarten nach der Lieferzeit	
l)	Die WFW AG bezieht jährlich 2,5 Tonnen Aluminiumprofile von der Schuppert Metallerzeugnisse OHG. Aufgrund der großen Bestellmenge wird der WFW AG ein Mengenrabatt von 25 % gewährt, weil die Schuppert OHG von der garantierten Abnahmemenge profitiert. Aufgrund knapper Lagerkapazitäten und der hohen Kapitalbindung bei Metallerzeugnissen hat die WFW AG vertraglich vereinbart, dass die Profile in Teilmengen abgerufen werden können.	
m)	Die WFW AG bestellt einen Messestand für die diesjährige Zweiradausstellung in Mannheim.	
n)	Die WFW AG bestellt bei Baustoffhändler Merl fünf Kubikmeter Sand für die neue Outdoor-Teststrecke. Die Lieferung erfolgt umgehend am selben Tag.	
o)	Die Lieferung von 30 Mountainbikes erfolgt bis zum 15.05.(0).	
p)	Lieferung am 15.05.(0), genau	
	Kauvertragsarten nach der rechtlichen Stellung der Vertragspartner	
q)	Die WFW AG bezieht Waren von der Güttler GmbH & Co. KG.	
r)	Anja kauft sich ein neues Touringbike bei der Zweirad Fritsche GmbH.	
s)	Klaus Merten verkauft sein altes Rennrad auf dem Flohmarkt an Dirk Pittchi.	

ZUSAMMENFASSUNG

Kaufvertragsarten können unterschieden werden nach …	
… Art und Beschaffenheit der Ware	
Gattungskauf	Kauf einer ____________, austauschbaren Sache
____________	Kauf einer nicht vertretbaren Sache (Unikat) oder von gebrauchter Ware
Kauf ________ Probe	Rückgaberecht innerhalb einer bestimmten Frist
Kauf zur Probe	Kauf einer Kleinmenge zu ____________, ohne Rückgaberecht
Kauf nach Probe	Kauf auf Basis eines ________ ____________ Musters
Bestimmungskauf	________ ________ (Spezifikationen) werden erst später festgelegt.
Ramschkauf	Ein Warenposten wird ohne ____________ verkauft.

Kaufvertragsarten können unterschieden werden nach ...	
... der Lieferzeit	
______	Die Leistung kann sofort verlangt werden (gesetzliche Regelung).
______	Lieferung innerhalb einer bestimmten Frist bzw. zu einem vereinbarten Termin
______	Lieferung ist kalendermäßig genau festgelegt und mit einem Zusatz, z. B. „fix", versehen.
Kauf auf Abruf	festgelegte Abnahmemenge, die in ______ abgerufen wird
______	Kaufvertag ist an einen bestimmten Anlass gebunden.
... dem Zahlungszeitpunkt	
Kauf gegen Anzahlung	______ vorab
______	Zahlung sofort
Zielkauf	Dem Kunden wird ein ______ eingeräumt.
______	Ratenzahlung (Zahlung erfolgt in kleineren Teilzahlungen über einen längeren Zeitraum).
... der rechtlichen Stellung der Vertragspartner	
Zweiseitiger Handelskauf	Kaufvertrag zwischen zwei ______
______ Handelskauf	Kaufvertrag zwischen einem Kaufmann und einer Privatperson
Privatkauf	Kaufvertrag zwischen zwei Privatpersonen (______ ______)

SELBSTEINSCHÄTZUNG	JA ☺	MIT HILFE 😐	NEIN ☹
Ich kann Kaufverträge nach Art und Beschaffenheit der Ware erklären.			
Ich kann zwischen Kauf auf Probe, Kauf zur Probe und Kauf nach Probe unterscheiden.			
Ich kann den Unterschied zwischen einem Gattungskauf und einem Stückkauf beschreiben.			
Ich kann den Bestimmungskauf und den Ramschkauf erläutern.			
Ich kann Kaufverträge nach der Lieferzeit unterscheiden.			
Ich kann den Unterschied zwischen Terminkauf, Fixkauf und Zweckkauf beschreiben.			
Ich kann den Sofortkauf und den Kauf auf Abruf erklären.			
Ich kann zwischen Barkauf und Zielkauf unterscheiden.			
Ich kann den Unterschied zwischen einem Kauf gegen Anzahlung und einem Abzahlungskauf erklären.			
Ich kann bei Kaufverträgen zwischen einem einseitigen, einem zweiseitigen und einem bürgerlichen Kauf unterscheiden.			

Außerdem habe ich gelernt:

____

____

____

____

____

____

____

HINWEIS Zur Wiederholung und Vertiefung der Inhalte der Lernsituation: Seite 173, Aufgabe 11.

Ausgangssituation: Immer diese Verspätungen ...

Nicola Brand ist verärgert. In letzter Zeit ist es wiederholt zu Lieferverzögerungen bei der Schuppert Metallerzeugnisse OHG gekommen. Auch dieses Mal hat das Unternehmen eine Lieferung Stahlrohrgestelle nicht pünktlich geliefert. Wütend verfasst sie deshalb das folgende Schreiben an die Schuppert Metallerzeugnisse OHG.

WFW AG

Westfälische Fahrradwerke AG – Kanalstr. 48–52 – 48159 Münster

Schuppert Metallerzeugnisse OHG
Industriepark 130–134
44265 Dortmund

Ihr Zeichen: ---
Ihre Nachricht vom: 05.06.20(0)
Unser Zeichen: Frau Nikola Brand
Unsere Nachricht vom: 23.03.20(0)

Telefon: 0251 5435556
Telefax: 0251 54355578
E-Mail: n.brand@wfw.de
Homepage: www.wfw.de

Datum: 25.06.20(0)

Lieferungsverzug

Sehr geehrter Herr Hinkel,

leider ist die Lieferung über die 600 m Stahlrohr (20 x 2 mm) bislang nicht eingetroffen. Sie hatten in Ihrer Auftragsbestätigung 123456 vom 05.06.20(0) eine Lieferung bis zum 20.06.20(0) zugesagt.

Da es sich um einen Planungsfehler Ihrerseits handelt, treten wir aufgrund der Lieferverzögerung vom Kaufvertrag zurück. Zwischenzeitlich haben wir uns bei einem anderen Lieferanten zu einem höheren Preis eingedeckt. Bitte schreiben Sie uns den Differenzbetrag von 1 250,00 € gut.

Mit freundlichen Grüßen

Nikola Brand

Nikola Brand

Westfälische Fahrradwerke AG
Kanalstr. 48–52
48159 Münster
Telefon: 0251 543550
Homepage: www.wfw.de

Geschäftsführer:
Anna Wessels, Rainer Flenders
Geschäftsangaben:
HR B 564-054
USt-IdNr. DE455612796

Bankverbindung:
Deutsche Bank Münster
IBAN DE76400700800055203488

Arbeitsaufträge

1 Erarbeiten Sie sich mithilfe der Infobox zunächst allgemein die Voraussetzungen des Lieferungsverzuges und begründen Sie anschließend, ob sich die Schuppert Metallerzeugnisse OHG in Lieferungsverzug befindet.

2 Stellen Sie mithilfe der Infobox die Rechte bei einer Nicht-rechtzeitig-Lieferung dar und begründen Sie anschließend, welche Rechte die WFW AG in diesem Fall unter welchen Voraussetzungen geltend machen sollte.

3 Unterscheiden Sie zwischen der konkreten und der abstrakten Schadensberechnung sowie einer Konventionalstrafe und legen Sie anhand der Ausgangssituation dar, ob der WFW AG ein abstrakter oder konkreter Schaden entstanden ist.

INFOBOX

Info: Nicht-rechtzeitig-Lieferung

Der Überwachung des Liefertermins kommt im Rahmen der Bestellabwicklung eine besondere Bedeutung zu. Sollte sich die Lieferung verspäten, kommt der Lieferant unter bestimmten Voraussetzungen in Lieferungsverzug. Der Lieferungsverzug ist ein Verzug des Schuldners. Legt man einen Kaufvertrag zugrunde, handelt es sich also um einen Verzug des Verkäufers.

Voraussetzungen des Lieferungsverzuges
Damit der Lieferant überhaupt in Lieferungszug gerät, muss die Lieferung **fällig** sein, d.h., der Käufer muss die Lieferung verlangen können. Des Weiteren muss die Lieferung grundsätzlich **angemahnt** sein. Unter bestimmten Voraussetzungen bedarf es allerdings keiner Mahnung:

- Der Liefertermin ist kalendermäßig bestimmt.

  Beispiel: Lieferung am 13.06., Lieferung bis zum 20.06.

- Der Liefertermin ist aufgrund eines Ereignisses kalendermäßig bestimmbar.

  Beispiel: Lieferung 10 Tage nach Eingang der Bestellung

- Der Lieferant verweigert die Lieferung ernsthaft und endgültig (Selbstinverzugsetzung).

- Es liegen besondere Umstände vor.

  Beispiele:
  - Eilbedürftige Pflichten: Reparatur eines Wasserrohrbruches
  - Interessewegfall bei einem Zweckkauf: Lieferung von Osterartikeln nach Ostern

Ein Lieferant kommt zudem nur dann in Verzug, wenn ein **Verschulden** vorliegt, er also die Lieferverzögerung zu vertreten hat. Der Lieferant muss mindestens Vorsatz und Fahrlässigkeit vertreten. Fahrlässig handelt, wer die im Verkehr erforderliche Sorgfalt außer Acht lässt.

Beispiel: Aufgrund einer fehlerhaften Termindisposition wird die Ware nicht rechtzeitig fertig.

Im Umkehrschluss bedeutet dies, dass der Lieferant nicht für Zufall z.B. durch höhere Gewalt einstehen muss.

Beispiel: Ein Blitzeinschlag in die Produktionsstätte führt zu Lieferverzögerungen.

Befindet sich der Lieferant allerdings schon in Lieferungsverzug, weil dessen Voraussetzungen bereits erfüllt sind, haftet er auch für Schäden, die zufällig verursacht worden sind.

Beispiel: Am 06.03.20(1), einen Tag nach dem vereinbarten Liefertermin, schlägt der Blitz in die Produktionsstätte des Lieferanten ein.

Rechte des Käufers bei einer Nicht-rechtzeitig-Lieferung

Wenn sich der Lieferant in Verzug befindet, stehen dem Käufer verschiedene Rechte zu, um seine Interessen durchzusetzen. Dabei unterscheidet der Gesetzgeber zwischen Rechten, die ohne eine angemessene Nachfrist (vorrangige Rechte), sowie zwischen Rechten, die nur mit einer angemessenen Nachfrist ausgeübt werden können (nachrangige Rechte). Angemessen ist die Nachfrist dann, wenn der Lieferant die Möglichkeit hat, die Lieferung nachzuholen, ohne dass man ihm allerdings noch einmal die komplette Fertigungs- und Lieferzeit einräumt. Im Streitfall muss ein Richter die Angemessenheit der Nachfrist entscheiden, da eine eindeutige gesetzliche Regelung fehlt. Je nach Produkt (Standardartikel oder Sondermaschine) kann eine Nachfrist von einigen Tagen oder einem Monat angemessen sein.

Der Käufer kann **ohne** eine **Nachfrist** weiterhin auf Lieferung bestehen. Dieses Recht ergibt sich schon aufgrund des Kaufvertrages. Daneben kann er auch auf Lieferung bestehen und Schadensersatz neben der Leistung aufgrund der verspäteten Lieferung (= **Verzögerungsschaden**) geltend machen.

Beispiel: Aufgrund der verspäteten Lieferung von Rohstoffen macht der Käufer Mahngebühren, Portokosten und Kosten für Produktionsausfälle geltend.

Mit einer **Nachfrist** kann der Käufer die Lieferung ablehnen und vom Kaufvertrag zurücktreten. Der Kaufvertrag wird also rückgängig gemacht. Des Weiteren kann der Käufer alternativ oder zusätzlich zum Rücktritt Schadensersatz statt der Leistung (= **Nichterfüllungsschaden**) verlangen. Der Nichterfüllungsschaden umfasst z. B. den entgangenen Gewinn oder höhere Kosten aufgrund eines Deckungskaufs bei einem anderen Lieferanten. Anstelle des Schadensersatzes statt der Leistung kann der Käufer auch den Ersatz vergeblicher Aufwendungen geltend machen. Dies sind Aufwendungen, die der Käufer im Vertrauen auf die Erfüllung des Vertrages bereits gehabt hat.

Beispiel: Ein Unternehmen hat im Vertrauen auf die Lieferung einer Spezialmaschine ein Fundament errichtet und Elektroinstallationen vornehmen lassen. Diese Kosten kann sich das Unternehmen ersetzen lassen, sofern die Maschine nicht geliefert wird.

Zu beachten ist, dass die Geltendmachung von Schadensersatz – dies gilt sowohl für den Verzögerungs- als auch den Nichterfüllungsschaden – und der Ersatz vergeblicher Aufwendungen ein Verschulden voraussetzen. Das Rücktrittsrecht hingegen kann auch verschuldensunabhängig ausgeübt werden.

In manchen Fällen ist **eine Nachfrist entbehrlich**, sodass die nachrangigen Rechte auch ohne eine Nachfrist ausgeübt werden können. Dies ist dann der Fall, wenn der Lieferant die Lieferung ernsthaft und endgültig verweigert, ein Fixkauf oder besondere Umstände (z. B. Interessewegfall bei Zweckkauf, eilbedürftige Pflichten) vorliegen.

Schadensberechnung

Problematisch bei der Geltendmachung von Schadensersatz ist häufig die Schadensberechnung. Der Schaden lässt sich entweder genau anhand der tatsächlich angefallenen Kosten (konkreter Schaden) oder aufgrund von Schätzwerten ermitteln (abstrakter Schaden).

Beispiel: Ein Deckungskauf bei einem anderen Lieferanten muss vorgenommen werden (konkreter Schaden). Aufgrund der ausbleibenden Lieferung wird ein entgangener Gewinn von 1 000,00 € geschätzt (abstrakter Schaden).

Da insbesondere die Berechnung von abstrakten Schäden schwierig und häufig streitig ist, wird in der Praxis häufig eine Konventionalstrafe (Vertragsstrafe) vereinbart. Bei einer Überschreitung des Liefertermins muss der Lieferant eine vertraglich festgelegte Summe zahlen, die unabhängig vom tatsächlich eingetretenen Schaden ist.

Vertiefende Übungen

1 Erläutern Sie, ob der Warenschuldner bei folgenden vertraglich vereinbarten Lieferungsbedingungen auch ohne Mahnung in Lieferungsverzug gerät. Benennen Sie den Tag des Verzuges.
   a) Lieferung im Laufe des Mai 20(0)
   b) Lieferung am 05.03.20(0)
   c) Lieferung 5 Tage nach Abruf
   d) sofortige Lieferung
   e) Lieferung in der 12. KW 20(0)
   f) Lieferung 10 Tage nach Eingang der Anzahlung
   g) Lieferung am 07.04.20(0) bis spätestens um 12:00 Uhr

2 Herr Büker hat am 12.03.20(0) bei der Trimano GmbH 300 Schaltwerke bestellt. Am gleichen Tag hat Herr Büker eine Auftragsbestätigung erhalten, in der die Lieferung zum 28.03.20(0) zugesagt wurde. Als Anfang April die Lieferung aufgrund von Produktionsverzögerungen immer noch nicht eingetroffen ist, schreibt er der Trimano GmbH verärgert einen Brief, in dem es auszugsweise heißt: „... fordern wir Sie auf, Ihre Lieferung bis zum 15.04.20(0) nachzuholen. Wir möchten Sie bitten, uns Mahngebühren und Portokosten in Höhe von 15,00 € gutzuschreiben."
   a) Begründen Sie, ob sich die Trimano GmbH in Lieferungsverzug befindet.
   b) Erläutern Sie, welches Recht Herr Büker geltend macht.
   c) Nehmen Sie zur Vorgehensweise von Herrn Büker kritisch Stellung.
   d) Erklären Sie, welche Rechte der WFW AG nach Ablauf der Nachfrist zustehen.

3 Nikola Brand ist bei der WFW AG für die Beschaffung von Hilfsstoffen zuständig. Bei der Farbenwerke Weller GmbH hat sie 500 Liter Klarlack zu 5,00 €/Liter bestellt. Von Frau Betzen, der zuständigen Verkaufssachbearbeiterin der Farbenwerke Weller GmbH, wurde die Lieferung ab Anfang Oktober 20(0) zugesagt. Am 10.10.20(0) ist die Lieferung immer noch nicht eingetroffen.
   a) Prüfen Sie, ob sich die Farbenwerke Weller GmbH in Lieferungsverzug befindet.
   b) Nikola Brand schreibt Frau Betzen von der Farbenwerke Weller GmbH eine Mahnung. Verfassen Sie einen Text und setzen Sie eine Nachfrist bis zum 20.10.20(0).
   c) Auch bis zum 24.10.20(0) ist noch keine Lieferung erfolgt. Begründen Sie, wie Nikola Brand vorgehen sollte, wenn sie den Lack mittlerweile für 4,50 €/Liter beim Stammlieferanten, der Klarlack Müller GmbH, bestellen kann.

4 Begründen Sie, ob in den folgenden Fällen die Schadensberechnung
   - abstrakt,
   - konkret oder
   - durch eine Konventionalstrafe

   erfolgt.
   a) Die Becke Bürobedarfs GmbH hat den Generalunternehmer Dieter Wedi e. K. mit dem Bau eines neuen Ladengeschäftes beauftragt. Als Fertigstellungstermin wurde der 20.09.20(0) vereinbart. Sollte sich die Fertigstellung verzögern, muss der Generalunternehmer für jeden Verzögerungstag 2000,00 € zahlen.
   b) Aufgrund von Lieferverzögerungen bei den Aluminiumrohren konnte die WFW AG schon über mehrere Tage keine Mountainbikes mehr produzieren. Herr Flender schätzt den entstandenen Schaden aufgrund der Verkaufszahlen der Vergangenheit auf ca. 12000,00 €.
   c) Die VEKUMA GmbH hat der WFW AG Kunststoffteile mit einem vereinbarten Einkaufswert von 7250,00 € nicht geliefert. Sie mussten deshalb ersatzweise bei der KUTEC AG bestellt werden, die für die Materialien 7800,00 € in Rechnung gestellt hat.

Ergänzende Übungen

1 Leonie Gremme hat bei der Trimano GmbH 500 Schaltwerke bestellt. Als Liefertermin wurde der 17.10.20(0) vereinbart. Aufgrund eines Blitzeinschlages am 04.10.20(0) ist es zu Zerstörungen bei einem Teil der Maschinen gekommen. Die Trimano GmbH hat deshalb die Schaltwerke nicht wie vereinbart am 17.10.20(0) ausgeliefert.
   a) Begründen Sie, ob sich die Trimano GmbH in Lieferungsverzug befindet.
   b) Wie wäre der Fall zu beurteilen, wenn der Blitz am 18.10.20(0) eingeschlagen hätte?

2 Bei klirrender Kälte, das Thermometer zeigt −10 °C an, fällt um 8:00 Uhr morgens die Heizungsanlage der WFW AG aus. Sofort beauftragt Frau Wessels die ortsansässige Fachfirma Wilp e. K. mit der Reparatur. Der Inhaber Karl Wilp sagt daraufhin eine sofortige Reparatur zu. Als um 13:00 Uhr Karl Wilp immer noch nicht erschienen und auch telefonisch nicht zu erreichen ist, beauftragt Frau Wessels die Heizungsfachfirma Jürgen Veltrup e. K. mit der Reparatur. Herr Veltrup erscheint umgehend und tauscht ein defektes Teil an der Heizungsanlage aus. Erleichtert, dass die Heizungsanlage wieder funktioniert, unterrichtet Frau Wessels um 15:30 Uhr Karl Wilp von der erfolgten Reparatur und teilt ihm mit, dass er nicht mehr zu kommen brauche. Karl Wilp besteht allerdings auf Einhaltung des erteilten Reparaturauftrages. Nehmen Sie Stellung.

3 Alljährlich werden die Jubilare der WFW AG im Rahmen einer kleinen Betriebsfeier geehrt. Zu diesem Zweck hat Rainer Flender ein kaltes Buffet um 10:00 Uhr beim Caterer Buffetfix GmbH bestellt. Kurz vor Beginn der Feier um 11:00 Uhr ist das kalte Buffet immer noch nicht eingetroffen.
   a) Erläutern Sie, ob sich die Buffetfix GmbH in Lieferungsverzug befindet.
   b) Als Rainer Flender beim Caterer Buffetfix GmbH nachhakt, wo das Buffet bleibe, teilt man ihm mit, dass man die Bestellung schlichtweg vergessen habe. Herr Flender lehnt daraufhin die Lieferung ab und beauftragt seine Sekretärin, schnell ein kleines Buffet herzurichten. Die entstandenen Mehrkosten in Höhe von 150,00 € möchte Rainer Flender der Buffetfix GmbH in Rechnung stellen.

4 Die WFW AG plant, an einer Gewerbeschau teilzunehmen. Deshalb hat Herr Büker am 03.07.20(0) bei der Messebau Schlüter GmbH den Messestand „StandArt 600" bestellt. Der Bestellung ging ein unverbindliches Angebot der Messebau Albrecht GmbH voraus. In der Auftragsbestätigung heißt es: „Die Lieferung erfolgt ab August 20(0)."
   Als Herr Büker am 06.09.20(0) feststellt, dass der Messestand noch nicht geliefert wurde, wird er langsam nervös, zumal die Gewerbeschau mittlerweile auf den 03.10.20(0) terminiert wurde.
   a) Erläutern Sie, ob sich die Messebau Albrecht GmbH in Lieferungsverzug befindet.
   b) Nachdem auch die von Herrn Büker gesetzte angemessene Nachfrist am 01.10.20(0) verstrichen ist, muss der Termin für die Gewerbeschau verlegt werden. Für Einladungen, Werbeutensilien und Prospekte sind der WFW AG bisher Auslagen in Höhe von 4500,00 € entstanden. Erläutern Sie, welche Rechte die WFW AG geltend machen sollte.

5 Die WFW AG hat mit der Farbenwerke Weller GmbH einen JIT-Rahmenvertrag über die Lieferung von Lacken getroffen. Es wurde vertraglich festgehalten, dass die Lacke spätestens acht Stunden nach Abruf angeliefert werden sollen. Als Frau Brand morgens die offenen Lieferungen sichtet, stellt sie fest, dass die gestern um 9:00 Uhr bestellten Lacke immer noch nicht eingetroffen sind. Kurzerhand deckt sich Frau Brand bei einem anderen Lieferanten ein und stellt der Farbenwerke Weller GmbH die Mehrkosten in Höhe von 300,00 € in Rechnung. Erläutern Sie die Rechtslage.

ZUSAMMENFASSUNG

Nicht-rechtzeitig-Lieferung

Teil I: Voraussetzung für den Lieferungsverzug	
Voraussetzung	**Erklärung**
Fälligkeit	Die Lieferung muss ____________ werden können.
Mahnung	**Nicht** notwendig, falls: • ____________ • ____________ • ____________ • besondere Umstände vorliegen, z. B.: – ____________ – ____________
Verschulden	Der Lieferer hat ____________ zu vertreten. Fahrlässig handelt, wer die ____________ ____________ (§ 276 Abs. 2 BGB).
Befindet sich der Schuldner jedoch im Lieferungsverzug, haftet er auch für Schäden, die auf ____________ z. B. durch ____________ zurückzuführen sind (§ 287 BGB).	

Teil II: Rechte bei Nicht-rechtzeitig-Lieferung	
Ohne Nachfrist **(vorrangig)**	____________
	____________ ____________
Mit Nachfrist **(nachrangig)** Nachfrist nicht notwendig, falls • der Schuldner ____________ ____________, ein ____________ oder • ____________ Umstände vorliegen, z. B.: – Interessewegfall bei Zweckgeschäft – eilbedürftige Pflichten	____________ (auch verschuldensunabhängig)
	____________ ____________ ____________ oder Ersatz vergeblicher Aufwendungen

Teil III: Schadensberechnung		
Konkreter Schaden	**Abstrakter Schaden**	**Konventionalstrafe**
Der Schaden lässt sich ______ anhand der getätigten Ausgaben ______, z. B. höhere Kosten aufgrund eines vorgenommenen Deckungskaufes.	Der Schaden muss aufgrund von ______ ermittelt werden, z. B. entgangener Gewinn.	Der Lieferant muss im Verzugsfall eine ______ ______ Strafe zahlen. Diese ist unabhängig vom tatsächlichen eingetretenen Schaden.

SELBSTEINSCHÄTZUNG	JA ☺	MIT HILFE 😐	NEIN ☹
Ich kann die Voraussetzungen des Lieferungsverzuges ...			
• nennen,			
• erklären und			
• fallbezogen überprüfen.			
Ich kann die Rechte des Käufers bei der Nicht-rechtzeitig-Lieferung ...			
• nennen und			
• erklären.			
Ich kann mich situationsbezogen für ein Recht entscheiden.			

Außerdem habe ich gelernt:

______

______

______

______

______

HINWEIS Zur Wiederholung und Vertiefung der Inhalte der Lernsituation: Seite 174, Aufgabe 12.

LERNSITUATION 13: Probleme mit der gelieferten Ware – Schlechtleistungen erkennen, reklamieren und abwickeln

Ausgangssituation I: Check it!

Bei der WFW AG kommt es zwischen Peter Beckmann, dem Abteilungsleiter Lager, und Carl Büker, dem Abteilungsleiter Einkauf, zu folgendem Gespräch:

Peter Beckmann: „Guten Morgen, Herr Büker. Entschuldigung, dass ich hier so hereinplatze, aber sind Sie schon über die gestrige Papierlieferung der Becke Bürobedarfs GmbH informiert worden?"

Carl Büker: „Nein, Herr Beckmann, darüber habe ich noch keine Kenntnis erhalten. Was ist denn los?"

Peter Beckmann: „Heute Morgen ist uns aufgefallen, dass 20 % des Kopierpapiers unbrauchbar ist, weil es Feuchtigkeitsschäden aufweist. Leider haben wir auf dem Lager nur noch einen kleinen Bestand."

Carl Büker: „Warum haben Sie mich dann nicht gestern schon informiert? Schließlich ist das Papier ja auch gestern angeliefert worden."

Peter Beckmann: „Gestern war bei uns die Hölle los. Wir hatten eine Großlieferung der Schuppert Metallerzeugnisse OHG zu bearbeiten. Deshalb hat Herr Tiltmann vom Wareneingangslager die Ware nur kurz begutachtet. Jedenfalls hat er bei dieser ersten Prüfung keine Schäden festgestellt. Heute Morgen haben wir dann den Inhalt genauer geprüft und uns sind die Schäden sogleich aufgefallen. Hier, sehen Sie mal. Wir haben das im Wareneingangskontrollbogen genau festgehalten. Anschließend bin ich dann direkt zu Ihnen gegangen."

Carl Büker: „Gut, Herr Beckmann, dass das Papier fehlerhaft ist, wird die Becke Bürobedarfs GmbH wohl nicht bestreiten. Aber warum ist der Schaden denn nicht schon gestern aufgefallen?"

Peter Beckmann: „Das Papier ist auf Paletten gestapelt und in Folie eingeschweißt. Da kann man nicht allzu viel sehen. Lediglich die oberste Platte können Sie besser erkennen und die war einwandfrei."

Carl Büker: „Danke Herr Beckmann, lassen Sie mal den Wareneingangskontrollbogen da. Ich werde den Fall mal checken und mich kümmern."

<table>
<tr><th colspan="3">Wareneingangskontrollbogen Westfälische Fahrradwerke AG (WFW AG)</th><th>Nr. 340</th></tr>
<tr><td>Lieferant</td><td colspan="3">Becke Bürobedarfs GmbH, Hamm</td></tr>
<tr><th colspan="4">Äußere Prüfung</th></tr>
<tr><td>Datum/Uhrzeit</td><td>27.03.20(1),
15:00 Uhr</td><td colspan="2" rowspan="5">Verpackungsmängel/fehlende Packstücke
Bemerkungen:
Keine Mängel feststellbar, Anzahl der Packstücke korrekt

M. Tiltmann
(Unterschrift des Lagermitarbeiters)</td></tr>
<tr><td>Verpackung</td><td>einwandfrei</td></tr>
<tr><td>Anzahl</td><td>5 Paletten</td></tr>
<tr><td>Bestellnummer</td><td>186</td></tr>
<tr><td>Lieferscheinnummer</td><td>34456</td></tr>
<tr><th colspan="4">Innere Prüfung (Prüfung des Inhalts)</th></tr>
<tr><td>Datum/Uhrzeit</td><td>28.03.20(1),
10:05 Uhr</td><td colspan="2">Bemerkungen:
Wegen einer Großlieferung der Schuppert Metallerzeugnisse OHG konnte die innere Prüfung erst heute stattfinden.</td></tr>
<tr><th colspan="4">Festgestellte Mängel</th></tr>
<tr><th>Menge</th><th>Art</th><th>Güte/Qualität</th><th>Mängel</th></tr>
<tr><td>5 Platten</td><td>Kopierpapier
A4
21 x 29,7 weiß</td><td>matt,
hochfein,
holzfrei,
80 g/qm</td><td>Papier ist aufgrund eines Wasserschadens in der Verpackung aufgequollen und wellig.</td></tr>
<tr><td colspan="4">M. Tiltmann
(Unterschrift des Lagermitarbeiters)</td></tr>
</table>

Arbeitsaufträge

1 Entwickeln Sie mithilfe der „Info 1: Schlechtleistung – Telefongespräch zwischen Carl Büker und dem Fachanwalt Klaus Fröhlich (1. Teil)“ für die WFW AG die „Checkliste: Schlechtleistung eines Lieferanten (Teil 1: Voraussetzungen)“.

2 Prüfen Sie durch Ankreuzen, ob die Voraussetzungen für eine Schlechtleistung in der Ausgangssituation I gegeben sind. Sollten Sie aufgrund fehlender Informationen keine eindeutige Entscheidung treffen können, lassen Sie bitte das entsprechende Feld frei und begründen Sie, was Herr Büker zu tun hat.

Checkliste Schlechtleistung eines Lieferanten (Teil 1: Voraussetzungen)		
Sind alle Voraussetzungen für eine Schlechtleistung des Lieferanten erfüllt?	**Ja**	**Nein**
A) Prüfpflichten		
1. Äußere Prüfung der Ware, d.h. ...		
1.1 Wurde ...		
1.2 Weist ...		
1.3 Stimmt ...		
Sollten bereits bei den Punkten 1.1 bis 1.3 Probleme aufgetreten sein:		
1.4 Wurde ...		
2. Innere Prüfung der Ware, d.h. ...		
2.1 Wurde ...		
2.2 Wurde ...		
2.3 Wurde ...		
Schlussfolgerung: Ein Mangel liegt vor, wenn mindestens ein Punkt von 2.1 bis 2.3 mit „____________“ beantwortet werden kann!		
B) Rügepflichten		
3.1 Wurde ein offener Mangel ...		
3.2 Wurde ...		

INFOBOX

Info 1: Schlechtleistung – Telefongespräch zwischen Carl Büker und dem Fachanwalt Klaus Fröhlich (1. Teil)

Herr Büker: „Hallo Herr Fröhlich, es ist schön, wieder mit Ihnen zu telefonieren. Ich möchte mich heute mit Ihnen über die Schlechtleistung unterhalten, denn wir sind gerade dabei, eine Checkliste zu erstellen. Da benötigen wir Ihren Rat.“

Herr Fröhlich: „Hallo Herr Büker, ich freue mich ebenfalls – dann fangen Sie mal an.“

Herr Büker: „Also wir beginnen immer mit der äußeren Prüfung der Ware, die sofort in Anwesenheit des Frachtführers, also des Lkw-Fahrers, stattfindet. Wir prüfen zunächst, ob die Ware überhaupt bestellt wurde und ob die Verpackung Beschädigungen aufweist. Danach prüfen wir, ob die Anzahl der Packstücke, also die Kartons und Paletten, mit der auf dem Lieferschein vermerkten Anzahl übereinstimmt. Wenn sich bei diesen drei Punkten Beanstandungen ergeben, wird in Gegenwart des Frachtführers ein Schadensprotokoll erstellt."

Herr Fröhlich: „Das machen Sie ganz richtig. So haben Sie einen Beweis in der Hand, falls es später zu Streitigkeiten kommt. Und wie verfahren Sie dann?"

Herr Büker: „Nachdem der Lkw-Fahrer abgefahren ist, machen wir uns unverzüglich an die innere Prüfung der Ware. Wir prüfen den Inhalt der ausgepackten Warensendung auf etwaige Mängel. Können Sie noch einmal die Arten von Mängeln für mich beschreiben?"

Herr Fröhlich: „Nun, Herr Büker, bei Ihnen dürften im Wesentlichen drei Arten von Mängeln eine Rolle spielen. Sie sollten zunächst prüfen, ob es sich um eine Falschlieferung handelt, ob also überhaupt die richtige Ware geliefert wurde. Dann sollten Sie prüfen, ob die richtige Menge geliefert wurde. Ansonsten liegt ein Quantitätsmangel also eine Zuweniglieferung vor. Die weitaus häufigsten Mängel dürften in Ihrem Fall allerdings Beschaffenheitsmängel sein. Wenn nicht die richtige Beschaffenheit geliefert wurde, ist die Ware nicht fehlerfrei oder erreicht eine bestimmte Güte nicht. Darüber hinaus kennt der Gesetzgeber noch Montagemängel oder Mängel, die auf eine fehlerhafte Montageanleitung (IKEA-Klausel) zurückzuführen sind. Diese spielen bei Ihnen an der Warenannahme allerdings keine Rolle und ich würde sie deshalb auch nicht in Ihre Checkliste aufnehmen."

Herr Büker: „Herr Fröhlich, ich hatte ja gerade erwähnt, dass wir die innere Prüfung unverzüglich vornehmen, wie es der Gesetzgeber für Kaufleute vorschreibt. Es ist uns allerdings nicht immer klar, was ‚unverzüglich' genau bedeutet."

Herr Fröhlich: „Unverzüglich bedeutet ‚ohne schuldhaftes Zögern'. Sie müssen also die Prüfung der Ware zum nächstmöglichen Zeitpunkt vornehmen. Allerdings müssen Sie dafür nicht alle anderen Tätigkeiten unterbrechen, sondern eine zeitnahe Prüfung reicht aus. Übrigens, sollten die WFW AG als Kaufmann nicht unverzüglich prüfen, verliert Sie Ihre gesetzlichen Rechte bei einer Schlechtleistung und die Ware gilt als genehmigt. Wie geht es dann bei Ihnen weiter?"

Herr Büker: „Wenn wir einen Mangel festgestellt haben, rügen wir ihn."

Herr Fröhlich: „Hier müssen Sie hinsichtlich der Erkennbarkeit zwischen einem offenen und einem versteckten Mangel unterscheiden. Ein offener Mangel liegt vor, wenn er sofort durch eine Prüfung erkennbar ist. Ein versteckter Mangel zeigt sich erst später im Zeitablauf, z. B. wenn der Mangel erst nach drei Monaten auftritt und die Ware vorher einwandfrei funktioniert hat. Ansonsten gilt für die WFW AG § 377 HGB. Ich zitiere:

‚§ 377 HGB Untersuchungs- und Rügefristen
(1) Ist der Kauf für beide Teile ein Handelsgeschäft, so hat der Käufer die Ware unverzüglich nach der Ablieferung durch den Verkäufer, soweit dies nach ordnungsmäßigem Geschäftsgang tunlich ist, zu untersuchen und, wenn sich ein Mangel zeigt, dem Verkäufer unverzüglich Anzeige zu machen.
(2) Unterlässt der Käufer die Anzeige, so gilt die Ware als genehmigt, es sei denn, dass es sich um einen Mangel handelt, der bei der Untersuchung nicht erkennbar war.
(3) Zeigt sich später ein solcher Mangel, so muss die Anzeige unverzüglich nach der Entdeckung gemacht werden; anderenfalls gilt die Ware auch in Ansehung dieses Mangels als genehmigt.
(4) Zur Erhaltung der Rechte des Käufers genügt die rechtzeitige Absendung der Anzeige.'"

Herr Büker: „Es schon eine ganze Menge, was wir bei der WFW AG bei der Abwicklung einer Schlechtleistung zu beachten haben."

Herr Fröhlich: „Das stimmt. Übrigens, für Sie privat, als Verbraucher, gilt keine sofortige Prüf- und Rügepflicht wie für Kaufleute. Bei einem Verbrauchsgüterkauf können Sie sich theoretisch zwei Jahre Zeit lassen, so lange läuft die normale gesetzliche Gewährleistungsfrist. Allerdings tritt bei einem Verbrauchsgüterkauf nach sechs Monaten die Beweislastumkehr außer Kraft. Nach Ablauf von sechs Monaten muss der Verbraucher beweisen, dass die Ware von Anfang an mangelhaft war, was in der Praxis nicht immer einfach ist. Tritt der Mangel dagegen in den ersten sechs Monaten auf, wird vermutet, dass er bereits bei Gefahrübergang vorlag (Beweislastumkehr). In dieser Zeit muss somit der Verkäufer beweisen, dass die Ware bei Gefahrübergang mangelfrei war, was ihm häufig nicht gelingen wird."

Ausgangssituation II: Check it again!

Peter Beckmann möchte sich nach dem Stand der Dinge erkundigen. Als er zur Tür hereintritt, findet er Carl Büker in seine Arbeit vertieft vor dem Rechner vor:

Peter Beckmann: „Guten Tag, Herr Büker. Gibt es was Neues im Falle unserer Papierlieferung?"

Carl Büker: „Ja, Herr Beckmann, es liegt zweifelsfrei eine Schlechtleistung vor. Ich bin gerade dabei, die Mängelrüge zu formulieren. Aber sagen Sie mal, Herr Beckmann, schätzen Sie die Becke Bürobedarfs GmbH eigentlich als zuverlässigen Lieferanten ein?"

Peter Beckmann: „Ja, bisher hat die Becke Bürobedarfs GmbH immer zuverlässig geliefert. Es hat nie Probleme gegeben. Warum wollen Sie das denn wissen?"

Carl Büker: „Nun, ich muss der Becke Bürobedarfs GmbH in der Mängelrüge natürlich mitteilen, was wir wollen. Da spielt es auch eine Rolle, wie unsere bisherigen Geschäftsbeziehungen gewesen sind."

Peter Beckmann: „Da haben Sie recht, Herr Büker, schließlich hat man bei einer Schlechtleistung viele verschiedene Rechte zur Auswahl, die man unter bestimmten Bedingungen geltend machen kann. Welches Recht möchten Sie denn einfordern?"

Carl Büker: „Herr Beckmann, ich bin mir noch nicht ganz sicher. Ich werde das wohl wieder checken müssen."

Arbeitsaufträge

1 Entwickeln Sie mithilfe der „Info 2: Schlechtleistung – Telefongespräch zwischen Carl Büker und dem Fachanwalt Klaus Fröhlich (2. Teil)" für die WFW AG die „Checkliste: Schlechtleistung eines Lieferanten (Teil 2: Rechte)".

2 Prüfen Sie durch Ankreuzen, welche Rechte unter Berücksichtigung der Ausgangssituationen I und II wahrgenommen werden können.

3 Entscheiden Sie sich für ein Recht und formulieren Sie einen entsprechenden Text für eine Mängelrüge.

Checkliste: Schlechtleistung eines Lieferanten (Teil 2: Rechte)		
Welche gesetzlich geregelten Rechte können wir bei einer Schlechtleistung des Lieferanten in Anspruch nehmen?	Können die Rechte wahrgenommen werden?	
	Ja	**Nein**
a) Vorrangig: Es kann ____________ verlangt werden. Eine ____________ ist nicht erforderlich.		
4.1. Wir verlangen ...		
ODER		
4.2. Wir verlangen ...		
evtl. zusätzlich zur Nacherfüllung, sofern ein ____________ vorliegt.		
4.3 Wir verlangen ...		
b) Nachrangig: Der Ablauf einer ____________ ist erforderlich.		
Auf den Ablauf kann verzichtet werden, wenn • ... • ... • ...		
5.1. Wir ...		
ODER (bei *erheblichen* Mängeln)		
5.2. Wir ...		
UND/ODER		
5.3. Wir verlangen ... sofern ein ____________ vorliegt.		
UND/ODER		
5.4 Wir verlangen ... sofern ein ____________ vorliegt.		
Entscheidung: Wir verlangen ...		

Info 2: Schlechtleistung – Telefongespräch zwischen Carl Büker und dem Fachanwalt Klaus Fröhlich (2. Teil)

Herr Büker:	„Herr Fröhlich, in der Mängelrüge formulieren wir normalerweise auch unsere Rechte, die wir bei einer Schlechtleistung in Anspruch nehmen wollen."
Herr Fröhlich:	„Das ist natürlich sinnvoll, Herr Büker. Man unterscheidet zwischen vorrangigen Rechten, die an keine Nachfristsetzung gebunden sind, und nachrangigen Rechte, die erst nach Ablauf einer Nachfrist geltend gemacht werden können. Vorrangig können Sie zunächst einmal Nacherfüllung verlangen. Hierunter versteht der Gesetzgeber, dass Sie nach Ihrer Wahl auf Kosten des Verkäufers Neulieferung oder Nachbesserung (Reparatur) verlangen können. Allerdings kann der Verkäufer die gewünschte Form der Nacherfüllung verweigern, wenn sie mit unverhältnismäßig hohen Kosten verbunden ist."
Herr Büker:	„Wie kann ich mir das vorstellen?"
Herr Fröhlich:	„Stellen Sie sich vor, Sie haben ein Auto gekauft und ein Außenspiegel ist defekt. In diesem Fall wird der Verkäufer Ihrem Wunsch nach einem neuen Auto nicht nachkommen, sondern den Außenspiegel reparieren. Zusätzlich also neben einer Neulieferung oder Nachbesserung können Sie unter Umständen Schadensersatz neben der Leistung verlangen. Sie bestehen also weiterhin auf der Nacherfüllung und machen den Ersatz der Ihnen entstandenen Schäden – dies betrifft auch Mangelfolgeschäden – geltend. Schadensersatz neben der Leistung setzt allerdings ein Verschulden des Verkäufers voraus."
Herr Büker:	„Was genau versteht man unter einem Verschulden, Herr Fröhlich?"
Herr Fröhlich:	„Unter einem Verschulden versteht man ein fahrlässiges oder vorsätzliches Handeln des Verkäufers. Ein solches Handeln hat er zu vertreten. Übrigens ist der Begriff Fahrlässigkeit im Gesetz näher definiert: Fahrlässig handelt, wer die im Verkehr erforderliche Sorgfalt außer Acht lässt."
Herr Büker:	„Herr Fröhlich, das sind ja schon mal drei Rechte, die man vorrangig geltend machen kann. Sie hatten eben von nachrangigen Rechten gesprochen, die man nach Ablauf einer Nachfrist geltend machen kann."
Herr Fröhlich:	„Richtig, Herr Büker, nachrangige Rechte können Sie übrigens ausnahmsweise auch dann geltend machen, wenn der Verkäufer beide Arten der Nacherfüllung verweigert, die Nacherfüllung dem Käufer unzumutbar ist oder die Nacherfüllung endgültig fehlschlägt. Eine Nachbesserung gilt im Regelfall nach dem zweiten erfolglosen Versuch als fehlgeschlagen. Sie müssen also nur eine begrenzte Anzahl von Reparaturversuchen hinnehmen."
Herr Büker:	„Also Herr Fröhlich, nun mal ‚Butter bei die Fische', was sind denn nun meine nachrangigen Rechte?"
Herr Fröhlich:	„Sie können in jedem Fall den Kaufpreis mindern, auch wenn der Mangel unerheblich ist. Bei erheblichen Mängeln können Sie auch vom Kaufvertrag zurücktreten und/oder – bei Verschulden des Verkäufers – Schadensersatz statt der Leistung verlangen. Anstelle des Schadensersatzes statt der Leistung käme auch ein Ersatz vergeblicher Aufwendungen infrage."
Herr Büker:	„Können Sie mir ein Beispiel für vergebliche Aufwendungen nennen, Herr Fröhlich?"
Herr Fröhlich:	„Nun, das sind Aufwendungen, die Sie im Vertrauen auf den Erhalt der Leistung gemacht haben. Stellen Sie sich vor, Sie haben für Ihr Unternehmen eine Maschine gekauft und die Elektroinstallationen vor Aufstellung der Maschine schon einmal vorbereitet. Sollte die Maschine nun auch nach einer Nachfristsetzung nicht mangelfrei funktionieren, können Sie die Kosten für die Elektroinstallationen geltend machen."
Herr Büker:	„Vielen Dank für das Gespräch, Herr Fröhlich. Ich denke, wir können mithilfe Ihrer Informationen unsere Checkliste zur Schlechtleistung vervollständigen."

Vertiefende Übungen

1 In Kooperation mit dem Betriebsrat hat sich der Vorstand der WFW AG dazu entschlossen, den Aufenthaltsraum mit einer kleinen angeschlossenen Betriebsküche zu renovieren. In diesem Zusammenhang wurden eine Küchenzeile, Elektrogeräte, Mobiliar sowie weitere Ausstattungsgegenstände beschafft. Im Außenbereich ist zudem eine kleine Terrasse für die Mitarbeiter angelegt worden. Leider sind bei der Renovierung verschiedene Mängel aufgetreten. Beschreiben Sie, ob ein Mangel bzw. welcher Mangel vorliegt.

a) Die Meister Küchen AG hat im Aufenthaltsraum der WFW AG eine neue Betriebsküche installiert. Allerdings laufen die Schubladen der neuen Küche nicht korrekt. Es stellt sich heraus, dass die Aufbauhelfer der Meister Küchen AG die Schubladen von verschiedenen Schränken beim Einbau vertauscht haben.

b) Im Aufenthaltsraum wurden die Tische und Stühle ausgetauscht. Sie wurden vom SB-Möbelhaus Kobi KG geliefert und von eigenen Mitarbeitern nach der beiliegenden Beschreibung aufgebaut. Allerdings ist die Befestigung der Verstrebungen in der Beschreibung falsch dokumentiert. Als Herr Peter einen neuen PC, den er nach der Mittagspause installieren will, auf dem Tisch abstellt, kracht dieser zusammen.

c) Auch mit dem neuen Elektroherd sind viele Mitarbeiter der WFW AG nicht zufrieden. Mit dem Modell, das bei einem namhaften Elektro-Markt separat dazugekauft wurde, könne man zwar einwandfrei kochen, aber es sei hinsichtlich seiner Leistungsdaten eben nicht mit den Topgeräten zu vergleichen.

d) Frau Wessels hat für die neue Betriebsküche Geschirr eingekauft. Die Verkäuferin hat Frau Wessels versichert, dass das Geschirr spülmaschinenfest sei. Später stellt sich heraus, dass das Geschirr für die Spülmaschine nicht geeignet ist.

e) Die ebenfalls separat für die Betriebsküche gekaufte Mikrowelle funktioniert schon nach wenigen Wochen nicht mehr. Da es ein Problem mit der Stromversorgung gibt, lässt sie sich nicht mehr einschalten.

f) Anstelle der bestellten 150 Essbestecke hat das Einrichtungshaus GeteHe e. K. nur 120 Essbestecke geliefert.

g) Der neu eingebaute Kühlschrank erweist sich ebenfalls als Fehleinkauf. Aufgrund der beworbenen „Nullgradzone" war er von Herrn Flender ausgesucht worden. Allerdings weist der Kühlschrank in der „Nullgradzone" eine Temperatur von fünf Grad auf. Auf eine geringere Gradzahl lässt er sich in dieser Zone nicht herunterkühlen.

h) Damit der neue Aufenthaltsraum auch für kleine Betriebsfeiern genutzt werden kann, hat Herr Büker das Soundsystem „Disco" bei einem Hi-Fi-Studio bestellt. Geliefert wurde das Soundsystem „Bistro".

2 a) Auf der Suche nach einem neuen Abendkleid ist Frau Wessels in der Boutique „Madame" fündig geworden. Sie hat ein im Preis reduziertes Designerkleid erworben und hängt es zufrieden in ihren Kleiderschrank. Als sie es zwei Monate später zur Silberhochzeit ihrer besten Freundin anziehen möchte, entdeckt sie, dass der Stoff des Kleides Webfehler aufweist. Als sie die Verkäuferin daraufhin um ein mangelfreies Kleid bittet, meint diese: „Liebe Frau Wessels, zum einen ist reduzierte Ware generell vom Umtausch ausgeschlossen. Zum anderen müssen Sie etwaige Mängel unverzüglich und nicht erst zwei Monate später anzeigen." Nehmen Sie Stellung.

b) Bei der WFW AG geht es hektisch zu. Als der Auslieferungsfahrer der VEKUMA AG neue Kunststoffteile anliefert, werden diese eilig entladen und die ungeöffneten Kartons direkt in das Wareneingangslager einsortiert. Einen Monat später stellt sich beim Öffnen der Kartons heraus, dass die Teile eine falsche Farbe aufweisen. Sie sind rot statt wie bestellt schwarz. Die Bitte um Neulieferung wird von der VEKUMA AG abgelehnt. Begründen Sie, ob die VEKUMA AG die Neulieferung verweigern kann.

3 a) Für kurze Fahrten in die nähere Umgebung und die Frankfurter Innenstadt hat Frau Wessels einen Dienstroller gekauft. Der Roller steht den Mitarbeitern auch in der Mittagspause für kleinere Besorgungen zur Verfügung. Als Frau Wessels den neuen Roller ausgeliefert bekommt, stellt sie sofort fest, dass die Beleuchtung nicht funktioniert. Als sie daraufhin den örtlichen Verkäufer, den Rollerhändler Manfred Lange Bike e. K., um einen neuen Roller bittet, bietet dieser an, die Lichtanlage sofort durch einen Mitarbeiter reparieren zu lassen. Dies sei schnell und kostengünstig möglich. Erläutern Sie, ob Frau Wessels sich mit diesem Angebot zufrieden geben muss.

b) Herr Lange hat die Lichtanlage mittlerweile zur Zufriedenheit von Wessels reparieren lassen. Umgehend schickt er der WFW AG eine Rechnung, in der er Kosten in Höhe von 50,00 € geltend macht. Nehmen Sie Stellung.

c) Rainer Flender ist ein begeisterter Motorradfahrer. Zu Beginn der Saison hat er sich deshalb ein neues sportliches Motorrad beim Motorradhändler FranzBIKE zugelegt. Allerdings währt die Freude nicht lange. Schon nach einigen Hundert Kilometern hat er einen Getriebeschaden. Bereitwillig tauscht der Motorradhändler FranzBIKE das Getriebe aus. Nach wenigen Hundert Kilometern ist allerdings auch das neue Getriebe defekt. Herr Flender ist über den neuerlichen Defekt sehr verärgert und meint zum Motorradhändler Franz: „Herr Franz, das ist ein Montagsmotorrad. Ich werde mir woanders ein Motorrad kaufen und trete hiermit vom Kaufvertrag zurück.“ Nehmen Sie Stellung.

d) Einige Mitarbeiter des Vertriebs sind vom Autohaus Mahler mit neuen Firmenwagen ausgestattet worden, so auch Rico Meier. Als er einen Kunden in Hamburg besuchen will, bleibt er auf der Autobahn mit einem Getriebedefekt liegen (Tachostand: 1 200 km). Um noch rechtzeitig bei dem Kunden zu erscheinen, nimmt er sich kurzerhand einen Mietwagen. Die Mietwagenfirma stellt 100,00 € in Rechnung. Erläutern Sie, welche Rechte die WFW AG geltend machen kann.

e) Nikola Brand hat bei der Trimano GmbH Schaltwerke bestellt. Da die Schaltwerke fehlerhaft sind, setzt Frau Brand der Trimano GmbH daraufhin eine angemessene Nachfrist zur Neulieferung. Als die Nachfrist verstrichen ist, wird es Frau Brand zu bunt. Sie tritt vom Kaufvertrag zurück und kauft die Materialien bei der Suram KG ein. Allerdings sind die Schaltwerke dort 700,00 € teurer. Frau Brand verlangt von der Trimano GmbH die Erstattung des Mehrbetrages. Klären Sie die Rechtslage.

f) Die WFW AG hat bei der Güttler GmbH & Co. KG einen größeren Posten Satteltaschen bestellt. Bei der Prüfung des Materials stellt sich heraus, dass die Halterung der Taschen schon bei geringer Belastung bricht und sich nicht, wie vertraglich vereinbart, auch für Fahrten im Gelände eignet. Als Herr Büker den Mangel unverzüglich rügt und den zuständigen Sachbearbeiter, Herrn Lang, um Nacherfüllung bittet, verweigert er diese. Schließlich seien die Satteltaschen für eine „normale“ Verwendung vollkommen in Ordnung und überhaupt könne und wolle er im Moment sowieso keine neuen Taschen liefern, da die Produktion für das nächste Quartal voll ausgelastet sei. Erläutern Sie, welche Rechte Herr Büker geltend machen kann.

g) Rainer Flender hat sich einen neuen Laptop gekauft. Grundsätzlich ist Herr Flender mit den Funktionen und der Ausstattung des Laptops sehr zufrieden. Allerdings ist die Festplatte nun schon zum zweiten Mal defekt. Geduldig bittet Rainer Flender erneut um die Reparatur des Rechners. Als nun die Festplatte wiederum ausfällt, verliert er allerdings die Geduld. Er bittet den Händler, den Kaufpreis zu mindern, denn er möchte von der EDV-Abteilung eine neue Festplatte eines anderen Herstellers einbauen lassen. Nehmen Sie Stellung.

4 Bei einem Einkaufsbummel durch die Münsteraner Innenstadt hat sich Maik Balster beim Kaufhaus Allsport Meier GmbH ein neues paar Badeschlappen gekauft. Schon nach drei Monaten lösen sich allerdings die Klebestellen an den Badelatschen vollständig, sodass sie nicht mehr zu verwenden sind.

a) Erläutern Sie, um welchen Mangel es sich handelt.

b) Als Maik Balster die Schlappen reklamieren will, lehnt der Verkäufer sämtliche Ansprüche Maiks ab. Er meint: „Herr Balster, als ich Ihnen die Schlappen verkauft habe, waren Sie in einem tadellosen Zustand. Sie haben die Badeschlappen sicherlich durch unsachgemäßen Gebrauch zerstört.“ Nehmen Sie Stellung, wie Sie an Maiks Stelle reagieren würden.

c) Erläutern Sie, welche Rechte Maik im vorliegenden Fall geltend machen kann.

Ergänzende Übung

Der WFW AG ist von der Maschinenbau Müller AG ein generalüberholter gebrauchter Lackierautomat mit gesetzlicher Gewährleistung geliefert worden. Als der Lackierautomat wiederholt ausfällt, stellt sich heraus, dass der Mangel auf einen Fehler zurückzuführen ist, den die Maschinenbau Müller AG arglistig verschwiegen hat. Verärgert über diesen Umstand macht Frau Wessels einen sofortigen Rücktritt vom Vertrag geltend. Zudem fordert sie den Ersatz von 1 000,00 € Fundamentierungskosten, da ein neues Fundament für den Lackierautomaten gegossen werden musste. Begründen Sie, ob Frau Wessels dazu berechtigt ist.

ZUSAMMENFASSUNG

- Nach der **Art der Prüfung** unterscheidet man zwischen einer ______________ und einer ______________ Prüfung.
- **Sachmängelarten**

______________	______________	______________	Montagemängel/ fehlerhafte Montageanleitung

- **Prüf- und Rügefristen**

Kaufleute	Verbraucher
Sie müssen ______________ Mängel unverzüglich und ______________ Mängel unverzüglich nach ______________ prüfen und rügen.	Sie haben keine unverzügliche ______________ ______________ ______________ und können jederzeit innerhalb der gesetzlichen Gewährleistungsfrist von ______________ prüfen und rügen. Allerdings tritt nach 6 Monaten die ______________ außer Kraft.

- **Rechte des Käufers bei einer Schlechtleistung**

Vorrangige Rechte: ______________ **Nachfristsetzung**

Nacherfüllung

______________	______________

Zusätzlich bei Verschulden

____

Nachrangige Rechte: ____________ Nachfristsetzung			
____________	____________	____________	Ersatz vergeblicher Aufwendungen,
		sofern ein ____________ vorliegt.	
	Nicht bei ____________ Mängeln		

Eine Nachfristsetzung für die Inanspruchnahme dieser Rechte entfällt, wenn
- der Käufer beide Arten der Nacherfüllung ____________,
- die Nacherfüllung dem Käufer ____________ ist oder
- die Nacherfüllung endgültig ____________ ist.

SELBSTEINSCHÄTZUNG	JA ☺	MIT HILFE 😐	NEIN ☹
Ich kann den Ablauf einer äußeren und inneren Prüfung beschreiben.			
Ich kann verschiedene Arten von Sachmängeln unterscheiden.			
Ich kann die Prüf- und Rügefristen, die für Kaufleute und Verbraucher gelten, erklären.			
Ich kann die normale gesetzliche Gewährleistungsfrist nennen.			
Ich kann die vor- und nachrangigen Rechte des Käufers bei einer Schlechtleistung erläutern.			
Ich kann die evtl. notwendigen Voraussetzungen für die Inanspruchnahme des jeweiligen Rechtes erklären.			
Ich kann mich situationsbezogen für die Inanspruchnahme eines Rechtes entscheiden.			

Außerdem habe ich gelernt:

____

____

HINWEIS Zur Wiederholung und Vertiefung der Inhalte der Lernsituation: Seite 175 f., Aufgabe 13.

LERNSITUATION 14: Auf einen Annahmeverzug angemessen reagieren

Ausgangssituation: „Nehmen Sie die Ware wieder mit!“

Der Vertriebsleiter der WFW AG, Herr Venker, bittet Leonie Gremme um Unterstützung, da er aufgrund von Vertragsverhandlungen mit einem Großkunden voll ausgelastet ist: „Es gibt aktuell ein paar Probleme mit einigen unserer Kunden. Soweit ich weiß, haben Sie sich in der Berufsschule schon mit dem Vertragsrecht beschäftigt. Ihnen liegen E-Mails der zuständigen Vertriebsleiter mit den wichtigsten Daten und Notizen vor. Seien Sie doch so nett, Frau Gremme, und bearbeiten Sie diese Fälle weiter. Ich werde sie morgen früh mit Ihnen besprechen.“

Fall 1:

An: k.venker@wfw.de
Gesendet: Dienstag, 29. April 20(0), 10:32
Von: h.peters@wfw.de
Betreff: Radsport Beike GmbH

Eine Kopie dieser Nachricht befindet sich auf dem Server.

Guten Morgen Herr Venker,

unser Stammkunde, die Radsport Beike GmbH in Emsdetten, hat am 26.04.20(0) eine Lieferung über 20 City-Räder CR-300 nicht angenommen. Die Warenlieferung war für diesen Tag avisiert worden, da wir keinen bestimmten Liefertermin ausgemacht hatten. Nach Aussage unseres Spediteurs waren die Räder mangelfrei.
Ich verstehe diese Vorgehensweise der Radsport Beike GmbH nicht recht, da unsere City-Räder CR-300 im Allgemeinen gut verkäuflich sind. Nicht umsonst sind sie der wesentliche Umsatzträger der Produktgruppe City-Räder.

Mit freundlichen Grüßen
Harald Peters

Fall 2:

An: k.venker@wfw.de
Gesendet: Dienstag, 29. April 20(0), 11:17
Von: f.lang@wfw.de
Betreff: Fahrradfachhandel Kessner GmbH

Eine Kopie dieser Nachricht befindet sich auf dem Server.

Hallo Herr Venker,

die Geschäftsbeziehungen mit unserem Neukunden, der Fahrradfachhandel Kessner GmbH aus Erlangen, gestalten sich schwierig. Wie Sie wissen, haben wir für die Fahrradfachhandel Kessner GmbH einige Rennräder als Sonderanfertigung hergestellt. Als diese wie vertraglich vereinbart am 26.04.20(0) ordnungsgemäß ausgeliefert wurden, hat die Fahrradfachhandel Kessner GmbH die Annahme verweigert. Sie habe jetzt mit unserem Konkurrenten der Münsteraner Zweiradwerke GmbH einen Rahmenvertrag geschlossen. Deshalb bestehe an unseren Rennrädern jetzt und in Zukunft kein Interesse mehr.

Mit freundlichen Grüßen
Fritz Lang

Fall 3:

An: k.venker@wfw.de
Gesendet: Dienstag, 29. April 20(0), 14:56
Von: r.meier@wfw.de
Betreff: Mertens KG

Eine Kopie dieser Nachricht befindet sich auf dem Server.

Hallo Herr Venker,

es ist wie verhext. Die Mertens KG aus Leipzig scheint in Zahlungsschwierigkeiten geraten zu sein, so wird in der Branche gemutmaßt. Als ich gestern Herrn Mertens angerufen habe, hat er mir erklärt, dass er die Mountainbikes MB-400 nicht wie vereinbart abholen werde. Da wir die Mountainbikes MB-400 nicht mehr im Programm haben, möchte ich sie anderen Kunden nicht anbieten. Wir sollten hier aufgrund der drohenden Zahlungsunfähigkeit einen Notverkauf vornehmen.

Viele Grüße
Rico Meier

Arbeitsaufträge

1 Erläutern Sie mithilfe der Infobox zunächst allgemein die Voraussetzungen des Annahmeverzuges und prüfen Sie, ob sich die Kunden der WFW AG in den Fällen 1 bis 3 in Annahmeverzug befinden.

2 Beschreiben Sie die haftungsrechtlichen Konsequenzen, die sich für die WFW AG und die Kunden aus dem Annahmeverzug ergeben.

3 Stellen Sie mithilfe der Infobox zunächst allgemein die Rechte des Verkäufers beim Annahmeverzug dar und begründen Sie, welche Rechte Sie in den Fällen 1 bis 3 jeweils in Anspruch nehmen würden.

INFOBOX

Info 1: Zeitungsartikel aus einer Fachzeitschrift für Wirtschaftsrecht

Nehmen Sie die Ware bitte wieder mit, ich kann sie nicht mehr gebrauchen!

Viele Unternehmen kennen das Problem: Der Kunde bestellt Ware und nimmt sie dann bei Lieferung nicht an. Häufig wird argumentiert, dass man die Ware woanders zu einem besseren Preis bekomme und sie deshalb zurückgehen lasse. Ist ein solches Verhalten rechtmäßig? Hier gibt es ein klare Antwort: Nein! Jedenfalls dann nicht, wenn der Kunde kein Verbraucher ist und damit für ihn die besonderen verbraucherschutzrechtlichen Regelungen nicht gelten.

Im Folgenden erklären wir Ihnen, warum dies so ist:

Der Annahmeverzug ist ein Gläubigerverzug und damit eine Störung bei der Erfüllung des Kaufvertrages durch den Käufer. Dieser gerät unter den **Voraussetzungen** der § 293 ff. BGB in Verzug.

- Die Lieferung muss fällig sein, d. h., der Verkäufer muss berechtigt sein, die Ware liefern zu dürfen.
- Die Ware muss tatsächlich zur richtigen Zeit, am richtigen Ort und in der richtigen Art und Weise angeboten worden sein. Ein wörtliches Angebot der Ware reicht aus, wenn der Käufer erklärt, dass er die Ware nicht annehmen werde, oder der Käufer die Ware abzuholen hat (Holschuld). Ist bei einer Holschuld der Abholtermin kalendermäßig bestimmt, ist kein wörtliches Angebot mehr notwendig.
- Der Käufer hat die ordnungsgemäß angebotene Ware nicht angenommen.

Der Gesetzgeber verlangt vom Käufer allerdings **keine ständige Annahmebereitschaft**. Wird außerhalb der Geschäftszeiten geliefert oder unangekündigt vor dem Fälligkeitstermin geliefert, kommt der Warengläubiger nicht dadurch in Verzug, dass er vorübergehend an der Annahme gehindert ist, weil bspw. niemand anwesend ist.

Für den Annahmeverzug spielt das **Verschulden** im Übrigen keine Rolle. Es ist also nicht von Belang, ob der Käufer die Nichtannahme der Ware schuldhaft unterlässt. Dies unterscheidet den Annahmeverzug vom Schuldnerverzug (Nicht-rechtzeitig-Lieferung, Nicht-rechtzeitig-Zahlung), bei dem die Verschuldensfrage eine Rolle spielt.

Befindet sich der Käufer in Annahmeverzug, trifft ihn eine **Haftungsverschärfung**. Er haftet jetzt auch für leicht fahrlässig verursachte Schäden, ebenso für die Gefahr des zufälligen Untergangs oder der zufälligen Beschädigung der Ware, z.B. durch höhere Gewalt.

Hier ein Beispiel: Der Käufer befindet sich in Annahmeverzug. Auf dem Rückweg wird der Lkw mit der nicht angenommenen Ware unverschuldet in einen Verkehrsunfall verwickelt. Der Käufer trägt die Gefahr und muss damit die zerstörte Ware bezahlen.

Dem Verkäufer wird hingegen während des Annahmeverzuges die Haftung erleichtert. Er haftet also nur noch für grobe Fahrlässigkeit und Vorsatz seinerseits.

Befindet sich der Warengläubiger in Annahmeverzug, ist zu klären, was Sie nun tun können und welche **Rechte** Ihnen zustehen. Aufgrund des Kaufvertrages können Sie weiterhin auf **Abnahme der Ware bestehen** und evtl. **Klage auf Abnahme** erheben. Sie sind zudem berechtigt, die Ware während des Verzuges in einem öffentlichen Lagerhaus auf Kosten und Gefahr des Käufers einlagern zu lassen. Das Bestehen bzw. die Klage auf Abnahme der Ware macht vor allen Dingen dann Sinn, wenn die Ware speziell für den Kunden hergestellt wurde und damit anderweitig nur schwer verkäuflich ist.

Befindet sich der Käufer in Annahmeverzug, kann der Verkäufer nach § 299 BGB **Ersatz der Mehraufwendungen** verlangen, die er für das erfolglose Angebot sowie für die Aufbewahrung und Erhaltung des geschuldeten Gegenstandes hatte. Dies sind vor allem Transport- und Einlagerungskosten sowie Kosten der Lagerpflege.

Ist die Ware auch für andere potenzielle Käufer interessant, kann sie im Zuge eines **Selbsthilfeverkaufes** (§ 383 ff. BGB, § 373 BGB) veräußert werden. Ein Selbsthilfeverkauf wird entweder in Form einer öffentlichen Versteigerung oder als freihändiger Verkauf durchgeführt. Der freihändige Verkauf kommt dann infrage, wenn die Ware einen Börsen- oder Marktpreis hat und es sich um Wertpapiere, Metalle, Diamanten usw. handelt.

Sollten Sie einen **Selbsthilfeverkauf** durchführen lassen wollen, müssen Sie Folgendes beachten.

- Der Selbsthilfeverkauf muss dem Käufer angedroht worden sein. Nur bei verderblicher Ware (Gemüse, Obst usw.) können Sie auf die Androhung des Selbsthilfeverkaufes verzichten, um den Verkaufsprozess zu beschleunigen. Diese besondere Form des Selbsthilfeverkaufs wird aufgrund der gebotenen Eile auch Notverkauf genannt.
- Der Käufer muss über den Ort und die Zeit der Versteigerung in Kenntnis gesetzt werden, denn er darf bei der Versteigerung selbst mitbieten.
- Sie müssen den erfolgten Selbsthilfeverkauf dem Käufer mitteilen und ihm eine Abrechnung erteilen. Der Selbsthilfeverkauf wird für Rechnung des Käufers durchgeführt. Dementsprechend trägt der Käufer die Mindererlöse aus der Versteigerung sowie die entstandenen Kosten (Versteigerungskosten, Lagerkosten). Allerdings erhält er dafür auch einen nach Abzug aller Kosten verbleibenden Mehrerlös.

Liegt dem Annahmeverzug ein **Kaufvertrag** zugrunde, kann der Verkäufer unter bestimmten Voraussetzungen weiterführende **Rechte aus einem Schuldnerverzug** geltend machen, denn der Käufer schuldet nach § 433 Abs. 2 BGB explizit die Abnahme der Waren.[1] Somit ist es denkbar, dass der Verkäufer Schadensersatzansprüche geltend machen oder vom Kaufvertrag zurücktreten kann. Auch kann es sinnvoll sein, dass Käufer und Verkäufer freiwillig einen Rücktritt vereinbaren, insbesondere dann, wenn die Geschäftsbeziehungen in der Vergangenheit erfolgreich waren und die Ware anderweitig an einen anderen Kunden verkauft werden kann.

Wie Sie sehen, stehen dem Verkäufer vielfältige Rechte zu, die Abnahme der Ware durchzusetzen bzw. evtl. Vermögensnachteile auszugleichen. Der Satz „Nehmen Sie die Ware bitte wieder mit, ich kann sie nicht mehr gebrauchen!“, kann also teuer werden. Für den Käufer ist es deshalb ratsam, die Ware anzunehmen, auch wenn diese nicht mehr benötigt wird. So vermeidet er weitere Kosten und hält sich die Möglichkeit offen, die Ware selbst schnell und ohne zusätzliche Kosten weiterzuverkaufen.

(fiktiver Artikel)

---

[1] Bei vielen anderen Verträgen können keine Rechte aus dem Schuldnerverzug geltend gemacht werden, wenn sich der Gläubiger im Verzug der Annahme befindet. Die Annahme der Leistung wird nicht wie beim Kaufvertrag explizit als Schuld, sondern lediglich als Obliegenheit definiert.

INFOBOX

Info 2: Gesetzestexte zum Annahmeverzug

Auszüge aus dem BGB

§ 293 Annahmeverzug
Der Gläubiger kommt in Verzug, wenn er die ihm angebotene Leistung nicht annimmt.

§ 294 Tatsächliches Angebot
Die Leistung muss dem Gläubiger so, wie sie zu bewirken ist, tatsächlich angeboten werden.

§ 295 Wörtliches Angebot
Ein wörtliches Angebot des Schuldners genügt, wenn der Gläubiger ihm erklärt hat, dass er die Leistung nicht annehmen werde, oder wenn zur Bewirkung der Leistung eine Handlung des Gläubigers erforderlich ist, insbesondere wenn der Gläubiger die geschuldete Sache abzuholen hat. Dem Angebot der Leistung steht die Aufforderung an den Gläubiger gleich, die erforderliche Handlung vorzunehmen.

§ 296 Entbehrlichkeit des Angebots
Ist für die von dem Gläubiger vorzunehmende Handlung eine Zeit nach dem Kalender bestimmt, so bedarf es des Angebots nur, wenn der Gläubiger die Handlung rechtzeitig vornimmt. Das Gleiche gilt, wenn der Handlung ein Ereignis vorauszugehen hat und eine angemessene Zeit für die Handlung in der Weise bestimmt ist, dass sie sich von dem Ereignis an nach dem Kalender berechnen lässt.

§ 298 Zug-um-Zug-Leistungen
Ist der Schuldner nur gegen eine Leistung des Gläubigers zu leisten verpflichtet, so kommt der Gläubiger in Verzug, wenn er zwar die angebotene Leistung anzunehmen bereit ist, die verlangte Gegenleistung aber nicht anbietet.

§ 299 Vorübergehende Annahmeverhinderung
Ist die Leistungszeit nicht bestimmt oder ist der Schuldner berechtigt, vor der bestimmten Zeit zu leisten, so kommt der Gläubiger nicht dadurch in Verzug, dass er vorübergehend an der Annahme der angebotenen Leistung verhindert ist, es sei denn, dass der Schuldner ihm die Leistung eine angemessene Zeit vorher angekündigt hat.

§ 300 Wirkungen des Gläubigerverzugs
(1) Der Schuldner hat während des Verzugs des Gläubigers nur Vorsatz und grobe Fahrlässigkeit zu vertreten.
(2) Wird eine nur der Gattung nach bestimmte Sache geschuldet, so geht die Gefahr mit dem Zeitpunkt auf den Gläubiger über, in welchem er dadurch in Verzug kommt, dass er die angebotene Sache nicht annimmt.

§ 304 Ersatz von Mehraufwendungen
Der Schuldner kann im Falle des Verzugs des Gläubigers Ersatz der Mehraufwendungen verlangen, die er für das erfolglose Angebot sowie für die Aufbewahrung und Erhaltung des geschuldeten Gegenstands machen musste.

Auszug aus dem HGB

§ 373 Annahmeverzug des Käufers
(1) Ist der Käufer mit der Annahme der Ware im Verzug, so kann der Verkäufer die Ware auf Gefahr und Kosten des Käufers in einem öffentlichen Lagerhaus oder sonst in sicherer Weise hinterlegen.
(2) Er ist ferner befugt, nach vorgängiger Androhung die Ware öffentlich versteigern zu lassen; er kann, wenn die Ware einen Börsen- oder Marktpreis hat, nach vorgängiger Androhung den Verkauf auch aus freier Hand durch einen zu solchen Verkäufen öffentlich ermächtigten Handelsmakler oder durch eine zur öffentlichen Versteigerung befugte Person zum laufenden Preis bewirken. Ist die Ware dem Verderb ausgesetzt und Gefahr im Verzug, so bedarf es der vorgängigen Androhung nicht; dasselbe gilt, wenn die Androhung aus anderen Gründen untunlich ist.
(3) Der Selbsthilfeverkauf erfolgt für Rechnung des säumigen Käufers.
(4) Der Verkäufer und der Käufer können bei der öffentlichen Versteigerung mitbieten.
(5) Im Falle der öffentlichen Versteigerung hat der Verkäufer den Käufer von der Zeit und dem Ort der Versteigerung vorher zu benachrichtigen; von dem vollzogenen Verkauf hat er bei jeder Art des Verkaufs dem Käufer unverzüglich Nachricht zu geben. Im Falle der Unterlassung ist er zum Schadensersatz verpflichtet. Die Benachrichtigungen dürfen unterbleiben, wenn sie untunlich sind.

Vertiefende Übungen

1 Begründen Sie, ob der Käufer in folgenden Fällen in Annahmeverzug geraten ist.

a) Die WFW AG hat der TriBike Danker KG am Donnerstag der 12. KW drei City-Bikes CR-750 um 10:00 Uhr morgens angeliefert. Der Fahrer der beauftragten Spedition hat jedoch keinen Mitarbeiter der TriBike Danker KG angetroffen, der die Ware entgegengenommen hat. Im Kaufvertrag wurde „Lieferung im Laufe der 12. KW“ vereinbart.

b) Als Harald Peters vom „Vertrieb Mitte“ der WFW AG Karl Schneider vom gleichnamigen Radsportgeschäft in Leipzig die Lieferung von 30 Touringbikes TB-100 für die nächste Woche avisieren möchte, erklärt Karl Schneider, dass er die Touringbikes nicht annehmen werde, da sein Abnehmer kein Interesse mehr an der Lieferung der Stühle habe.

c) Die Zweirad MOBI KG hat 40 Satteltaschen „L-Bag“ bei der WFW AG bestellt. Es wurde mit der Zweirad MOBI KG vereinbart, dass die Satteltaschen am 28.03.20(0) abgeholt werden sollten. Am 30.03.20(0) sind die Taschen immer noch nicht abgeholt worden.

2 Peter Diehl ist Auslieferungsfahrer des Factory Outlets der WFW AG. Am 05.11.20(0) möchte er wie vertraglich vereinbart um 10:00 Uhr ein Mountainbike bei der Privatperson Maria Zurbrügg ausliefern. Er trifft sie jedoch nicht an und macht sich auf den Rückweg zum Factory Outlet. Unterwegs hat er jedoch einen Verkehrsunfall, bei dem das Mountainbike zerstört wurde. Begründen Sie, ob Frau Zurbrügg das Mountainbike bezahlen muss,
a) wenn Peter Diehl unverschuldet in den Verkehrsunfall geraten ist,
b) wenn Peter Diehl den Unfall aufgrund von Trunkenheit am Steuer selbst verursacht hat.

3 Am 20.09.20(0) hat die Fahrradfachhandel Krüger GmbH die Annahme von 14 City-Rädern CB-100 verweigert und befindet sich damit in Annahmeverzug. Dem Vertriebsleiter Klaus Venker ist das Verhalten der Fahrradfachhandel Krüger GmbH völlig rätselhaft, da sie sich in der Vergangenheit als zuverlässiger und umsatzstarker Kunde erwiesen hat. Geben Sie Klaus Venker eine Empfehlung, wie er sich verhalten sollte.

4 Für die Radsport Beike GmbH hat die WFW AG vier Rennräder auf Maß hergestellt. Die Radsport Beike GmbH, die als solventer Kunde bekannt ist, hat sich in der Zwischenzeit jedoch für einen anderen Lieferanten entschieden und die Annahme verweigert. Begründen Sie, wie Sie als zuständiger Sachbearbeiter der WFW AG vorgehen würden.

5 Ein Neukunde der WFW AG, die Zweirad Müller OHG, hat 50 Touringbikes TB-50 der WFW AG nicht angenommen und befindet sich in Annahmeverzug. Bei den Touringbikes handelt es sich um „Ladenhüter“ aus dem alten Produktionsprogramm, die nicht mehr verkäuflich sind. In letzter Zeit sind Gerüchte aufgekommen, dass die Zweirad Müller OHG in Zahlungsschwierigkeiten geraten sei. Erläutern Sie, wie die WFW AG vorgehen sollte.

6 Der Discounter Alidi AG hat beim Großhändler Stroetmeier e. K. 50 Kisten Tomaten sowie 2000 Konservendosen „WesternSoup“ bestellt. Da der Discounter die Annahme der Ware verweigerte, hat der Großhändler die Ware im Rahmen eines Notverkaufes verwerten lassen.
a) Überprüfen Sie, ob der Großhändler korrekt gehandelt hat.
b) Unterscheiden Sie zwischen einem Selbsthilfeverkauf und einem Notverkauf.

7 Die WFW AG hat im Rahmen eines Selbsthilfeverkaufes zehn Rennräder versteigern lassen. Der Erlös der Versteigerung betrug 3 200,00 € und die Auslagen und sonstigen Forderungen der WFW AG beliefen sich auf 350,00 €. Als Kaufpreis wurden ursprünglich 3 800,00 € mit dem Käufer vereinbart. Führen Sie die Abrechnung durch.

Ergänzende Übung

Der Zweiradfachhandel Thomas Peters e. K. hat bei der WFW AG 10 Mountainbikes MB-300 zur Auslieferung am 10.07.20(0) bestellt. Aufgrund der Betriebsferien der WFW AG werden die Räder unangekündigt bereits am 08.07.20(0) ausgeliefert. Da der Inhaber des Zweiradfachhandels Thomas Peters e. K. allerdings seinen 50. Geburtstag feiert, bleibt das Geschäft geschlossen. Der Fahrer kann die Mountainbikes deshalb nicht aushändigen. Begründen Sie, ob sich der Zweiradfachhandel Thomas Peters e. K. in Annahmeverzug befindet.

ZUSAMMENFASSUNG

- Lieferung ist ______ .
- ordungsgemäßes ______ der Ware (tatsächlich bzw. wörtlich) zur ______ Zeit am ______ Ort in der ______ Art und Weise
- ______ nimmt ______ angebotene Ware ______ an.

Annahmeverzug
(beim Kaufvertrag)

- ______ haftet nur noch für grobe Fahrlässigkeit und Vorsatz.
- Ansonsten trägt der ______ das Risiko und haftet auch für höhere ______.

Bestehen/Klage auf Abnahme

- ______ der Ware in eigenem Lager oder ______ Lagerhaus
- Sinnvoll, ______ ______ ______ ______ ______ ______

Ersatz von Mehraufwendungen

- für das erfolglose Angebot (z. B. ______)
- sowie die Auf bewahrung (z. B. ______) und Erhaltung des nicht angenommenen Gegenstandes (z. B. ______ ______)

Selbsthilfeverkauf

- ______ der Ware an Börse oder Markt bzw. öffentliche ______ der Ware
- Ablauf:
  - Androhung
  - ______ von Ort und Zeit
  - Aufteilung von Mehr- und ______

Notverkauf

- bei ______ Ware
- besondere Form des Selbsthilfeverkaufs, ber der auf die ______ verzichtet werden kann

Ein Verzicht auf Vertragserfüllung durch ______ kann in Absprache mit dem Vertragspartner bei langjähriger Geschäftsbeziehung, geringen Beträgen oder möglichem anderweitigem Verkauf sinnvoll sein.
Daneben kann der Verkäufer bei einem Kaufvertrag unter bestimmten Voraussetzungen Rechte aus einem ______ geltend machen (z. B. Rücktritt oder Schadensersatz), da der Käufer die Abnahme der Waren schuldet.

SELBSTEINSCHÄTZUNG	JA ☺	MIT HILFE 😐	NEIN ☹
Ich kann die Voraussetzungen des Annahmeverzugs			
• nennen,			
• erklären und			
• fallbezogen überprüfen.			
Ich kann erklären, wer welche Risiken trägt, wenn sich der Gläubiger im Annahmeverzug befindet.			
Ich kann die Rechte des Verkäufers beim Annahmeverzug			
• nennen und			
• erklären.			
Ich kann mich situationsbezogen für ein Recht entscheiden.			

Außerdem habe ich gelernt:

____

____

____

____

____

____

HINWEIS Zur Wiederholung und Vertiefung der Inhalte der Lernsituation: Seite 175f., Aufgabe 14.

LERNSITUATION 15: Eine Nicht-rechtzeitig-Zahlung bearbeiten

Ausgangssituation: „Wenn der Kunde mit der Zahlung in Verzug gerät ..."

Leonie Gremme ist ab dem 7. Mai 20(0) für die Debitorenbuchhaltung eingeteilt. Dort soll sie die Zahlungsabwicklung von Kundenaufträgen besser kennenlernen und Emre Yaygin bei der Überwachung der Kundenzahlungstermine unterstützen. Nach einer kurzen Begrüßung durch die Leiterin der Finanzbuchhaltung, Frau Kamp, macht sich Leonie Gremme sogleich an die Arbeit. Die Zweirad MOBI KG hat eine Lieferung über diverse Räder noch nicht bezahlt. Die Offene-Posten-Liste weist folgende Daten aus:

Kunde	Rechnung	Betrag	Zahlungsbedingung	Mahnung
Zweirad MOBI KG	Re.-Datum: 01.04.20.. Re.- Zugang: 02.04.20..	12130,00 €	sofort	...

Sofort ruft Leonie Gremme bei Herrn Bingöl, dem zuständigen Sachbearbeiter der Zweirad MOBI KG, an, um den Sachverhalt zu klären. Herr Bingöl ist allerdings wenig gesprächsbereit und meint nur: „Frau Gremme, Sie sind wohl neu bei der WFW AG. Sie müssen erst mal die Zahlung anmahnen, damit wir überhaupt in Verzug geraten. So können Sie nichts machen, schon gar nicht irgendwelche Verzugszinsen verlangen." „Wenn er sich da mal nicht irrt", meint Emre Yaygin, der das Gespräch mitverfolgt hat, „wie gut, dass Frau Kamp seinerzeit die rechtlichen Rahmenbedingungen einer Nicht-rechtzeitig-Zahlung mit unserem Anwalt Aaron König erörtert hat."

Arbeitsaufträge

1 Erläutern Sie mithilfe der Infobox zunächst allgemein die Voraussetzungen des Zahlungsverzuges und prüfen Sie, ob sich die Zweirad MOBI KG in Zahlungsverzug befindet.

2 Herr Bingöl wendet ein, dass die Zweirad MOBI KG sich nicht in Zahlungsverzug befinde, da ein gesonderter Hinweis auf die 30-Tage-Regelung gefehlt habe. Nehmen Sie Stellung.

3 Leonie Gremme möchte der Zweirad MOBI KG Verzugszinsen in Rechnung stellen. Begründen Sie, ob dies möglich ist und erläutern Sie, welchen Zinssatz die WFW AG ohne Weiteres in Rechnung stellen kann.

4 Da Leonie Gremme immer noch über das Verhalten von Herrn Bingöl verärgert ist, schlägt sie vor, dass die WFW AG sofort vom Kaufvertrag zurücktreten und zusätzlich Schadensersatz statt der Leistung verlangen sollte. Überprüfen Sie, ob dies möglich ist.

5 Erläutern Sie, warum sich im vorliegenden Fall das Rücktrittsrecht wahrscheinlich nicht durchsetzen lassen wird.

6 Verfassen Sie einen Text für eine Mahnung an die Zweirad MOBI KG. Nehmen Sie dabei Bezug auf das heutige Telefonat und setzen Sie eine Nachfrist von zehn Tagen.

7 Erläutern Sie geeignete Maßnahmen, um Forderungsausfällen vorzubeugen.

Infobox: Protokoll eines Telefongesprächs zwischen Andrea Kamp und dem Anwalt Aaron König

Andrea Kamp: „Hallo Herr König, wir haben im Moment Probleme mit der Zahlungsmoral unserer Kunden. Sie zahlen häufig zu spät oder manchmal überhaupt nicht. Da in unserem Haus Unklarheit besteht, wie wir in solchen Fällen vorgehen sollen, benötigen wir Ihren rechtlichen Rat."

Aaron König: „Hallo Frau Kamp, kein Problem. Wie kann ich Ihnen helfen?"

Andrea Kamp: „Wenn ich es richtig verstanden habe, muss der Kunde sich zunächst einmal in Zahlungsverzug befinden, damit wir Rechte aus Nicht-rechtzeitig-Zahlung geltend machen können. Können Sie mir erklären, unter welchen Voraussetzungen ein Kunde überhaupt in Zahlungsverzug gerät?"

Aaron König: „Damit Ihr Kunde überhaupt in Verzug kommt, müssen mehrere Voraussetzungen erfüllt sein. Zunächst muss die Zahlung fällig sein, d. h., Sie müssen überhaupt Zahlung verlangen können. Des Weiteren muss grundsätzlich eine Mahnung erfolgen. Diese kann allerdings in vielen Fällen unterbleiben. Einer Mahnung bedarf es nicht, wenn der Zahlungstermin kalendermäßig bestimmt oder aufgrund eines Ereignisses kalendermäßig bestimmbar ist."

Andrea Kamp: „Also wenn wir beispielsweise als Zahlungstermin den 5. März 20(0) oder 30 Tage nach Rechnungsdatum vereinbaren?"

Aaron König: „Genau, Frau Kamp. Ferner kann die Mahnung unterbleiben, wenn der Geldschuldner die Zahlung ernsthaft und endgültig verweigert, er also sagt, dass er nicht zahlen kann und auch in Zukunft definitiv nicht zahlen wird. Auch wenn besondere Umstände vorliegen, z. B. bei einer Selbstmahnung des Schuldners, müssen Sie nicht mehr mahnen."

Andrea Kamp: „Also, Herr König, das sind ja schon vier Gründe, bei denen eine Mahnung entfallen kann. Was hat es eigentlich mit der 30-Tage-Klausel auf sich?"

Aaron König: „Sie besagt, dass der Schuldner spätestens dann in Verzug gerät, wenn er nicht innerhalb von 30 Tagen nach Fälligkeit und Zugang der Rechnung zahlt. Allerdings müssen Sie einen Verbraucher auf diese Regelung gesondert hinweisen. Gegenüber einem Unternehmer ist dies nicht notwendig, da setzt der Gesetzgeber quasi die Kenntnis dieser Klausel voraus. Greift die 30-Tage-Regelung, ist eine Mahnung natürlich nicht mehr notwendig, da Ihr Kunde automatisch in Verzug geraten ist."

Andrea Kamp: „Okay, Herr König, ich fasse mal zusammen: Wenn wir unseren Geschäftskunden ein Zahlungsziel von 14 Tagen setzen, dann kommen sie nach Ablauf dieser 14 Tage in Verzug. Setzen wir kein Zahlungsziel, gilt die 30-Tage-Frist. Nach Ablauf dieser Frist geraten unsere Geschäftskunden automatisch in Verzug. Habe ich das richtig verstanden?"

Aaron König: „Genau so ist das, Frau Kamp. Übrigens, falls Sie kein Zahlungsziel vereinbart haben und eine Mahnung schreiben, dann gerät der Kunde auch schon vor Ablauf der 30-Tage-Frist durch eine Mahnung in Verzug."

Andrea Kamp: „Der Zahlungsverzug ist meines Wissens wie der Lieferungsverzug ein Schuldnerverzug. Wie sieht es mit der Verschuldensfrage aus?"

Aaron König: „Grundsätzlich ist für den Zahlungsverzug auch das Verschulden, also das ‚Vertreten-Müssen' als weitere Voraussetzung notwendig. Allerdings muss der Schuldner immer für seine finanzielle Leistungsfähigkeit einstehen. Es gilt der Grundsatz ‚Geld hat man zu haben'. Sollte der Schuldner also aus irgendwelchen Gründen zahlungsunfähig sein, muss er dieses auch immer vertreten. Kein Verschulden trifft den Schuldner dann, wenn er beispielsweise aufgrund einer Krankheit an der Zahlung gehindert wird. Ebenso trifft den Schuldner kein Verschulden, wenn Sie Ihre Bankverbindung ohne Benachrichtigung des Schuldners ändern und er deshalb das Geld nicht übermitteln kann."

Andrea Kamp: „Bei uns taucht natürlich häufig die Frage auf, wie wir agieren sollen, wenn der Kunde in Verzug ist. Manche unserer Mitarbeiter wollen direkt den Klageweg bestreiten."

Aaron König: „Das können Sie sogar grundsätzlich tun, es würde aber bei Ihren Kunden für Verärgerung sorgen und Sie sollten die Zahlung vernünftigerweise zunächst einmal erneut anmahnen. Laut Gesetz stehen Ihnen im Fall eines Zahlungsverzuges verschiedene Rechte zur Verfügung. Vorrangig, also ohne eine erneute Nachfrist, können Sie natürlich weiterhin auf Zahlung bestehen. Des Weiteren dürfen Sie als zweite Möglichkeit neben der Zahlung auch den Ersatz des Verzugsschadens einfordern."

Andrea Kamp: „Wir sind also berechtigt, Mahngebühren, Portokosten und Verzugszinsen als Verzugsschaden in Rechnung zu stellen?"

Aaron König: „So sieht das aus, Frau Kamp. Neuerdings können Sie einem Schuldner, der kein Verbraucher ist, mindestens 40,00 € als Verzugspauschale in Rechnung stellen. Sollten Sie zusätzlich Verzugszinsen berechnen, beträgt der Zinssatz gegenüber Verbrauchern fünf Prozentpunkte über dem Basiszinssatz der EZB. Gegenüber Nichtverbrauchern, also z.B. einem Unternehmen, können Sie sogar neun Prozentpunkte über dem Basiszinssatz der EZB in Rechnung stellen. Mit Nachweis oder aufgrund besonderer Vereinbarungen sind sogar höhere Zinssätze denkbar."

Andrea Kamp: „Häufig setzen wir unseren Kunden mit der Mahnung eine Nachfrist für die Zahlung. Was können wir machen, wenn die Nachfrist verstrichen ist und der Kunde immer noch nicht zahlt?"

Aaron König: „Läuft die Nachfrist ab, dürfen Sie auch die nachrangigen Rechte in Anspruch nehmen. Sie können – sogar verschuldensunabhängig – vom Vertrag zurücktreten und damit den Kaufvertrag rückgängig machen, d.h. Ihre Ware zurückverlangen. Dies ist aber praktisch nur dann möglich, wenn Ihr Kunde noch Eigentümer der Ware ist. Wenn ein Kunde die bei Ihnen gekauften Räder weiterverkauft, ist er im Regelfall kein Eigentümer der Ware mehr. Insofern macht auch ein Rücktritt keinen Sinn mehr."

Andrea Kamp: „Was können wir in diesem Fall machen?"

Aaron König: „In diesen Fällen sollten Sie Schadensersatz statt der Leistung oder den Ersatz vergeblicher Aufwendungen verlangen. Beide Rechte können Sie übrigens auch in Kombination mit einem Rücktritt wahrnehmen."

Andrea Kamp: „Beim Schadensersatz statt der Leistung stellen wir bisher die Wertminderung der Ware, Rücknahmekosten, Verzugszinsen oder einen evtl. entgangenen Gewinn in Rechnung. Ist das korrekt?"

Aaron König: „Ja, Frau Kamp. Das machen Sie genau richtig. Machen Sie alternativ zum Schadensersatz statt der Leistung den Ersatz vergeblicher Aufwendungen geltend, können Sie vor allem die Vertragskosten in Rechnung stellen. Vergebliche Aufwendungen, sind Aufwendungen, die Sie im Vertrauen auf den Erhalt der Leistung gemacht haben."

Andrea Kamp: „Eine letzte Frage habe ich noch, Herr König. Muss eigentlich für den Rücktritt, den Schadensersatz statt der Leistung und den Ersatz vergeblicher Aufwendungen immer eine Nachfrist gesetzt werden?"

Aaron König: „Nein, nicht immer, Frau Kamp. Liegen besondere Umstände vor oder verweigert der Schuldner die Zahlung ernsthaft und endgültig, können Sie auf eine Nachfristsetzung verzichten."

Andrea Kamp: „Vielen Dank, Herr König, Sie haben mir sehr geholfen."

Vertiefende Übungen

1 Erläutern Sie, wie und ggf. wann die Kunden der WFW AG bei folgenden Zahlungsbedingungen in Zahlungsverzug geraten.

a) Die Radsport Beike GmbH hat eine Rechnung mit Datum vom 05.April 20(0) erhalten. Es wurde folgende Zahlungsbedingung vereinbart: 2 % Skonto bei Zahlung innerhalb von zehn Tagen ab Rechnungsdatum oder 20 Tage netto Kasse.

b) Die Dieter Deutel Fahrradgroßhandel KG hat am 10. April 20(0) mehrere Mountainbikes geliefert bekommen. Die Rechnung wurde am 11. April 20(0) zugestellt. Als Zahlungsbedingung wurde „sofortige Zahlung" vereinbart.

c) Die TriBike Danker GmbH hat am 14. April 20(0) Satteltaschen geliefert bekommen. Die Rechnung ging am 15. April 20(0) zu. Als Zahlungsbedingung wurde „40 Tage ab Lieferdatum" vereinbart.

d) Marta Müller, Lehrerin im Ruhestand, hat im Fabrikverkaufsladen der WFW AG ein City-Rad erworben. Die Lieferung erfolgte am 03. März 20(0). Am 04. März 20(0) wurde die Rechnung zugestellt. Vereinbarungen über Zahlungsmodalitäten wurden weder getroffen noch in der Rechnung erwähnt.

e) Am 10. April 20(0) hat die Radsport Beike GmbH eine weitere Warenlieferung erhalten. Die Rechnung wurde am 11. April 20(0) von der Post zugestellt. Als Zahlungstermin wurde „Zahlung bis zum 24. April 20(0)" vereinbart.

2 Am 10. April 20(0) hat die WFW AG drei Fahrräder im Wert von 1 500,00 € an den Verbraucher Peter Ricken aufgrund eines Einkaufes im Fabrikverkaufsladen geliefert. Die Rechnung wurde der Lieferung beigelegt und erhielt einen Hinweis auf die 30-Tage-Regelung. Am 20. Juli 20(0) zahlt Peter Ricken schließlich. Berechnen Sie die maximal in Rechnung zu stellenden Verzugszinsen (kaufmännische Methode), wenn der Basiszinssatz 0,5 % p. a. beträgt.

3 Ebenso hat die Dieter Deutel Fahrradgroßhandel KG am 10. April 20(0) Fahrräder im Wert von 7 500,00 € erhalten. Die Rechnung lag bei und enthielt als Zahlungsziel „14 Tage ab Lieferdatum". Sie wird schließlich am 10. August 20(0) bezahlt.

a) Berechnen Sie die maximal in Rechnung zu stellenden Verzugszinsen (kaufmännische Methode), wenn der Basiszinssatz 0,5 % p. a. beträgt.

b) Berechnen Sie den gesamten Verzugsschaden, wenn die WFW AG neben den Verzugszinsen zusätzlich auf die Zahlung der ihr gesetzlich zustehenden Pauschale besteht.

4 Für die Erstausstattung eines neuen Kölner Fahrradgeschäftes hat die WFW AG verschiedene Modelle geliefert. Als Zahlungstermin wurde der 30. April 20(0) vereinbart. Aufgrund von Zahlungsschwierigkeiten wurde im Mai über eine Ratenzahlung verhandelt. Anfang Juni verweigert das Fahrradgeschäft die Zahlung endgültig. Begründen Sie, wie Sie rechtlich vorgehen würden.

5 Die WFW AG hat am 25. April 20(0) einem Neukunden, der B+B Fahrradcenter GmbH, verschiedene Fahrräder im Wert von 45 000,00 € für eine Filialeröffnung geliefert. Als Zahlungstermin wurde der 15. Mai 20(0) vereinbart. Da die B+B Fahrradcenter GmbH ihren Zahlungsverpflichtungen nicht nachkam, wurde am 20.05.20(0) der Rechtsanwalt König hinzugezogen, dem die WFW AG 100,00 € für Beratungsleistungen überwies. Nach mehreren Mahnungen mit Nachfristsetzung steht die Zahlung Ende Juni 20(0) immer noch aus, obwohl die Fahrräder bereits gewinnbringend verkauft wurden. Geben Sie der WFW AG eine Empfehlung, wie sie rechtlich vorgehen sollte.

ZUSAMMENFASSUNG

Voraussetzung des Zahlungsverzuges		
Voraussetzung	**Erklärung**	**Besonderheit**
Fälligkeit	___ kann ___ werden.	**30-Tage-Regelung** Der Schuldner gerät spätestens ___ ___ nach Fälligkeit und ___ der Rechnung in Verzug. Ein ___ muss auf diese Regelung gesondert ___ werden.
Mahnung	Nicht notwendig, falls: • Termin ___ bestimmt ist • Termin aufgrund eines Ereignisses kalendermäßig ___ ist • Schuldner Zahlung ___ ___ • ___ Umstände vorliegen	
Verschulden	Der ___ muss für seine finanzielle Leistungsfähigkeit einstehen: „Geld hat man zu haben." Ausnahmen: • ___ • Änderung der ___	

Rechte bei einer Nicht-rechtzeitig-Zahlung	
Ohne Nachfrist (vorrangig)	Auf ___ bestehen
	Auf ___ bestehen und ___ des Verzugsschadens verlangen, z. B.: • ___: – bei Verbrauchern: EZB-Basiszinssatz + ___ % – ansonsten (z. B. Unternehmen): EZB-Basiszinssatz + ___ % • Portokosten und ___ • Verzugspauschale (pauschale Mahngebühr) in Höhe von ___ bei ___
Mit Nachfrist (nachrangig) Nachfrist nicht notwendig, falls: • ___ ___ ___ ___ endgültig verweigert • besondere ___ vorliegen	___ vom Kaufvertrag (___ **unabhängig**)
	Schadensersatz ___ der Leistung (z. B. ___ ___ ___, ___, ___, ___ ___) oder Ersatz ___ ___

SELBSTEINSCHÄTZUNG	JA ☺	MIT HILFE 😐	NEIN ☹
Ich kann die Voraussetzungen des Zahlungsverzuges			
• nennen,			
• erklären und			
• fallbezogen überprüfen.			
Ich kann die Rechte des Käufers bei einer Nicht-rechtzeitig-Zahlung			
• nennen,			
• erklären und			
• mich fallbezogen für ein Recht begründet entscheiden.			

Außerdem habe ich gelernt:

____

____

____

____

____

____

____

____

HINWEIS

Zur Wiederholung und Vertiefung der Inhalte der Lernsituation:
Seite 176, Aufgabe 15.

LERNSITUATION 16: Mahnverfahren durchführen

Ausgangssituation: Es muss nicht immer gleich geklagt werden – Das kaufmännische und gerichtliche Mahnverfahren

Leonie Gremme ist verzweifelt. Obwohl sie der Zweirad MOBI KG bereits mehrere Mahnungen geschickt hat, ist eine Rechnung über 12300,00 € immer noch nicht beglichen worden (vgl. LS 15). „Das kaufmännische Mahnverfahren hat nicht gefruchtet, die Zweirad MOBI KG hat auch nach unserer dritten Mahnung immer noch nicht gezahlt“, berichtet sie Herrn Yaygin. „Das wird wohl nichts mehr, Herr Yaygin, wir sollten nun den Klageweg bestreiten“, schlägt sie vor. „Das lassen wir mal lieber, Frau Gremme. Es gibt eine bessere Alternative, um die Zweirad MOBI KG zur Zahlung zu bewegen“, meint Emre Yaygin, „das gerichtliche Mahnverfahren.“

Arbeitsaufträge

1 Lesen Sie noch einmal die Ausgangssituation der Lernsituation 15 auf Seite 122 und tragen Sie die wesentlichen Fakten der Ausgangssituationen der beiden Lernsituationen 15 und 16 zusammen.

2 Leonie Gremme schildert, dass sie bereits das kaufmännische Mahnverfahren durchgeführt und der Zweirad MOBI KG mehrere Mahnungen geschickt hat.
   a) Erläutern Sie den Sinn des kaufmännischen Mahnverfahrens.
   b) Entwickeln Sie mithilfe der Infobox Textbausteine für eine Zahlungserinnerung sowie eine erste, zweite und dritte Mahnung.

3 Herr Yaygin schlägt vor, anstelle einer Klage das gerichtliche Mahnverfahren einzuleiten. Stellen Sie mithilfe der Infobox den Ablauf des gerichtlichen Mahnverfahrens dar, indem Sie die Übersicht auf der nächsten Seite ergänzen.

4 Begründen Sie, welche Vorteile das gerichtliche Mahnverfahren gegenüber dem Klageweg für die WFW AG aufweist.

Das gerichtliche Mahnverfahren

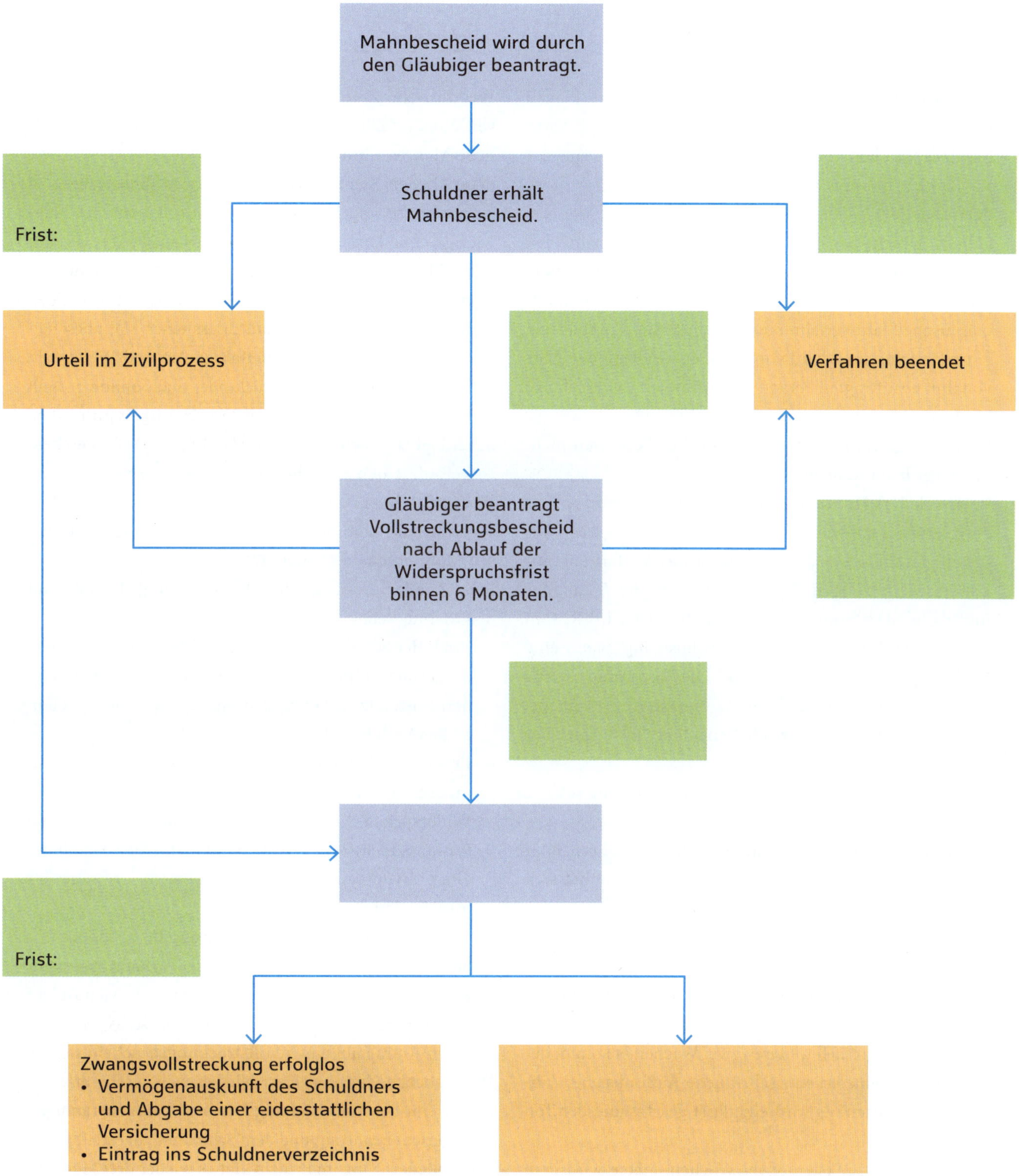

Info: Interview der Westfälischen Zeitung mit dem Rechtsanwalt Peter Nieder

Was tun bei schlechter Zahlungsmoral?

Westfälische Zeitung: Herr Nieder, vermehrt klagen Unternehmen über die schlechte Zahlungsmoral ihrer Kunden. Wie können Unternehmen reagieren, wenn der Kunde nicht zahlt?

Peter Nieder: Wenn der Schuldner seine Schulden bei Fälligkeit nicht begleicht, wird der Gläubiger zunächst durch die Einleitung des **kaufmännischen Mahnverfahrens** versuchen, die Zahlung zu erhalten. Das kaufmännische Mahnverfahren erfolgt ohne die Einschaltung eines Gerichtes und wird vom Gläubiger selbst oder einer von ihm beauftragten Person (Rechtsanwalt, Inkassobüro) betrieben.

Westfälische Zeitung: Sorgt ein solches Verfahren nicht für Ärger beim Kunden?

Peter Nieder: Grundsätzlich nein, denn es wird ja nur eingeleitet, wenn der Schuldner nicht zahlt. Aber der Gläubiger sollte bei der Einleitung des Verfahrens mit viel Fingerspitzengefühl vorgehen, denn der Schuldner und damit der Empfänger der Mahnung ist i.d.R. sein Kunde. Der Kunde ist häufig nicht böswillig, wenn eine Rechnung nicht bezahlt wurde. Die Rechnung wurde einfach nur verlegt oder der Zahlungstermin schlichtweg vergessen. Es gilt zunächst noch der Grundsatz: Der Kunde ist König.

Westfälische Zeitung: Wie läuft denn nun ein solches Verfahren ab?

Peter Nieder: Das kaufmännische Mahnverfahren folgt keinem vorgeschriebenen Ablauf. In der Praxis hat sich jedoch folgendes Vorgehen bewährt:

- **Zahlungserinnerung**: Rund zwei Wochen nach dem Fälligkeitstermin erhält der Schuldner eine höfliche Zahlungserinnerung. Dieser wird häufig eine Rechnungskopie beigefügt.
- **1. Mahnung**: Nach weiteren zwei Wochen bekommt der Schuldner eine erneute schriftliche Aufforderung, Zahlung zu leisten. Es wird eine Frist gesetzt und der Ton wird nachdrücklicher.
- **2. Mahnung**: Weitere zwei Wochen später wird dem Schuldner eine erneute Frist zur Zahlung gesetzt. Zudem wird er auf die Konsequenzen hingewiesen, wenn er nicht zahlt. Schließlich können Mahnkosten und Verzugszinsen in Rechnung gestellt werden
- **3. Mahnung**: Nach einer weiteren Woche wird ein letzter Zahlungstermin gesetzt und das gerichtliche Mahnverfahren angedroht.

Westfälische Zeitung: Wenn das kaufmännische Mahnverfahren erfolglos bleibt, wird quasi direkt in das **gerichtliche Mahnverfahren** übergeleitet?

Peter Nieder: Richtig. Das gerichtliche Mahnverfahren ist eine schnelle und kostengünstige Alternative zum langwierigen und kostenintensiven Klageweg. Um das gerichtliche Mahnverfahren einzuleiten, stellt der Gläubiger beim für seinen Wohn- oder Geschäftssitz zuständigen Amtsgericht[1] einen Antrag auf Erlass eines Mahnbescheides. Der Antrag kann auf vielfältige Art und Weise, z.B. auf einem besonderen Vordruck oder auch online gestellt werden. Ist der Antrag formal in Ordnung, wird er dem Schuldner zugestellt. Dieser wird durch den Mahnbescheid aufgefordert, den ausstehenden Betrag innerhalb von zwei Wochen zu bezahlen.

Westfälische Zeitung: Wie kann der Kunde nun auf diesen **Mahnbescheid** reagieren?

Peter Nieder: Der Schuldner hat drei Möglichkeiten, auf den Mahnbescheid zu reagieren:

- **Zahlt** der Schuldner den ausstehenden Betrag, also den Forderungsbetrag inklusive der zusätzlich entstandenen Kosten (z.B. Verzugszinsen, Mahngebühren), dann ist das Verfahren beendet.
- **Erhebt** der Schuldner beim zuständigen Amtsgericht innerhalb der Widerspruchsfrist von zwei Wochen **Widerspruch**, weil er beispielsweise den Mahnbescheid für ungerechtfertigt hält, dann kann der Gläubiger einen Zivilprozess anstreben. Bei einem Streitwert bis 5 000,00 € ist das Amtsgericht zuständig, liegt der Streitwert über 5 000,00 €, ist das Landgericht zuständig,
- **Schweigt** der Schuldner und reagiert damit gar nicht auf den Mahnbescheid, kann der Gläubiger nach Ablauf der Widerspruchsfrist innerhalb von sechs Monaten einen Antrag auf einen **Vollstreckungsbescheid** stellen.

Westfälische Zeitung: Herr Nieder, was geschieht denn nun, wenn der Vollstreckungsbescheid beim zuständigen Amtsgericht beantragt und dem Schuldner zugestellt wird?

Peter Nieder: Nun, im Prinzip gibt es wieder drei Möglichkeiten, wie der Schuldner auf den Vollstreckungsbescheid reagieren kann.

---

[1] Aus Rationalisierungsgründen werden alle Mahnbescheide zentral je nach Bundesland bei einigen Amtsgerichten bearbeitet, rechtliche Wirkung hat der Antrag erst mit Eingang beim zuständigen Amtsgericht.

- Falls der Schuldner auf den Vollstreckungsbescheid hin **zahlt**, ist das Verfahren beendet.
- Erhebt der Schuldner innerhalb von zwei Wochen **Einspruch** gegen den Vollstreckungsbescheid, kommt es auf Antrag des Gläubigers zum Zivilprozess beim zuständigen Gericht.
- Sollte der Schuldner **schweigen** und damit **nicht reagieren**, kann der Gläubiger nach Ablauf der Einspruchsfrist durch einen Vollstreckungsbeamten die **Zwangsvollstreckung** in das bewegliche Vermögen (Mobilien), das unbewegliche Vermögen (Immobilien) sowie in Forderungen vornehmen lassen.

Westfälische Zeitung: Können Sie uns kurz erklären, wie eine Zwangsvollstreckung in das bewegliche Vermögen abläuft? Sie wird ja recht häufig in Fernsehsendungen gezeigt.

Peter Nieder: Bei einer Zwangsvollstreckung in das bewegliche Vermögen **(Mobiliarvollstreckung)** werden verwertbare Gegenstände von einem Gerichtsvollzieher gepfändet und mit einem Pfandsiegel („Kuckuck") versehen. Sie werden nach einer Schonfrist öffentlich versteigert. Der Gläubiger erhält den Erlös der Versteigerung abzüglich der entstandenen Versteigerungskosten bis zur Höhe seiner Forderungen.

Westfälische Zeitung: Bestimmte Gegenstände, wie z. B. Alltagskleidung, Radios, sowie Haus- und Küchengeräte, sind aber bekanntlich nicht pfändbar, oder?

Peter Nieder: Richtig, denn diese Gegenstände sollen dem Schuldner weiterhin eine bescheidene Lebensführung ermöglichen. Nicht pfändbar sind im Übrigen auch Teile des Arbeitseinkommens.

Westfälische Zeitung: Wenn der Schuldner beispielsweise über Grundstücke oder Wohnungen verfügt, unterliegen diese auch der Zwangsvollstreckung?

Peter Nieder: Selbstverständlich! Bei der Zwangsvollstreckung in **Immobilien** werden Grundstücke zwangsversteigert oder unter Zwangsverwaltung gestellt. Im Rahmen der Zwangsverwaltung erhält der Gläubiger die Einnahmen (Mieter, Pacht) aus dem Grundstück.

Westfälische Zeitung: Was geschieht denn nun, wenn vom Schuldner überhaupt kein Geld zu bekommen ist?

Peter Nieder: Ist eine **Zwangsvollstreckung beim Schuldner erfolglos**, kann der Schuldner zur Abgabe einer **Vermögensauskunft** bewegt werden. Er hat sämtliche Vermögensgegenstände und Forderungen anzugeben und muss die Richtigkeit und Vollständigkeit seiner Angaben an Eides statt versichern. Bei einer falschen eidesstattlichen Versicherung muss der Gläubiger mit einer Haftstrafe rechnen. Weigert sich der Schuldner, die Vermögensauskunft abzugeben, kann der Erlass eines Haftbefehls durch den Gläubiger beantragt werden, um den Gläubiger zur Abgabe einer Vermögensauskunft zu bewegen. Bleibt die Zwangsvollstreckung auch nach Abgabe der Vermögensauskunft weiterhin erfolglos, wird der Schuldner in ein **Schuldnerverzeichnis** eingetragen.

Westfälische Zeitung: Sicher keine schöne Sache für den Schuldner, in ein öffentliches Verzeichnis eingetragen zu werden.

Peter Nieder: Ganz sicher nicht. Deshalb müssen Schuldner und Gläubiger darauf achten, dass eine solche Situation gar nicht erst entsteht. Der Schuldner sollte seine Ein- und Ausgaben genau planen und nur das kaufen, was er auch bezahlen kann. Der Gläubiger hingegen sollte sein Forderungsmanagement optimieren. So kann er langwierige Mahn- und Klageverfahren oder gar Forderungsausfälle vermeiden.

(fiktives Interview)

Vertiefende Übungen

1 Das kaufmännische Mahnverfahren folgt einem geregelten Ablauf mit mehreren Abstufungen.
   a) Nennen Sie die wichtigsten Stufen.
   b) Begründen Sie, warum es mehrere Stufen gibt.

2 Erhält man einen gerichtlichen Mahnbescheid, sollte dieser sehr genau geprüft werden.
   a) Begründen Sie, warum eine genaue Prüfung des Mahnbescheides so wichtig ist.
   b) Erläutern Sie, wie man sich verhalten sollte, wenn der Mahnbescheid vermeintlich fälschlicherweise oder aufgrund einer vermeintlich unberechtigten Forderung zugestellt wurde.

3 Das gerichtliche Mahnverfahren folgt einem geregelten Ablauf. Bringen Sie die folgenden Schritte durch Eintragen der Ziffern 1 bis 7 in eine richtige Reihenfolge.

Schritt	Ziffer
Der Schuldner schweigt auf den Vollstreckungsbescheid.	
Der Gläubiger beantragt einen Mahnbescheid.	
Nach erfolgloser Zwangsvollstreckung wird der Schuldner in ein Verzeichnis eingetragen.	
Der Mahnbescheid wird dem Schuldner zugestellt.	
Der Gläubiger stellt einen Antrag auf Zwangsvollstreckung.	
Der Schuldner schweigt auf den Mahnbescheid.	
Der Gläubiger beantragt einen Vollstreckungsbescheid.	

4 Malte Wiege meint: „Wenn die Zwangsvollstreckung einmal läuft, ist alles vorbei. Das Haus ist weg, kein Fernseher und kein Radio mehr, die Wohnzimmergarnitur wird mitgenommen und das ganze Gehalt wird gepfändet. Du bist kurz vor dem Verhungern!“ Nehmen Sie Stellung zu dieser Aussage.

5 Dauerhaft zahlungsunfähig zu sein, ist mit vielen negativen Folgen u. a. der Privatinsolvenz verbunden. Schlagen Sie geeignete Maßnahmen und Verhaltensweisen vor, wie ein Schuldner seine Zahlungsfähigkeit sicherstellen kann.

ZUSAMMENFASSUNG

Das kaufmännische Mahnverfahren

- Das ____________ Mahnverfahren erfolgt ohne Einschaltung des ____________.
- Ein bestimmter ____________ ist für das Verfahren ____________ vorgeschrieben. Üblich sind jedoch mehrere ____________, wobei der Ton von Mahnung zu Mahnung ____________ wird.

Das gerichtliche Mahnverfahren

- Das ____________ Mahnverfahren wird eingeleitet, indem der ____________ beim zuständigen Gericht einen Antrag auf Erlass des ____________ stellt.
- Der Schuldner kann nun die Schulden ____________, ____________ einlegen oder ____________ reagieren.
- Zahlt der ____________, ist das Verfahren ____________.
- Erhebt der Schuldner ____________, kommt es auf Antrag des ____________ zum ____________.
- Sollte der Schuldner ____________ reagieren, wird der Gläubiger einen ____________ beantragen, auf den der Schuldner wiederum in dreierlei Art und Weise reagieren kann.
- Zahlt der ____________ ist das Verfahren ____________.
- Erhebt der Schuldner ____________, kommt es auf Antrag des ____________ zum ____________.

Das gerichtliche Mahnverfahren

- Zeigt der ______________ auf den Vollstreckungsbescheid keine Reaktion, wird der Gläubiger die ________________ betreiben.
- Wenn die Zwangsvollstreckung ______________ bleibt, kann der ______________ zur Abgabe einer ______________ bewegt werden, die an __________ statt zu versichern ist.
- Bleibt die Zwangsvollstreckung auch nach Abgabe der Vermögensauskunft weiterhin erfolglos, wird der Schuldner in ein ____________________________ eingetragen.

SELBSTEINSCHÄTZUNG	JA ☺	MIT HILFE 😐	NEIN ☹
Ich kann den Ablauf des kaufmännischen Mahnverfahrens beschreiben.			
Ich kann Formulierungsbeispiele für die verschiedenen Mahnstufen entwickeln.			
Ich kann den Ablauf des gerichtlichen Mahnverfahrens unter Beachtung der Reaktionsmöglichkeiten des Schuldners beschreiben.			
Ich kann verschiedene Möglichkeiten der Zwangsvollstreckung unterscheiden.			
Ich kann den grundsätzlichen Ablauf einer Zwangsvollstreckung beschreiben.			

Außerdem habe ich gelernt:

____

____

____

____

____

____

HINWEIS

Zur Wiederholung und Vertiefung der Inhalte der Lernsituation: Seite 176 f., Aufgabe 16.

LERNSITUATION 17: Verjährungsfristen von Forderungen beachten

Ausgangssituation: „Verjährt ist verjährt!“

Leonie Gremme ist damit beschäftigt, den Schreibtisch von Karl Recke aufzuräumen, der am 05.03.2018 in Rente gegangen ist. Aufgrund seiner Alkoholkrankheit hat Karl Recke seine Arbeit in den letzten Jahren nur noch sehr nachlässig erledigt. Nach und nach befördert Leonie Gremme Papiere und Unterlagen zutage, die schon für längere Zeit in den Tiefen der Ablage und des Schreibtisches verschwunden waren. „Zum Glück hat Herr Recke wenigstens die Rechnungen mit Notizen versehen“, denkt sie. Sogleich macht sie sich an eine Aufstellung der wesentlichen Unterlagen.

Unterlage	Schuldner	Fälligkeit der Forderung	Notiz
1. Rechnung von 10 200,00 € aufgrund einer Warenlieferung	Radsport Beike GmbH	31.11.2017 (vereinbarter Zahlungstermin)	Kunde bereits dreimal gemahnt; zahlt einfach nicht.
2. Kaufvertrag über Grundstück, Hauptstr. 7 in Essen, Kaufpreis: 120 000,00 €	Stadt Münster	23.07.2011 (vereinbarter Zahlungstermin)	---
3. Urteil des Landgerichtes Essen; Kunde zur Zahlung von 12 000,00 € verurteilt	Zweirad Nentwig AG	28.02.2009 (Rechtskraft des Urteils)	---
4. Rechnung von 8 349,00 € aufgrund einer Warenlieferung	Fahrradfachhandel Kai Lüken e. K.	07.10.2016	Abschlagszahlung in Höhe von 2 000,00 € erhalten, 04.02.2018
5. Rechnung von 5 347,00 € aufgrund einer Warenlieferung	Fahrradgeschäft Klaus Bütsch e. K.	26.09.2017	Gerichtliches Mahnverfahren Anfang 2018 durchgeführt, Dauer des Verfahrens drei Monate

Als Leonie Gremme dem Vertriebsleiter Herrn Venker die Rechnungen vorlegt, schüttelt dieser mit dem Kopf. „Schade, Herr Recke war mal ein wirklich zuverlässiger Mitarbeiter. Die Forderungen sind ja schon eine Ewigkeit fällig“, meint er. Leonie Gremme entgegnet: „Hier geht es um wirklich viel Geld für die WFW AG. Da kann mal wohl nichts mehr machen, Herr Venker, oder?“

Arbeitsaufträge

1 Geben Sie die Problematik der Ausgangssituation in eigenen Worten wieder

2 Erarbeiten Sie sich mithilfe der Infobox die unterschiedlichen Verjährungsfristen sowie mögliche Gründe für deren Verlängerung. Überprüfen Sie die Verjährung der Forderungen in den Fällen 1 bis 5, indem Sie den Verlauf der Verjährungsfrist mithilfe eines Zeitstrahls darstellen. Tragen Sie die Fälligkeit des Anspruchs, den Beginn, das Ende sowie mögliche Verlängerungen der Verjährungsfrist ein. Begründen Sie den Verlauf.

Zeitstrahl Fall 1:

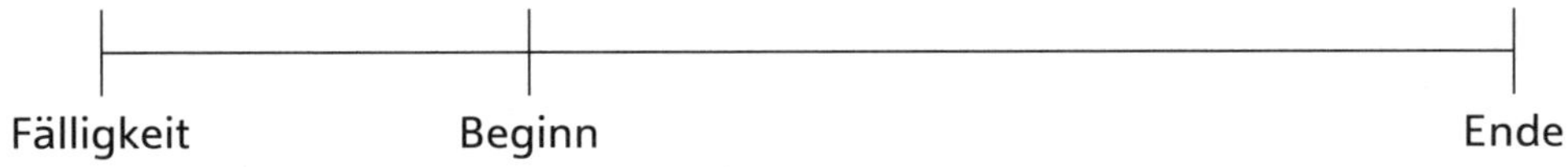

Begründung:

Zeitstrahl Fall 2:

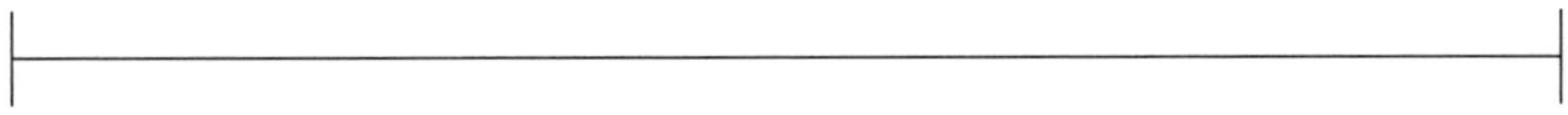

Begründung:

Zeitstrahl Fall 3:

Begründung:

Zeitstrahl Fall 4:

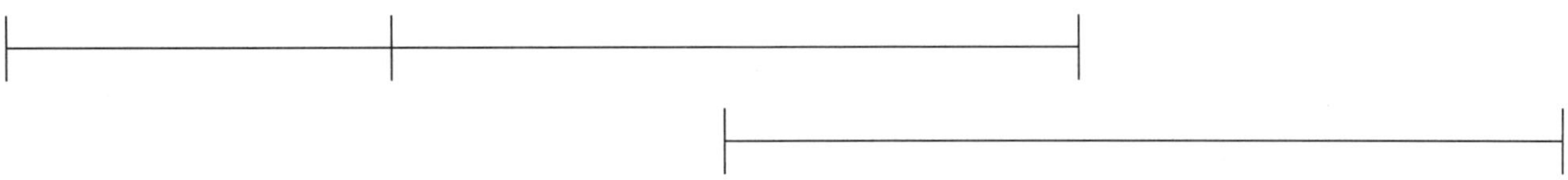

Begründung:

Zeitstrahl Fall 5:

Begründung:

Info 1: Verjährungsfristen

INFOBOX

Interview des Kölner Tagblatts in der Rubrik „Wirtschaft und Recht" mit dem Verbraucherschützer Klaus Ewers vom 14.11.20(0)

Kölner Tagblatt: Herr Ewers, herzlichen Dank, dass Sie sich wieder Zeit nehmen, einige Fragen unserer Leser zu beantworten. Es haben uns in letzter Zeit vermehrt Leser berichtet, dass sie zur Zahlung von Rechnungen aufgefordert wurden, die fünf Jahre oder noch länger zurückliegen. Viele Leser sind überfordert, weil sie sich mit der Gesetzeslage nicht auskennen. Können Sie unseren Lesern einen Rat geben, wie man in einem solchen Fall reagieren sollte?

Klaus Ewers: Gerne! Zunächst sollte man prüfen, ob der Anspruch überhaupt besteht. Wer mahnt, sollte auch beweisen können, dass beispielsweise eine Warenlieferung stattgefunden hat. Manch ein schwarzes Schaf schickt Rechnungen, obwohl überhaupt gar kein Anspruch besteht. Wenn der Anspruch zu Recht besteht, gilt es, im nächsten Schritt zu prüfen, ob die Forderung verjährt ist.

Kölner Tagblatt: Können Sie uns das näher erläutern?

Klaus Ewers: Nun, der Gesetzgeber sieht Verjährungsfristen vor, damit die Vergangenheit irgendwann ruht. Sie dienen dem Rechtsfrieden. Wer einen Anspruch hat, soll ihn innerhalb gewisser Fristen geltend machen, damit die Beweisproblematik nicht zu groß wird. Dem Schuldner wird mit der Verjährung ein Leistungsverweigerungsrecht eingeräumt. Die Juristen nennen das „Einrede der Verjährung". Man kann die Zahlung nach Ablauf der Verjährungsfrist verweigern. Wer allerdings eine berechtige Forderung nach Ablauf der Verjährungsfrist trotzdem begleicht, kann sein Geld nicht zurückfordern.

Kölner Tagblatt: Gibt es eine einheitliche Verjährungsfrist für alle Ansprüche?

Klaus Ewers: Nein, der Gesetzgeber kennt viele unterschiedliche Verjährungsfristen. Bei der Verjährung von Forderungen sind vor allem die 30-jährige, die zehnjährige und die dreijährige Verjährungsfrist interessant.

Kölner Tagblatt: Können Sie das präzisieren, Herr Ewers?

Klaus Ewers: Die dreijährige Verjährungsfirst ist die regelmäßige gesetzliche Verjährungsfrist. Sie gilt, wenn der Gesetzgeber nichts Abweichendes bestimmt hat und findet z.B. für Forderungen von Privat- und Kaufleuten, Zinsen und Darlehensforderungen sowie Lohn- und Gehaltsforderungen Anwendung. Zu beachten ist allerdings, dass die dreijährige Frist erst mit dem Schluss des Jahres beginnt, in dem der Anspruch entstanden ist und der Gläubiger Kenntnis von der Person des Schuldners sowie von den den Anspruch begründenden Umständen hat. Prinzipiell beginnt also die Verjährungsfrist für sämtliche Forderungen des Jahres 20(0) am 31.12.20(0) und die Verjährungsfrist endet mit Ablauf des 31.12.20(3).

Kölner Tagblatt: Für welche Forderungen gelten andere Verjährungsfristen?

Klaus Ewers: Ansprüche auf Übertragung des Eigentums an einem Grundstück sowie die entsprechende Gegenleistung, also häufig die Zahlung des Kaufpreises, verjähren innerhalb von zehn Jahren. Die Verjährungsfrist beginnt hier allerdings schon mit der Entstehung des Anspruches und nicht erst am Jahresende. Die 30-jährige Verjährungsfrist gilt für Herausgabeansprüche von Eigentum, Ansprüche aus rechtskräftigen Urteilen, Ansprüche aus Insolvenzforderungen sowie aus Vollstreckungsbescheiden. Hier beginnt die Frist ebenfalls nicht am Jahresende, sondern mit dem Datum der Entstehung des Anspruchs, der Rechtskraft der gerichtlichen Entscheidung, der Errichtung des Vollstreckungsbescheides bzw. der Feststellung im Insolvenzverfahren.

Kölner Tagblatt: Lässt man die letztgenannten Sonderfälle mal außen vor, kann man also sagen, dass man nach drei bzw. längstens fast vier Jahren aus dem Schneider ist und Rechnungen nicht mehr begleichen muss?

Klaus Ewers: Nicht ganz. Es gibt Fälle, in denen es zu einer Verlängerung der Verjährungsfristen kommt bzw. die Verjährung gar neu in Gang gesetzt wird.

Kölner Tagblatt: Können Sie uns das näher erläutern?

Klaus Ewers: Selbstverständlich. Das Gesetz sieht die Hemmung der Verjährung vor. In diesem Fall wird der Zeitraum der Hemmung an die normale Verjährungsfrist angehängt, sodass sich die Verjährungsfrist verlängert.

Kölner Tagblatt: Und aus welchen Gründen kommt es zu einer Hemmung?

Klaus Ewers: Ein Grund ist, dass der Schuldner das Recht hat, die Leistung zu verweigern. Dies ist z. B. der Fall, wenn der Gläubiger die Forderung durch einen Zahlungsaufschub gestundet hat. Die Verjährungsfrist verlängert sich um den Zeitraum der Stundung. Auch wenn Verhandlungen zwischen Gläubiger und Schuldner über den Anspruch stattfinden, hemmt der Verhandlungszeitraum die Verjährung. Allerdings tritt die Verjährung frühestens drei Monate nach dem Ende der Hemmung, also nach dem Abbruch der Verhandlungen, ein. Man spricht von einer Ablaufhemmung. Ein weiterer Grund, der eine Hemmung bewirkt, ist höhere Gewalt, wenn der Gläubiger also durch Naturkatastrophen, Krieg usw. in den letzten sechs Monaten der Verjährungsfrist an der Rechtsverfolgung gehindert ist.

Kölner Tagblatt: Welche Wirkung hat eigentlich eine Klage oder ein gerichtlicher Mahnbescheid?

Klaus Ewers: Auch das sind Hemmungsgründe. Die Rechtsverfolgung seitens des Gläubigers, z. B. durch gerichtlichen Mahnbescheid, Klage beim Gericht, Anmeldung der Forderung zum Insolvenzverfahren oder Antrag auf Erlass eines Vollstreckungsbescheides, verlängert den Zeitraum der Verjährung. Die Hemmung endet sogar erst sechs Monate nach rechtskräftiger Entscheidung oder anderweitiger Beendigung des Verfahrens. Das außergerichtliche kaufmännische Mahnverfahren hat übrigens keine hemmende Wirkung.

Kölner Tagblatt: Sie hatten erwähnt, dass aus bestimmten Gründen die Verjährungsfrist neu in Gang gesetzt wird. Können Sie dies näher erläutern?

Klaus Ewers: Natürlich, in solchen Fällen spricht man von einem Neubeginn oder auch einer Unterbrechung der Verjährung. Die Verjährungsfrist beginnt ab dem Zeitpunkt, an dem es zu einer Unterbrechung kommt, von Neuem zu laufen.

Klaus Ewers

Kölner Tagblatt: Für welche Fälle hat der Gesetzgeber einen Neubeginn vorgesehen?

Klaus Ewers: Der Schuldner sorgt für einen Neubeginn, wenn er eine Zinszahlung oder Teilzahlung vornimmt, Sicherheiten leistet oder den Anspruch in anderer Weise anerkennt, beispielsweise durch ein Schuldanerkenntnis oder die Bitte um Stundung.

Kölner Tagblatt: Häufig ist es so, dass der Schuldner sich der Zahlung entzieht, er eben keine Zahlungen leistet und auch den Anspruch nicht anerkennt, da er ganz einfach schweigt und nichts unternimmt. Wie kann der Gläubiger in solchen Fällen einen Neubeginn der Verjährung erreichen?

Klaus Ewers: Der Gläubiger kann einen Neubeginn der Verjährung erreichen, indem er eine gerichtliche oder behördliche Vollstreckungshandlung beantragt bzw. diese vorgenommen wird.

Kölner Tagblatt: Herr Ewers, lassen Sie uns die Ergebnisse Ihrer Ausführungen noch einmal für unsere Leser zusammenfassen. Wenn wir es richtig verstanden haben, sollte man gelassen reagieren, wenn versucht wird, eine über mehr als fünf Jahre zurückliegende Forderung einzutreiben. Im Regelfall wird die Forderung verjährt sein und man ist nicht mehr verpflichtet zu zahlen.

Klaus Ewers: Richtig, allerdings sollte man genau prüfen, welche Verjährungsfrist für die Forderung gilt und ob es nicht zur Hemmung und/oder zum Neubeginn der Verjährung gekommen ist.

Kölner Tagblatt: Vielen Dank für das Gespräch, Herr Ewers.

Klaus Ewers: Bitte, gern geschehen.

(fiktiver Artikel)

Info 2: Auszüge aus dem BGB zur Verjährung

Gegenstand und Dauer der Verjährung

§ 194 Gegenstand der Verjährung
(1) Das Recht, von einem anderen ein Tun oder Unterlassen zu verlangen (Anspruch), unterliegt der Verjährung.
(2) Ansprüche aus einem familienrechtlichen Verhältnis unterliegen der Verjährung nicht, soweit sie auf die Herstellung des dem Verhältnis entsprechenden Zustands für die Zukunft oder auf die Einwilligung in eine genetische Untersuchung zur Klärung der leiblichen Abstammung gerichtet sind.

§ 195 Regelmäßige Verjährungsfrist
Die regelmäßige Verjährungsfrist beträgt drei Jahre.

§ 196 Verjährungsfrist bei Rechten an einem Grundstück
Ansprüche auf Übertragung des Eigentums an einem Grundstück sowie auf Begründung, Übertragung oder Aufhebung eines Rechts an einem Grundstück oder auf Änderung des Inhalts eines solchen Rechts sowie die Ansprüche auf die Gegenleistung verjähren in zehn Jahren.

§ 197 Dreißigjährige Verjährungsfrist
(1) In 30 Jahren verjähren, soweit nicht ein anderes bestimmt ist,
(...)
2. Herausgabeansprüche aus Eigentum, anderen dinglichen Rechten, den §§ 2018, 2130 und 2362 sowie die Ansprüche, die der Geltendmachung der Herausgabeansprüche dienen,
3. rechtskräftig festgestellte Ansprüche,
4. Ansprüche aus vollstreckbaren Vergleichen oder vollstreckbaren Urkunden,
5. Ansprüche, die durch die im Insolvenzverfahren erfolgte Feststellung vollstreckbar geworden sind, und

(...)

§ 199 Beginn der regelmäßigen Verjährungsfrist und Verjährungshöchstfristen
(1) Die regelmäßige Verjährungsfrist beginnt, soweit nicht ein anderer Verjährungsbeginn bestimmt ist, mit dem Schluss des Jahres, in dem
1. der Anspruch entstanden ist und
2. der Gläubiger von den den Anspruch begründenden Umständen und der Person des Schuldners Kenntnis erlangt oder ohne grobe Fahrlässigkeit erlangen müsste.

§ 200 Beginn anderer Verjährungsfristen
Die Verjährungsfrist von Ansprüchen, die nicht der regelmäßigen Verjährungsfrist unterliegen, beginnt mit der Entstehung des Anspruchs, soweit nicht ein anderer Verjährungsbeginn bestimmt ist. § 199 Abs. 5 findet entsprechende Anwendung.

§ 201 Beginn der Verjährungsfrist von festgestellten Ansprüchen
Die Verjährung von Ansprüchen der in § 197 Abs. 1 Nr. 3 bis 6 bezeichneten Art beginnt mit der Rechtskraft der Entscheidung, der Errichtung des vollstreckbaren Titels oder der Feststellung im Insolvenzverfahren, nicht jedoch vor der Entstehung des Anspruchs. (...)

Hemmung, Ablaufhemmung und Neubeginn der Verjährung

§ 203 Hemmung der Verjährung bei Verhandlungen
Schweben zwischen dem Schuldner und dem Gläubiger Verhandlungen über den Anspruch oder die den Anspruch begründenden Umstände, so ist die Verjährung gehemmt, bis der eine oder der andere Teil die Fortsetzung der Verhandlungen verweigert. Die Verjährung tritt frühestens drei Monate nach dem Ende der Hemmung ein.

§ 204 Hemmung der Verjährung durch Rechtsverfolgung
(1) Die Verjährung wird gehemmt durch
1. die Erhebung der Klage auf Leistung oder auf Feststellung des Anspruchs, auf Erteilung der Vollstreckungsklausel oder auf Erlass des Vollstreckungsurteils,
   (...)
3. die Zustellung des Mahnbescheids im Mahnverfahren (...),
   (...)
10. die Anmeldung des Anspruchs im Insolvenzverfahren oder im Schifffahrtsrechtlichen Verteilungsverfahren,
   (...)

(2) Die Hemmung nach Absatz 1 endet sechs Monate nach der rechtskräftigen Entscheidung oder anderweitigen Beendigung des eingeleiteten Verfahrens.

§ 205 Hemmung der Verjährung bei Leistungsverweigerungsrecht
Die Verjährung ist gehemmt, solange der Schuldner auf Grund einer Vereinbarung mit dem Gläubiger vorübergehend zur Verweigerung der Leistung berechtigt ist.

§ 206 Hemmung der Verjährung bei höherer Gewalt
Die Verjährung ist gehemmt, solange der Gläubiger innerhalb der letzten sechs Monate der Verjährungsfrist durch höhere Gewalt an der Rechtsverfolgung gehindert ist.
§ 209 Wirkung der Hemmung
Der Zeitraum, während dessen die Verjährung gehemmt ist, wird in die Verjährungsfrist nicht eingerechnet.

§ 212 Neubeginn der Verjährung
(1) Die Verjährung beginnt erneut, wenn
1. der Schuldner dem Gläubiger gegenüber den Anspruch durch Abschlagszahlung, Zinszahlung, Sicherheitsleistung oder in anderer Weise anerkennt oder
2. eine gerichtliche oder behördliche Vollstreckungshandlung vorgenommen oder beantragt wird.
(...)

Rechtsfolgen der Verjährung

§ 214 Wirkung der Verjährung
(1) Nach Eintritt der Verjährung ist der Schuldner berechtigt, die Leistung zu verweigern.
(2) Das zur Befriedigung eines verjährten Anspruchs Geleistete kann nicht zurückgefordert werden, auch wenn in Unkenntnis der Verjährung geleistet worden ist.

Vertiefende Übungen

1 Begründen Sie, wann die Forderungen in den folgenden Fällen jeweils verjähren.
a) Die Stadtwerke Münster hat für einige Mitarbeiter neue Diensträder bei der WFW AG beschafft. Der Forderungsbetrag von 4500,00 € ist am 02.04.20(0) fällig.
b) Für eine Betriebserweiterung hat die WFW AG von der Kölner Immo AG ein Grundstück erworben. Der Kaufpreis ist am 10.06.20(0) fällig.
c) Irrtümlich sind die Überstunden des Produktionsmitarbeiters Hartmut Müller bei der Lohn- und Gehaltsabrechnung der WFW AG nicht berücksichtigt worden. Der Lohn für die Überstunden war am 31.03.20(0) fällig.
d) Rainer Flender hat seinem Freund Ferdinand Grotke seine wertvolle E-Gitarre geliehen. Die Rückgabe der Gitarre war für den 28.02.20(0) vereinbart worden.
e) Anne Wessels hat ihrer Freundin Martina Kortemann ein Darlehen zur Finanzierung eines Eigenheims gegeben. Die erste Zinszahlung war am 07.04.20(0) fällig.

2 Die Zweirad Nentwig GmbH schuldet der WFW AG einen Betrag von 3500,00 € aufgrund einer Warenlieferung. Der Betrag war am 10.02.20(0) fällig. Aufgrund von Zahlungsschwierigkeiten leistet die Zweirad Nentwig GmbH am 10.05.20(1) eine Abschlagszahlung. Legen Sie dar, wann die Forderung gegenüber der Zweirad Nentwig GmbH verjährt.

3 Bei der Durchsicht der offenen Posten Mitte Dezember entdeckt die Leiterin des Rechnungswesens Andrea Kamp, dass eine Forderung gegenüber der Fahrradfachhandel Krüger GmbH am 31.12. dieses Jahres verjähren würde. In einem Telefongespräch mit der Fahrradfachhandel Krüger GmbH stellt sich heraus, dass wenig Bereitschaft besteht, die ausstehende Forderung zu begleichen. Daraufhin überlegt Frau Kamp, ob sie einen gerichtlichen Mahnbescheid beantragen oder es bei einem Mahnschreiben belassen soll. Beraten Sie Frau Kamp.

4 Die WFW AG hat Anfang September 20(0) eine Lieferung Kunststoffteile von der VEKUMA AG erhalten. Die Zahlung war am 13.09.20(0) fällig. Allerdings ist die Zahlung bei der WFW AG in Vergessenheit geraten, da die Rechnung versehentlich falsch abgelegt wurde. Am 03.01.20(4) erhält die WFW AG schließlich eine Mahnung von der VEKUMA AG. Sogleich überweist die Leiterin des Rechnungswesens Andrea Kamp den ausstehenden Betrag. Als Frau Kamp zwei Tage später bei der VEKUMA AG anruft, verlangt sie die Rückgängigmachung der Zahlung mit der Begründung, die Forderung sei bereits verjährt. Prüfen Sie die Rechtslage.

5 Rainer Flender hat einen Fernseher im Wert von 2800,00 € von einem Elektrofachgeschäft geliefert bekommen. Da das Fachgeschäft nachlässig arbeitet, wird keine Rechnung gestellt. Auch nach einem Jahr ist nichts passiert. Rainer Flender vermutet, dass das Fachgeschäft auch in Zukunft keine Rechnung mehr stellen wird. Nehmen Sie Stellung, wie Sie an seiner Stelle reagieren würden.

Ergänzende Übungen

1 Das Fahrradgeschäft Klaus Bütsch e. K. ist schon seit Jahren in Zahlungsschwierigkeiten. So weist die Buchhaltung der WFW AG noch einen höheren offenen Betrag aufgrund einer Warenlieferung aus. Die Forderung war am 27.10.20(0) fällig. Da Klaus Bütsch auf mehrere Mahnungen nicht reagiert hat, wird ihm am 13.01.20(2) ein gerichtlicher Mahnbescheid zugestellt. Das Mahnverfahren dauert zwei Monate. Erläutern Sie, wann die Forderung gegenüber dem Fahrradgeschäft Klaus Bütsch e. K. verjährt.

2 Aufgrund eines durch Blitzeinschlag verursachten Brandes im zweiten Halbjahr des Jahres 20(0) ist die Buchhaltung der WFW AG für vier Monate ausgefallen. Ein Debitorenmanagement war in dieser Zeit nicht möglich, da wesentliche Daten mühsam wiederhergestellt werden mussten. Erläutern Sie, welche Auswirkung dieser Sachverhalt auf Forderungen hat, die am 31.12.20(0) verjähren würden.

3 Gegenüber der Radsport Beike GmbH hat die WFW AG eine Forderung in Höhe von 10100,00 € aufgrund einer Warenlieferung. Die Forderung ist am 24.07.20(0) fällig. Herr Beike bittet am 14.08.20(2) um Stundung der Forderung für zwei Monate, was ihm von der WFW AG gewährt wird. Als er 15.08.20(4) erneut eine Mahnung von der WFW AG erhält, lehnt Herr Beike die Zahlung ab, da die Forderung bereits verjährt sei. Klären Sie die Rechtslage.

4 Eine Forderung der WFW AG gegenüber der Zweirad MOBI KG würde am 31.12.20(0) verjähren. Da es noch Unklarheiten zu beseitigen galt, hat Rainer Flender für die WFW AG über den Anspruch verhandelt. Am 16.11.20(0) wurden die Verhandlungen nach einem Monat in beiderseitigem Einvernehmen beendet. Herr Bingöl von der Zweirad MOBI KG meint: „Herr Sommer, viel Zeit haben Sie nicht gewonnen. Ihre Forderung verjährt eben einen Monat später, also mit Ablauf des 31.01.20(1).“ Überprüfen Sie die Behauptung.

ZUSAMMENFASSUNG

Verjährungsfristen (§ 194 ff. BGB) → ______ verweigerungsrecht (______ der Verjährung)		
30 Jahre (§ 197 BGB)	**10 Jahre (§ 196 BGB)**	**3 Jahre (§ 195 BGB)** ______ Verjährung
Beispiele: ______ aus ______ ______, Herausgabe von ______, ______, Insolvenzverfahren	**Beispiele:** Ansprüche auf ______ des Eigentums an Grundstücken bzw. ______ auf die Gegenleistung (______ des Kaufpreises)	**Beispiele:** • ______ von Privat- und Kaufleuten • ______ und Darlehensforderungen • Lohn- und ______forderungen • …
Fristbeginn (§ 200 ff. BGB): Datum der Entstehung des ______, der Rechtskraft der ______ ______, der Errichtung des ______, der ______ im Insolvenzverfahren		**Fristbeginn (§ 199 BGB):** Am ______ des Jahres, indem der ______ entstanden ist und der Gläubiger ______ von der ______ des Schuldners sowie von den Anspruch begründenden Umständen erlangt

Neubeginn (Unterbrechung) der Verjährung § 212 ff. BGB	Hemmung der Verjährung (§ 202 ff. BGB)
= Die Verjährung beginnt von ______. • Der Schuldner ______ den Anspruch durch Zinszahlung, Teilzahlung, Sicherheitsleistung oder in anderer Weise (z. B. Stundungsbitte) ______. • Beantragung bzw. Vornahme einer ______ oder ______ Vollstreckungshandlung	= Die Verjährungsfrist wird um den ______ der Hemmung verlängert. • Der ______ verweigert die Zahlung ______ (z. B. Stundung). • ______ über den Anspruch • Höhere ______ innerhalb der letzten sechs Monate der Verjährungsfrist • ______ seitens des Gläubigers

SELBSTEINSCHÄTZUNG	JA 🙂	MIT HILFE 😐	NEIN 🙁
Ich kann die Wirkung einer Verjährung erklären.			
Ich kann Verjährungsfristen für verschiedene Ansprüche benennen.			
Ich kann den Beginn einer Verjährung bestimmen.			
Ich kann erklären, was man unter einem Neubeginn bzw. einer Hemmung der Verjährung versteht.			
Ich kann Gründe für einen Neubeginn und eine Hemmung der Verjährung erläutern.			
Ich kann Verjährungsfristen von verschiedenen Ansprüchen unter Berücksichtigung von Neubeginn und/oder Hemmung berechnen.			

Außerdem habe ich gelernt:

____

____

____

____

____

____

HINWEIS

Zur Wiederholung und Vertiefung der Inhalte der Lernsituation:
Seite 177, Aufgabe 17.

LERNSITUATION 18: Allgemeine Geschäftsbedingungen (AGB) berücksichtigen

Ausgangssituation: Das Kleingedruckte und seine Tücken

Als Leonie Gremme in der Frühstückspause Maik Balster trifft, bemerkt dieser, dass Leonie heute Morgen sehr verärgert wirkt.

Maik Balster: „Was ist los, Leonie?"

Leonie Gremme: „Ach, gestern habe ich meinen neuen Laptop abgeholt. Es ist zwar das neueste Modell, aber ich hatte ihn schon vor drei Monaten bestellt. Die Geschichte ist ein einziges Debakel. Erst brauchen die drei Monate, bis der Laptop geliefert wird, dann ist das Ding gelb und nicht wie vereinbart silbern und als Krönung soll ich nun auch noch 50,00 € mehr für den Laptop bezahlen als ursprünglich ausgemacht. Zum guten Schluss behauptet der Verkäufer, dass ich verpflichtet sei, auch noch eine Laptoptasche zu kaufen."

Maik Balster: „Das geht ja gar nicht!"

Leonie Gremme: „Ich habe den Verkäufer natürlich sofort zur Rede gestellt. Er hat lächelnd den Kaufvertrag hervorgeholt und ihn auf den Tresen gelegt. ‚Seien Sie froh, dass wir überhaupt geliefert haben. Hier haben Sie unterschrieben, dass Sie mit den umseitigen AGB einverstanden sind', meinte der Verkäufer. Dann hat er den Vertrag umgedreht und zitiert:

> ***Allgemeine Geschäftsbedingungen des Computerfachgeschäftes Borges GmbH***
>
> *(...)*
>
> 3. *Wir bemühen uns, die von ihnen bestellte Ware umgehend zu liefern. Dabei liegt die Lieferungsfrist in unserem Ermessen.*
> 4. *Außerdem behalten wir uns Farbänderungen vor, sofern das Modell in der von ihnen gewählten Farbe nicht vorrätig ist.*
> 5. *Sollte ein von Ihnen bestellter Artikel nicht verfügbar sein, weil unser Lieferant ohne unser Verschulden und trotz eines bestehenden Vertragsverhältnisses den Artikel nicht liefert, behalten wird uns vor, vom Vertrag zurückzutreten.*
> 6. *Überschreitet die Lieferfrist einen Kalendermonat, sind Preiserhöhungen bis zu einem Betrag von 50,00 € unsererseits möglich, sofern unser Lieferant die Preise erhöht hat.*
> 7. *Sollten Sie sich mit Ihrer Zahlung im Verzug befinden, erheben wir eine Vertragsstrafe in Höhe von 50,00 €, um Sie zur pünktlichen Zahlung anzuhalten.*
> 8. *Käufer eines Laptops verpflichten sich, innerhalb eines halben Jahres eine Laptoptasche bei der Borges GmbH zu erwerben.*
>
> *(...)*

Da bin ich fast explodiert!"

Maik Balster: „Da wäre ich aber auch ausgerastet, Leonie. Ich würde das so nicht akzeptieren."

Arbeitsaufträge

1 Erarbeiten Sie sich mithilfe der Info 1, welche Bedeutung die AGB für die Vertragsparteien haben. Ergänzen Sie dazu die folgende Übersicht:

	Standardisierung in den AGB führt zu ...	Abänderung von gesetzlichen Regelungen durch die AGB führt zu ...
Verwender (Verkäufer)		
Vertragspartner (Käufer)		
		Bestimmungen im BGB zum Schutz der Verbraucher

2 Begründen Sie, ob die Allgemeinen Geschäftsbedingungen der Borges GmbH Vertragsbestandteil geworden sind.

3 Überprüfen und begründen Sie anhand der Infos 1 und 2, ob die einzelnen Formulierungen in den Allgemeinen Geschäftsbedingungen der Borges GmbH rechtlich zulässig sind.

4 Erläutern Sie, welche Auswirkungen die Unwirksamkeit einzelner Klauseln auf den Vertrag haben.

INFOBOX

Info 1: Allgemeine Geschäftsbedingungen

Interview mit dem Verbraucherschutzexperten Michael Volkery in der Westfälischen Zeitung

Westfälische Zeitung: Herr Volkery, Allgemeine Geschäftsbedingungen werden nahezu in allen Branchen verwendet. Man findet sie in der Industrie, im Handel, bei Banken und Versicherungen sowie Speditionen. Viele Verbraucher lesen die Allgemeinen Geschäftsbedingungen nicht genau und schenken dem Kleingedruckten wenig Beachtung. Ist eine solche Verhaltensweise gerechtfertigt?

Michael Volkery: Nein, keineswegs. Allgemeine Geschäftsbedingungen, kurz AGB, sind vorformulierte Vertragsbedingungen, die der Verwender, bei einem Kaufvertrag also in der Regel der Verkäufer, für eine Vielzahl von Verträgen zugrunde legt. Diese Standardisierung bedeutet für den Verwender eine Zeit- und Kostenersparnis, da er die Vertragsbedingungen nicht einzeln aushandeln muss. Gibt der Verwender diese Kostenvorteile an seinen Vertragspartner in Form von Preisnachlässen weiter, profitiert auch der Vertragspartner, bei einem Kaufvertrag also in der Regel der Käufer. Allerdings wird der Verwender in den AGB die gesetzlichen Regelungen, sofern dies rechtlich möglich ist, in seinem Sinne abändern und die eigene Rechtsposition stärken. Dies führt zu einer Benachteiligung seines Vertragspartners und genau hier liegt das Problem.

Westfälische Zeitung: Es besteht also die Gefahr, dass der Verwender es gewissermaßen zu Lasten des Vertragspartners übertreibt und ihn übervorteilt, zumal das Kleingedruckte häufig gar nicht erst gelesen wird.

Michael Volkery: Richtig! Zum Schutz der Verbraucher hat der Gesetzgeber deshalb die § 305 ff. in das BGB eingefügt.

Westfälische Zeitung: Können Sie uns die wichtigsten Regelungen kurz erläutern?

Michael Volkery: Nun, zunächst einmal muss geklärt werden, ob die AGB überhaupt Bestandteil des Vertrages geworden sind. Dies regelt der § 305 BGB. Hierzu ist ein ausdrücklicher Hinweis auf die AGB oder unter Umständen ein deutlich sichtbarer Aushang am Ort des Vertragsabschlusses notwendig. Zudem muss der Vertragspartner die Möglichkeit einer zumutbaren Kenntnisnahme haben und mit der Geltung der AGB einverstanden sein.

Westfälische Zeitung: Kann denn nun der Verwender der AGB die gesetzlichen Normen nach Belieben abändern.

Michael Volkery: Nein, das geht nicht. Es gibt mehrere Arten von Klauseln, die unwirksam sind. Unwirksam sind überraschende Klauseln nach § 305c BGB, also Klauseln, mit denen der Vertragspartner nicht zu rechnen brauchte. Ebenfalls unwirksam sind Klauseln, die gegen die Inhaltskontrolle nach § 307 BGB verstoßen. Man spricht beim § 307 BGB auch von einer Generalklausel, die Klauseln verbietet, die den Vertragspartner entgegen den Grundsätzen von Treu und Glauben unangemessen benachteiligen.

Westfälische Zeitung: Und dann gibt es noch die Klauselverbote?

Michael Volkery: Exakt! Diese Klauselverbote gibt es mit einer Wertungsmöglichkeit nach § 308 BGB und ohne eine Wertungsmöglichkeit nach § 309 BGB. Bei ersteren muss die Wirksamkeit oder Unwirksamkeit von Klauseln durch Auslegung festgestellt werden, letztere sind absolut verboten und damit unwirksam, ohne dass es einer Auslegung bedarf.

Westfälische Zeitung: Was passiert, wenn einzelne Klauseln unwirksam sind?

Michael Volkery: Hier gibt § 306 BGB Auskunft. Letztlich bleibt der Vertrag weiterhin gültig und an die Stelle der unwirksamen Regelung tritt die gesetzliche Bestimmung.

Westfälische Zeitung: Ist es auch möglich, trotz der Verwendung von AGB Individualabreden zu treffen?

Michael Volkery: Diese Möglichkeit besteht weiterhin, denn individuelle Vereinbarungen haben Vorrang vor den AGB. Aus Beweisbarkeitsgründen sollten Sie diese Vereinbarungen schriftlich festhalten, obwohl dies formal nicht erforderlich ist.

Westfälische Zeitung: Gilt der strenge Verbraucherschutzgedanke auch dann, wenn die AGB gegenüber einem Unternehmer verwendet werden?

Michael Volkery: In dieser strengen Form sicherlich nicht. Für Unternehmen gelten hinsichtlich der Einbeziehung der AGB in den Vertrag sowie der Unwirksamkeit von Klauseln einige Vereinfachungen. Klauseln mit und ohne Wertungsmöglichkeit finden größtenteils keine Anwendung, aber ungeachtet dessen gilt weiterhin die Inhaltskontrolle nach § 307 BGB.

Westfälische Zeitung: Vielen Dank für die ausführlichen Informationen, Herr Volkery. Wir werden in Zukunft die AGB genauer lesen – wohlwissend, dass wir vor manchen Formulierungen durch den Gesetzgeber geschützt sind.

(fiktives Interview)

Info 2: Auszüge aus dem BGB zu den Allgemeinen Geschäftsbedingungen

§ 305 Einbeziehung Allgemeiner Geschäftsbedingungen in den Vertrag
(1) Allgemeine Geschäftsbedingungen sind alle für eine Vielzahl von Verträgen vorformulierten Vertragsbedingungen, die eine Vertragspartei (Verwender) der anderen Vertragspartei bei Abschluss eines Vertrags stellt. Gleichgültig ist, ob die Bestimmungen einen äußerlich gesonderten Bestandteil des Vertrags bilden oder in die Vertragsurkunde selbst aufgenommen werden, welchen Umfang sie haben, in welcher Schriftart sie verfasst sind und welche Form der Vertrag hat. Allgemeine Geschäftsbedingungen liegen nicht vor, soweit die Vertragsbedingungen zwischen den Vertragsparteien im Einzelnen ausgehandelt sind.
(2) Allgemeine Geschäftsbedingungen werden nur dann Bestandteil eines Vertrags, wenn der Verwender bei Vertragsschluss
1. die andere Vertragspartei ausdrücklich oder, wenn ein ausdrücklicher Hinweis wegen der Art des Vertragsschlusses nur unter unverhältnismäßigen Schwierigkeiten möglich ist, durch deutlich sichtbaren Aushang am Ort des Vertragsschlusses auf sie hinweist und
2. der anderen Vertragspartei die Möglichkeit verschafft, in zumutbarer Weise, die auch eine für den Verwender erkennbare körperliche Behinderung der anderen Vertragspartei angemessen berücksichtigt, von ihrem Inhalt Kenntnis zu nehmen,

und wenn die andere Vertragspartei mit ihrer Geltung einverstanden ist.
(...)

§ 305b Vorrang der Individualabrede
Individuelle Vertragsabreden haben Vorrang vor Allgemeinen Geschäftsbedingungen.

§ 305c Überraschende und mehrdeutige Klauseln
(1) Bestimmungen in Allgemeinen Geschäftsbedingungen, die nach den Umständen, insbesondere nach dem äußeren Erscheinungsbild des Vertrags, so ungewöhnlich sind, dass der Vertragspartner des Verwenders mit ihnen nicht zu rechnen braucht, werden nicht Vertragsbestandteil.
(2) Zweifel bei der Auslegung Allgemeiner Geschäftsbedingungen gehen zu Lasten des Verwenders.

INFOBOX

§ 306 Rechtsfolgen bei Nichteinbeziehung und Unwirksamkeit
(1) Sind Allgemeine Geschäftsbedingungen ganz oder teilweise nicht Vertragsbestandteil geworden oder unwirksam, so bleibt der Vertrag im Übrigen wirksam.
(2) Soweit die Bestimmungen nicht Vertragsbestandteil geworden oder unwirksam sind, richtet sich der Inhalt des Vertrags nach den gesetzlichen Vorschriften.
(3) Der Vertrag ist unwirksam, wenn das Festhalten an ihm auch unter Berücksichtigung der nach Absatz 2 vorgesehenen Änderung eine unzumutbare Härte für eine Vertragspartei darstellen würde.

§ 306a Umgehungsverbot
Die Vorschriften dieses Abschnitts finden auch Anwendung, wenn sie durch anderweitige Gestaltungen umgangen werden.

§ 307 Inhaltskontrolle
(1) Bestimmungen in Allgemeinen Geschäftsbedingungen sind unwirksam, wenn sie den Vertragspartner des Verwenders entgegen den Geboten von Treu und Glauben unangemessen benachteiligen. Eine unangemessene Benachteiligung kann sich auch daraus ergeben, dass die Bestimmung nicht klar und verständlich ist.
(2) Eine unangemessene Benachteiligung ist im Zweifel anzunehmen, wenn eine Bestimmung
1. mit wesentlichen Grundgedanken der gesetzlichen Regelung, von der abgewichen wird, nicht zu vereinbaren ist oder
2. wesentliche Rechte oder Pflichten, die sich aus der Natur des Vertrags ergeben, so einschränkt, dass die Erreichung des Vertragszwecks gefährdet ist.

(...)

§ 308 Klauselverbote mit Wertungsmöglichkeit
In Allgemeinen Geschäftsbedingungen ist insbesondere unwirksam
1. (Annahme- und Leistungsfrist)
   eine Bestimmung, durch die sich der Verwender unangemessen lange oder nicht hinreichend bestimmte Fristen für die Annahme oder Ablehnung eines Angebots oder die Erbringung einer Leistung vorbehält (...)
2. (Nachfrist)
   eine Bestimmung, durch die sich der Verwender für die von ihm zu bewirkende Leistung abweichend von Rechtsvorschriften eine unangemessen lange oder nicht hinreichend bestimmte Nachfrist vorbehält;
3. (Rücktrittsvorbehalt)
   die Vereinbarung eines Rechts des Verwenders, sich ohne sachlich gerechtfertigten und im Vertrag angegebenen Grund von seiner Leistungspflicht zu lösen; dies gilt nicht für Dauerschuldverhältnisse;
4. (Änderungsvorbehalt)
   die Vereinbarung eines Rechts des Verwenders, die versprochene Leistung zu ändern oder von ihr abzuweichen, wenn nicht die Vereinbarung der Änderung oder Abweichung unter Berücksichtigung der Interessen des Verwenders für den anderen Vertragsteil zumutbar ist;

(...)

§ 309 Klauselverbote ohne Wertungsmöglichkeit
Auch soweit eine Abweichung von den gesetzlichen Vorschriften zulässig ist, ist in Allgemeinen Geschäftsbedingungen unwirksam
1. (Kurzfristige Preiserhöhungen)
   eine Bestimmung, welche die Erhöhung des Entgelts für Waren oder Leistungen vorsieht, die innerhalb von vier Monaten nach Vertragsschluss geliefert oder erbracht werden sollen; dies gilt nicht bei Waren oder Leistungen, die im Rahmen von Dauerschuldverhältnissen geliefert oder erbracht werden;

(...)

4. (Mahnung, Fristsetzung)
   eine Bestimmung, durch die der Verwender von der gesetzlichen Obliegenheit freigestellt wird, den anderen Vertragsteil zu mahnen oder ihm eine Frist für die Leistung oder Nacherfüllung zu setzen;

(...)

6. (Vertragsstrafe)
   eine Bestimmung, durch die dem Verwender für den Fall der Nichtabnahme oder verspäteten Abnahme der Leistung, des Zahlungsverzugs oder für den Fall, dass der andere Vertragsteil sich vom Vertrag löst, Zahlung einer Vertragsstrafe versprochen wird;
8. (Sonstige Haftungsausschlüsse bei Pflichtverletzung)
   (...)
   b) (Mängel)
   eine Bestimmung, durch die bei Verträgen über Lieferungen neu hergestellter Sachen und über Werkleistungen
   aa) (Ausschluss und Verweisung auf Dritte)
   die Ansprüche gegen den Verwender wegen eines Mangels insgesamt oder bezüglich einzelner Teile ausgeschlossen, auf die Einräumung von Ansprüchen gegen Dritte beschränkt oder von der vorherigen gerichtlichen Inanspruchnahme Dritter abhängig gemacht werden;
   (...)

cc) (Aufwendungen bei Nacherfüllung)
die Verpflichtung des Verwenders ausgeschlossen oder beschränkt wird, die zum Zwecke der Nacherfüllung erforderlichen Aufwendungen, insbesondere Transport-, Wege-, Arbeits- und Materialkosten, zu tragen;
(...)
ff) (Erleichterung der Verjährung)
die Verjährung von Ansprüchen gegen den Verwender wegen eines Mangels (...) erleichtert

(...)

10. (Wechsel des Vertragspartners)
eine Bestimmung, wonach bei Kauf-, Darlehens-, Dienst- oder Werkverträgen ein Dritter anstelle des Verwenders in die sich aus dem Vertrag ergebenden Rechte und Pflichten eintritt oder eintreten kann, es sei denn, in der Bestimmung wird
a) der Dritte namentlich bezeichnet oder
b) dem anderen Vertragsteil das Recht eingeräumt, sich vom Vertrag zu lösen;

(...)

§ 310 Anwendungsbereich

(1) § 305 Absatz 2 und 3, § 308 Nummer 1, 2 bis 8 und § 309 finden keine Anwendung auf Allgemeine Geschäftsbedingungen, die gegenüber einem Unternehmer, einer juristischen Person des öffentlichen Rechts oder einem öffentlich-rechtlichen Sondervermögen verwendet werden.
(...)

Vertiefende Übungen

1 Die WFW AG erwägt für die Produktgruppe „Mountainbike“, in ihren AGB die Gewährleistungsfrist von den gesetzlich vorgeschriebenen 24 auf 36 Monate zu verlängern. Begründen Sie, ob eine solche Verlängerung zulässig ist. Beziehen Sie den Sinn der Vorschriften des BGB zu den Allgemeinen Geschäftsbedingungen in Ihre Überlegungen ein.

2 Erklären Sie, welchen Zweck der Gesetzgeber Ihrer Meinung nach mit der Inhaltskontrolle nach § 307 BGB (Generalklausel) verfolgt. Beachten Sie in diesem Zusammenhang, dass der Gesetzgeber in den §§ 308 und 309 bereits zahlreiche Klauselverbote explizit formuliert hat.

3 Nikola Brand hat für die WFW AG 660 Stahlrohre 20 x 3 mm bei der Schuppert Metallerzeugnisse OHG eingekauft. In den AGB der Schuppert Metallerzeugnisse OHG, die Bestandteil des Vertrages geworden sind, heißt es: „Bei Zahlung innerhalb von zehn Tagen ab Rechnungsdatum gewähren wir 2 % Skonto, ansonsten ist spätestens innerhalb von 30 Tagen Zahlung zu leisten.“ Frau Brand hat mit der Verkaufssachbearbeiterin der Schuppert Metallerzeugnisse OHG, Franziska Fröhlich, vereinbart, dass auch bei geringfügigem Überschreiten der Zahlungsfrist noch Skonto in Abzug gebracht werden darf. Als die Zahlung der WFW AG erst am 11. Tag nach Rechnungsdatum bei der Schuppert Metallerzeugnisse OHG eingeht, meint Frau Fröhlich: „Frau Brand, Sie müssen noch für die Überweisung der restlichen 2 % sorgen. Skonto können Sie laut AGB nur bei Überweisung innerhalb von zehn Tagen ziehen. Zu spät ist zu spät!“ Nehmen Sie Stellung.

4 Leonie Gremme hat bei einem Versandhändler ein neues Kleid bestellt. Als sie das Kleid mit der beiliegenden Rechnung erhält, ist sie verwundert. Auf der Rückseite der Rechnung sind die AGB des Versandhändlers abgedruckt, von denen Leonie zum Zeitpunkt der Bestellung keine Kenntnis hatte. Begründen Sie, ob die AGB des Versandhändlers Bestandteil der Vertragsbeziehungen zwischen Leonie Gremme und dem Versandhändler geworden sind.

5 Maik Balster möchte ein neues Paar Turnschuhe erwerben. Im Internet hat er schnell den passenden Shop gefunden, der das von ihm favorisierte Paar auch in seiner Größe anbietet. Als er den Bestellvorgang abschließen möchte, findet er die folgenden Formulierungen in den AGB des Versandhändlers vor. Prüfen Sie mithilfe der §§ 308 und 309 die Zulässigkeit der folgenden Formulierungen:

(...)
2. Sollten Sie uns im Fall einer Schlechtleistung oder des Lieferungsverzuges eine Nachfrist zur erneuten Lieferung setzen, so muss diese mindestens zwei Tage betragen.
3. Im Fall einer Nichtzahlung können wir auf eine Mahnung verzichten, selbst wenn diese vom Gesetzgeber vorgeschrieben ist. Sie geraten in diesem Fall auch ohne die Mahnung in Verzug.
4. Damit wir die Flexibilität unseres Unternehmens im Sinne unserer Kunden erhalten, ist es uns gestattet, innerhalb von drei Tagen nach Vertragsschluss ohne Angabe von Gründen durch schriftliche Mitteilung vom Kaufvertrag zurückzutreten.
5. Wenn die von Ihnen bestellte Ware bei uns nicht mehr verfügbar ist, kann ein geeigneter anderer Versandhändler in das Vertragsverhältnis eintreten. Ein Recht auf Rücktritt besteht in diesem Fall nicht.

(...)

Ergänzende Übungen

1 Die WFW AG hat mit einem Neukunden, der Fahrradfachhandel Schlaupitz OHG, einen Kaufvertrag über 20 Mountainbikes MB-750 geschlossen. Im Kaufvertrag war die Vereinbarung getroffen worden, dass die AGB der WFW AG gelten sollen. Allerdings hat der Verkaufsmitarbeiter Andreas Storck vergessen, der Fahrradfachhandel Schlaupitz OHG die AGB auszuhändigen. Herr Schlaupitz kannte also bei Vertragsschluss die AGB der WFW AG nicht. Begründen Sie, ob die AGB Bestandteil des Vertrages geworden sind.

2 Der Vertragsmitarbeiter Fritz Lang ist der Meinung, dass die WFW AG ihre AGB deutlich schärfer formulieren sollte. Er führt folgende Begründung an: „Da die Klauselverbote mit und ohne Wertungsmöglichkeit, also die §§ 308 und 309 BGB, gegenüber Unternehmen nicht gelten, gibt es keine Einschränkungen bei der Gestaltung unserer AGB. Schließlich verkaufen wir nur an Unternehmen." Nehmen Sie Stellung.

3 Die WFW AG betreibt neuerdings einen kleinen Fabrikverkaufsladen, wo vor allem ältere Modelle an Selbstabholer verkauft werden. Jeder Kauf wird über ein Vertragsformular abgewickelt, auf dem der Kunde bestätigt, die rückseitigen AGB zur Kenntnis genommen zu haben. Norbert Wälte hat gerade ein neues Rennrad erworben. Als er es zu Hause ausprobieren will, stellt er fest, dass der Rahmen Kratzer aufweist.

a) Begründen Sie, ob die AGB der WFW AG Vertragsbestandteil geworden sind.

b) Norbert Wälte reklamiert sogleich das Rennrad. Der Verkäufer der WFW AG, Manfred Lange, verweist auf die AGB des Fabrikverkaufsladens, in denen es heißt: „Bei einer Schlechtleistung stehen Ihnen grundsätzlich sämtliche gesetzlichen Rechte zu. Allerdings müssen kleinere Mängel wie Kratzer oder leichtere Farbabweichungen akzeptiert werden. Die Kosten für Nachbesserungen und Neulieferungen trägt der Käufer." Nehmen Sie Stellung.

c) Vier Monate später ist die Schaltung des Rennrades fehlerhaft. Manfred Lange gesteht ein, dass es sich eindeutig um einen Fehler der WFW AG handelt. Leider könne er aber dennoch nichts machen, da die gesetzliche Gewährleistungsfrist von zwei Jahren für Neuware laut Allgemeiner Geschäftsbedingungen auf drei Monate verkürzt worden ist. Prüfen Sie die Zulässigkeit einer solchen Regelung.

ZUSAMMENFASSUNG

- Die Bestimmungen der §§ 305 ff. zu den Allgemeinen Geschäftsbedingungen (__________) dienen dem Schutz der ______________________________.

Einbeziehung der AGB in den Vertrag		
____________________ Hinweis _____ unter Umständen deutlich sichtbarer ____________ am Ort des ________________________	... und Möglichkeit einer zumutbaren ________________	... und ____________________ der anderen Vertragspartei

Unwirksamkeit von Klauseln	
Grund	**Erklärung**
____________________ Klauseln (§ 305c BGB)	Klauseln, mit denen der Vertragspartner _____ _____ ________________ ________________
____________kontrolle (§ 307 BGB)	Klauseln, die entgegen den Geboten von _______ und __________ den Vertragspartner __________________
Klauselverbote ______ Wertungsmöglichkeit (§ 308 BGB)	Klauseln, deren Gültigkeit durch __________________ festzustellen ist
Klauselverbote ______ Wertungsmöglichkeit (§ 308 BGB)	Klauseln, die absolut ________________ sind

- Sind die AGB ganz oder teilweise nicht ________________________ geworden oder einzelne Klauseln ______________________________, so bleibt der Vertrag weiterhin ______________________________.
- An die Stelle der unwirksamen Regelung, tritt die ________________________________ Bestimmung.
- ____ haben grundsätzlich Vorrang vor den AGB.
- Für ___________________________ gelten hinsichtlich der Einbeziehung der AGB in den Vertrag sowie der Unwirksamkeit von Klauseln einige ______________________________. So finden die Klauseln mit und ohne Wertungsmöglichkeit größtenteils keine Anwendung. Es gilt aber weiterhin die ______________________________.

SELBSTEINSCHÄTZUNG	JA ☺	MIT HILFE 😐	NEIN ☹
Ich kann die Bedeutung der AGB für Käufer und Verkäufer erläutern und den Sinn der Bestimmungen im BGB zu den AGB erklären.			
Ich kann die Voraussetzungen für eine wirksame Einbeziehung der AGB in den Vertrag erklären.			
Ich kann fallbezogen begründen, ob die AGB wirksamer Vertragsbestandteil geworden sind.			
Ich kann verschiedene Möglichkeiten erklären, die zur Unwirksamkeit von einzelnen Klauseln führen.			
Ich kann die Wirksamkeit von Klauseln fallbezogen prüfen.			
Ich kann die Konsequenzen einer Unwirksamkeit von Klauseln erläutern.			
Ich kann die Bedeutung von Individualabreden beschreiben.			
Ich kann die Vereinfachungen für Unternehmen in Grundzügen darstellen.			
Ich kann Gesetzestexte fallbezogen anwenden.			

Außerdem habe ich gelernt:

____

____

____

____

____

____

HINWEIS Zur Wiederholung und Vertiefung der Inhalte der Lernsituation: Seite 177 f., Aufgabe 18.

LERNSITUATION 19: Verbraucherrechte bei außerhalb von Geschäftsräumen geschlossenen Verträgen und Fernabsatzgeschäften wahrnehmen

Ausgangssituation: Nur ein paar Klicks entfernt – schnell bestellt im Internet

Maik Balster überlegt schon seit Längerem, sich einen neuen Laptop zu kaufen, als er eines Abends im Internet auf ein Sonderangebot stößt, das nur noch am selben Tag gilt. In einem Onlineshop bestellt er das Gerät „Multitask de Luxe“ für 1495,00 € zzgl. einer Versandkostenpauschale in Höhe von 9,90 €. Er kauft den Laptop und überweist den Rechnungsbetrag. Eine dem Gesetz entsprechende Widerrufsbelehrung hat Maik akzeptiert. Pünktlich nach zwei Tagen hält er das Paket mit dem Laptop in Händen. Doch als er das Gerät auspackt, ist er enttäuscht. Das Gerät sah im professionell gestalteten Onlineshop deutlich werthaltiger aus. Und obwohl es sich um ein Sonderangebot handelt, sind rund 1500,00 € deutlich mehr, als Maik ursprünglich ausgeben wollte. Der Sommerurlaub muss nun knapper kalkuliert werden. Als er dann weitere Informationen über den „Multitask de Luxe“ recherchiert, stellt er fest, dass der gleiche Laptop bei einem anderen Onlinehändler für 1400,00 € angeboten wird. „Was tun?“, denkt er.

Arbeitsaufträge

1 Nennen Sie das Verbrauchergeschäft, das Maik Balster abgeschlossen hat.

2 Beschreiben Sie, welche Risiken Maik Balster bei diesem besonderen Verbrauchergeschäft eingegangen ist.

3 Stellen Sie begründet dar, warum und unter welchen Voraussetzungen Maik den Kauf widerrufen kann.

4 Der Verkäufer lehnt die Rückabwicklung des Kaufvertrages zunächst ab, weil Maik in seinem Widerruf keine Begründung für seinen Rücktritt vom Kauf angegeben hat. Erläutern Sie die Rechtslage.

5 Erläutern Sie, welche Kosten der Verkäufer erstatten muss und auf welchem Weg die Rückerstattung der Kosten zu erfolgen hat.

6 Stellen Sie begründet dar, welche Fristen Maik und der Verkäufer bei der Rückabwicklung einzuhalten haben.

Info 1: Widerruf von Verbraucherverträgen

INFOBOX

Verbrauchervertrag

Bei einem Verbrauchervertrag handelt es sich um einen Vertrag zwischen einem Unternehmen und einer Privatperson (= Verbraucher). Da der Verbraucher eine relativ schwache Stellung gegenüber dem Unternehmen hat, wird seine Position durch zahlreiche Verbraucherschutzbestimmungen bei einzelnen Verbraucherverträgen gestärkt. So wird ihm u.a. bei außerhalb von Geschäftsräumen geschlossenen Verträgen und bei Fernabsatzverträgen ein Widerrufsrecht zugestanden.

INFOBOX

Außerhalb von Geschäftsräumen geschlossene Verträge

Außerhalb von Geschäftsräumen geschlossene Verträge sind Verträge, die nach mündlicher Verhandlung zwischen einem Unternehmen und einem Verbraucher an einem Ort geschlossen werden, der kein Geschäftsraum des Unternehmens ist (§ 312b BGB). Dies können z. B. die Privatwohnung oder der Arbeitsplatz des Verbrauchers, aber auch öffentliche Verkehrsmittel oder Straßen sowie von Unternehmen durchgeführte Verkaufsveranstaltungen sein.

Fernabsatzgeschäfte

Unter einem Fernabsatzgeschäft versteht man den Abschluss von Verträgen zwischen einem Unternehmen und einem Verbraucher, wenn sich diese nicht persönlich gegenüberstehen, sondern der Vertragsabschluss per Brief, über einen Katalog, telefonisch, per Fax, mittels E-Mail, über einen Teleshoppingsender oder einen Onlineshop bzw. ein Internetauktionshaus erfolgt ist (§ 312c BGB).

Widerrufsrecht

Der Verbraucher kann bei außerhalb von Geschäftsräumen geschlossenen Verträgen und Fernabsatzgeschäften seine Willenserklärung **innerhalb von 14 Tagen ohne Begründung** widerrufen, indem er seinen Widerruf eindeutig erklärt.

Die Widerrufsfrist beginnt mit dem Zeitpunkt, zu dem der Verbraucher eine Belehrung über sein Widerrufsrecht erhalten und unterschrieben (bzw. mittels elektronischer Signatur versehen) hat, bei Waren aber nicht vor Erhalt der Ware (§ 356 Abs. 2 BGB). Eine Benachrichtigung vom Paketboten, dass das Paket bereitliegt, setzt die Frist noch nicht in Kraft.

Der Verkäufer muss den Verbraucher in einer Widerrufsbelehrung eindeutig auf seine Rechte und seine Pflichten sowie auf die Folgen eines möglichen Widerrufs hinweisen. Die Widerrufsfrist beginnt nicht, bevor der Unternehmer den Verbraucher entsprechend informiert hat. Das Widerrufsrecht für den Verbraucher erlischt spätestens nach zwölf Monaten und 14 Tagen.

Kein Widerrufsrecht hat der Verbraucher u. a. bei folgenden außerhalb von Geschäftsräumen geschlossenen Verträgen und Fernabsatzgeschäften (§ 312g BGB):

- bei Verträgen über nach Kundenwünschen angefertigte Waren
- bei Verträgen über die Lieferung von Waren, die schnell verderben können
- bei Verträgen zur Lieferung von Zeitungen und Zeitschriften (Ausnahme: Abonnementverträge)
- bei Verträgen, bei denen der Verbraucher den Unternehmer ausdrücklich aufgefordert hat, ihn aufzusuchen, um dringende Reparatur- oder Instandhaltungsarbeiten vorzunehmen

Erklärung des Widerrufs

Nach § 355 Abs. 1 BGB muss der Widerruf gegenüber dem Unternehmer ausdrücklich erklärt werden. Eine bloße Rücksendung der Waren ist dabei nicht ausreichend. Die Widerrufserklärung muss keine Begründung enthalten. Um die Widerrufsfrist zu wahren, genügt die rechtzeitige Absendung des Widerrufs.

Folgen eines formgerechten Widerrufs

Die empfangenen Leistungen sind unverzüglich, spätestens jedoch innerhalb von 14 Tagen, zurückzugewähren. Die Frist beginnt für den Verbraucher mit der Abgabe der Widerrufserklärung (§ 355 Abs. 3 BGB in Verbindung mit § 357 Abs. 1 BGB). Der Verkäufer kann bei einem Verbrauchsgüterkauf mit der Rückzahlung warten, bis er die Ware zurückerhalten hat (§ 357 Abs. 4 BGB).

Der Verkäufer hat dem Verbraucher neben dem Kaufpreis auch die Lieferkosten zurückzuerstatten. Die Lieferkosten sind nicht zu erstatten, wenn der Verbraucher sich für eine andere als die Standardlieferung entschieden hat (§ 357 Abs. 2 BGB). Der Verkäufer muss zur Erstattung dasselbe Zahlungsmittel verwenden, das der Käufer verwendet hat (§ 357 Abs. 3 BGB). Die Kosten für die Rücksendung der Waren muss der Verbraucher tragen, wenn der Verkäufer ihn vorab über diese Pflicht informiert hat (§ 357 Abs. 6 BGB).

Info 2: Auszüge aus dem BGB

§ 312b Außerhalb von Geschäftsräumen geschlossene Verträge

(1) Außerhalb von Geschäftsräumen geschlossene Verträge sind Verträge,

- die bei gleichzeitiger körperlicher Anwesenheit des Verbrauchers und des Unternehmers an einem Ort geschlossen werden, der kein Geschäftsraum des Unternehmers ist,
- für die der Verbraucher unter den in Nummer 1 genannten Umständen ein Angebot abgegeben hat,
- die in den Geschäftsräumen des Unternehmers oder durch Fernkommunikationsmittel geschlossen werden, bei denen der Verbraucher jedoch unmittelbar zuvor außerhalb der Geschäftsräume des Unternehmers bei gleichzeitiger körperlicher Anwesenheit des Verbrauchers und des Unternehmers persönlich und individuell angesprochen wurde, oder
- die auf einem Ausflug geschlossen werden, der von dem Unternehmer oder mit seiner Hilfe organisiert wurde, um beim Verbraucher für den Verkauf von Waren oder die Erbringung von Dienstleistungen zu werben und mit ihm entsprechende Verträge abzuschließen.

(...)

§ 312c Fernabsatzverträge

(1) Fernabsatzverträge sind Verträge, bei denen der Unternehmer oder eine in seinem Namen oder Auftrag handelnde Person und der Verbraucher für die Vertragsverhandlungen und den Vertragsschluss ausschließlich Fernkommunikationsmittel verwenden, es sei denn, dass der Vertragsschluss nicht im Rahmen eines für den Fernabsatz organisierten Vertriebs- oder Dienstleistungssystems erfolgt.

(2) Fernkommunikationsmittel im Sinne dieses Gesetzes sind alle Kommunikationsmittel, die zur Anbahnung oder zum Abschluss eines Vertrags eingesetzt werden können, ohne dass die Vertragsparteien gleichzeitig körperlich anwesend sind, wie Briefe, Kataloge, Telefonanrufe, Telekopien, E-Mails, über den Mobilfunkdienst versendete Nachrichten (SMS) sowie Rundfunk und Telemedien.

§ 355 Widerrufsrecht bei Verbraucherverträgen

(1) Wird einem Verbraucher durch Gesetz ein Widerrufsrecht nach dieser Vorschrift eingeräumt, so sind der Verbraucher und der Unternehmer an ihre auf den Abschluss des Vertrags gerichteten Willenserklärungen nicht mehr gebunden, wenn der Verbraucher seine Willenserklärung fristgerecht widerrufen hat. Der Widerruf erfolgt durch Erklärung gegenüber dem Unternehmer. Aus der Erklärung muss der Entschluss des Verbrauchers zum Widerruf des Vertrags eindeutig hervorgehen. Der Widerruf muss keine Begründung enthalten. Zur Fristwahrung genügt die rechtzeitige Absendung des Widerrufs.

(2) Die Widerrufsfrist beträgt 14 Tage. Sie beginnt mit Vertragsschluss, soweit nichts anderes bestimmt ist.

(3) Im Falle des Widerrufs sind die empfangenen Leistungen unverzüglich zurückzugewähren. Bestimmt das Gesetz eine Höchstfrist für die Rückgewähr, so beginnt diese für den Unternehmer mit dem Zugang und für den Verbraucher mit der Abgabe der Widerrufserklärung. Ein Verbraucher wahrt diese Frist durch die rechtzeitige Absendung der Waren. Der Unternehmer trägt bei Widerruf die Gefahr der Rücksendung der Waren.

§ 356 Widerrufsrecht bei außerhalb von Geschäftsräumen geschlossenen Verträgen und Fernabsatzverträgen

(...)

(2) Die Widerrufsfrist beginnt

1. bei einem Verbrauchsgüterkauf,
   a) der nicht unter die Buchstaben b bis d fällt, sobald der Verbraucher oder ein von ihm benannter Dritter, der nicht Frachtführer ist, die Waren erhalten hat,
   b) bei dem der Verbraucher mehrere Waren im Rahmen einer einheitlichen Bestellung bestellt hat und die Waren getrennt geliefert werden, sobald der Verbraucher oder ein von ihm benannter Dritter, der nicht Frachtführer ist, die letzte Ware erhalten hat,
   c) bei dem die Ware in mehreren Teilsendungen oder Stücken geliefert wird, sobald der Verbraucher oder ein vom Verbraucher benannter Dritter, der nicht Frachtführer ist, die letzte Teilsendung oder das letzte Stück erhalten hat,
   d) der auf die regelmäßige Lieferung von Waren über einen festgelegten Zeitraum gerichtet ist, sobald der Verbraucher oder ein von ihm benannter Dritter, der nicht Frachtführer ist, die erste Ware erhalten hat.
2. bei einem Vertrag, der die nicht in einem begrenzten Volumen oder in einer bestimmten Menge angebotene Lieferung von Wasser, Gas oder Strom, die Lieferung von Fernwärme oder die Lieferung von nicht auf einem körperlichen Datenträger befindlichen digitalen Inhalten zum Gegenstand hat, mit Vertragsschluss.

INFOBOX

3. Die Widerrufsfrist beginnt nicht, bevor der Unternehmer den Verbraucher entsprechend (...) informiert hat. Das Widerrufsrecht erlischt spätestens zwölf Monate und 14 Tage nach dem in Absatz 2 oder § 355 Absatz 2 Satz 2 genannten Zeitpunkt.
(...)

§ 357 Rechtsfolgen des Widerrufs von außerhalb von Geschäftsräumen geschlossenen Verträgen und Fernabsatzverträgen mit Ausnahme von Verträgen über Finanzdienstleistungen
(1) Die empfangenen Leistungen sind spätestens nach 14 Tagen zurückzugewähren.
(2) Der Unternehmer muss auch etwaige Zahlungen des Verbrauchers für die Lieferung zurückgewähren. Dies gilt nicht, soweit dem Verbraucher zusätzliche Kosten entstanden sind, weil er sich für eine andere Art der Lieferung als die vom Unternehmer angebotene günstigste Standardlieferung entschieden hat.
(3) Für die Rückzahlung muss der Unternehmer dasselbe Zahlungsmittel verwenden, das der Verbraucher bei der Zahlung verwendet hat. Satz 1 gilt nicht, wenn ausdrücklich etwas anderes vereinbart worden ist und dem Verbraucher dadurch keine Kosten entstehen.
(4) Bei einem Verbrauchsgüterkauf kann der Unternehmer die Rückzahlung verweigern, bis er die Waren zurückerhalten hat oder der Verbraucher den Nachweis erbracht hat, dass er die Waren abgesandt hat. Dies gilt nicht, wenn der Unternehmer angeboten hat, die Waren abzuholen.
(5) Der Verbraucher ist nicht verpflichtet, die empfangenen Waren zurückzusenden, wenn der Unternehmer angeboten hat, die Waren abzuholen.
(6) Der Verbraucher trägt die unmittelbaren Kosten der Rücksendung der Waren, wenn der Unternehmer den Verbraucher (...) von dieser Pflicht unterrichtet hat. Satz 1 gilt nicht, wenn der Unternehmer sich bereiterklärt hat, diese Kosten zu tragen. Bei außerhalb von Geschäftsräumen geschlossenen Verträgen, bei denen die Waren zum Zeitpunkt des Vertragsschlusses zur Wohnung des Verbrauchers geliefert worden sind, ist der Unternehmer verpflichtet, die Waren auf eigene Kosten abzuholen, wenn die Waren so beschaffen sind, dass sie nicht per Post zurückgesandt werden können.
(...)

Vertiefende Übungen

1 Andrea Kamp kauft sich in der Boutique Meier ein schickes Designerkleid für 1 950,00 €. Zwei Tage später hat sie Bedenken, weil der Kaufpreis ihre finanziellen Möglichkeiten eigentlich übersteigt. Sie bringt das Kleid daher zehn Tage nach dem Kauf in die Boutique Meier zurück, um den Kaufvertrag zu widerrufen. Erläutern Sie die Rechtslage.

2 Nikola Brand bestellt ein Designerkostüm für 2 200,00 € im Onlineshop der Boutique Meier. Das Kostüm wird Nikola Brand am 15. Juni per Paket zugestellt. Allerdings entspricht das Kostüm überhaupt nicht ihren Vorstellungen. Sie schickt es deshalb am 21. Juni kommentarlos an die Boutique Meier zurück. Erläutern Sie die Rechtslage.

3 Maik Balster kauft am 25. Juli auf der Plattform eines Internetauktionshauses bei einer Privatperson einen gebrauchten Taschenrechner für die Berufsschule, weil er seinen Taschenrechner verloren hat. Nach Abschluss des Kaufvertrages findet Maik Balster seinen Taschenrechner wieder und widerruft den Kaufvertrag. Erläutern Sie die Rechtslage.

4 Leonie Gremme kauft kurz vor den Sommerferien bei einem Onlinebuchhändler zwei Schulbücher für das nächste Schuljahr. Wenige Tage später, am 15. Juli, werden die Bücher zugestellt. Leonie wurde auf die Widerrufsbelehrung aufmerksam gemacht, hat diese gelesen und akzeptiert. Nach den Sommerferien, am 30. August, erklärt Leonie schriftlich ihren Widerruf, weil sie die Bücher wesentlich günstiger gebraucht von einer Freundin kaufen kann. Erläutern Sie die Rechtslage.

5 Petra Kobus hat gerade ihre erste eigene Wohnung bezogen, als es an der Tür klingelt und ein freundlicher Mitarbeiter eines überregionalen Stromversorgers sie von den Leistungen seines Unternehmens überzeugt. Sie schließt am 5. Juni einen Stromvertrag ab, der Anbieterwechsel soll zum 01.07. erfolgen. Bei Vertragsabschluss wurde sie über ihre Rechte (auch über die Widerrufsklausel) korrekt informiert und hat dieses per Unterschrift bestätigt. Am nächsten Tag stellt Petra Kobus bei einer Internetrecherche fest, dass der von ihr gewählte Stromtarif bei anderen Anbietern günstiger zu haben wäre. Außerdem möchte sie doch lieber einen Ökostrom-Vertrag abschließen. Erläutern Sie die Rechtslage.

ZUSAMMENFASSUNG

Verbraucherschutzvorschriften bei Fernabsatzverträgen und außerhalb von Geschäftsräumen geschlossenen Verträgen	
Verbrauchervertrag	Vertrag zwischen ______ und ______.
Widerrufsbelehrung	Der ______ muss den ______ in einer ______ eindeutig auf seine ______ und seine ______ sowie auf die ______ eines möglichen Widerrufs hinweisen. Der Verbraucher muss bestätigen, dass er von der Widerrufsbelehrung Kenntnis erlangt hat.
Widerrufsfristen	Verbraucher haben das Recht, Verträge, die außerhalb der ______ des Unternehmens geschlossen wurden sowie ______ innerhalb von ______ Tagen zu widerrufen. Beispiele für solche Verträge sind: ______ ______. Die Widerrufsfrist beginnt ______. Die Widerrufsfrist beginnt nicht, ______ ______. Das Widerrufsrecht endet spätestens nach ______.
Erklärung des Widerrufs	Der Widerruf muss gegenüber dem ______ ohne Angabe von ______ erklärt werden.
Erstattungsregelungen	Der Verkäufer muss neben dem Kaufpreis auch die ______ ersetzen. Die Kosten für die ______ muss der Verbraucher tragen, wenn der Verkäufer ihn über diese Pflicht vorab informiert hat.
Fristen für die Rückabwicklung	Der Verbraucher muss die Ware ______ (spätestens innerhalb von ___ Tagen) an den Verkäufer zurücksenden. Der Verkäufer muss die Rückabwicklung ______ (spätestens innerhalb von ___ Tagen) vornehmen, kann aber warten, bis der Verbraucher ______.

SELBSTEINSCHÄTZUNG	JA ☺	MIT HILFE 😐	NEIN ☹
Ich kann erläutern, wann ein Verbrauchervertrag vorliegt.			
Ich kann die Besonderheiten von Fernabsatzgeschäften und außerhalb von Geschäftsräumen geschlossenen Verträgen erläutern.			
Ich kann die Pflichten des Verkäufers beim Widerruf von Fernabsatzgeschäften und außerhalb von Geschäftsräumen geschlossenen Verträgen erläutern.			
Ich kann die Pflichten des Käufers beim Widerruf von Fernabsatzgeschäften und außerhalb von Geschäftsräumen geschlossenen Verträgen erläutern.			
Ich kann die Fristen beim Widerruf von Fernabsatzgeschäften und außerhalb von Geschäftsräumen geschlossenen Verträgen nennen.			
Ich kann erläutern, welche Kosten Verkäufer und Käufer beim Widerruf von Fernabsatzgeschäften und außerhalb von Geschäftsräumen geschlossenen Verträgen zu tragen haben.			

Außerdem habe ich gelernt:

____

____

____

____

____

____

HINWEIS

Zur Wiederholung und Vertiefung der Inhalte der Lernsituation:
Seite 178, Aufgabe 19.

Ausgangssituation: Wer haftet eigentlich, wenn etwas kaputt geht?

„Was ist das denn für ein Mist?", flucht Harald Peters, als er morgens die Eingangspost sichtet. „Schauen Sie sich das mal an, Leonie. Hier fordert ein Nelson Muntz Schadensersatz von uns, weil er mit seinem Mountainbike bei der Abfahrt von einem kleinen Hügel in einen Gartenzaun gerast ist. Die Bremsen hätten aufgrund eines Konstruktionsfehlers nicht funktioniert. Das ist übel, schließlich stellen wir unsere Bremsen selbst her und man kann als Käufer natürlich davon ausgehen, dass Bremsen so konstruiert sind, dass sie ‚ewig' halten. Zum Glück ist Herrn Muntz nichts passiert, aber seine Designerjeans ist bei dem Sturz gerissen und im Gartenzaun sind fünf Latten gebrochen, die ersetzt werden müssen. Die Designerjeans hat 290,00 € gekostet und die Reparatur des Gartenzauns 400,00 €. Das möchte er nun ersetzt haben. Gekauft hat er das Fahrrad vor vier Jahren bei der Radsport Beike GmbH in Emsdetten. Die hatten das Rad als Sonderanfertigung bei uns bestellt." Leonie überlegt: „Und was haben wir damit zu tun? Wir haben doch mit Nelson Muntz gar keinen Vertrag abgeschlossen."

Arbeitsaufträge

1 Prüfen Sie, ob die WFW AG für die entstandenen Folgeschäden aufkommen muss.

2 Erläutern Sie, wer die Beweislast für die entstandenen Schäden trägt.

3 Stellen Sie dar, unter welchen Voraussetzungen es noch andere Ersatzpflichtige als die WFW AG geben könnte.

4 Erläutern Sie die Haftungsbestimmungen, wenn Nelson Muntz sich bei dem Sturz den Arm gebrochen hätte und neben den Arztkosten von 600,00 € zusätzlich 200,00 € Schmerzensgeld gefordert hätte.

Info 1: Anwendungsbereich des Produkthaftungsgesetzes (§§ 1, 3 ProdHaftG)

INFOBOX

Durch das ProdHaftG sollen **private Endverbraucher** vor Gefahren, die von einem fehlerhaften Produkt ausgehen, geschützt werden. Für die Produkthaftung ist **weder ein Vertrag** zwischen Hersteller und Verbraucher **noch ein Verschulden** des Herstellers **erforderlich** (**„Gefährdungshaftung"**). Der Hersteller haftet für Folgeschäden, die bei sachgemäßer, privater Nutzung seiner Produkte entstehen.

Das ProdHaftG regelt die Haftung eines Herstellers für **Folgeschäden** an Personen („Leben", „Körper", „Gesundheit") und **privat** verwendeten Sachen **bei fehlerhaften Produkten**. Bei geschäftlich verwendeten Sachen ist eine Haftung durch das ProdHaftG also ausgeschlossen. Ein Produkt gilt als fehlerhaft, wenn es nicht die Sicherheit bietet, die der Verwender berechtigterweise erwarten kann.

Auf Basis des ProdHaftG können lediglich zivilrechtliche, keine strafrechtlichen Ansprüche geltend gemacht werden.

Nicht im ProdHaftG **geregelt** sind die Rechte des Käufers im Fall eines Mangels am fehlerhaften Produkt selbst. Dies regelt das Gewährleistungsrecht (**„Schlechtleistung"** bzw. „mangelhafte Lieferung").

⬇

INFOBOX

Beweislast (§ 3 Abs. 4 ProdHaftG)

Der **Geschädigte trägt** die **Beweislast** für den Fehler, den Schaden und den ursächlichen Zusammenhang zwischen Fehler und Schaden. Eine vertragliche Einschränkung oder ein Ausschluss der Haftung ist nicht möglich. Allerdings ist es für private Endverbraucher i. d. R. sehr schwierig, die Beweispflicht zu erfüllen.

Haftender Personenkreis (§ 4 ProdHaftG)

Als Hersteller eines Produktes haftet, wer das Endprodukt, einen Teil davon oder einen Grundstoff für dieses hergestellt hat. Jeder haftet für die von ihm zu verantwortenden Fehler des Produktes. Der Hersteller des Endproduktes haftet gegenüber dem Geschädigten darüber hinaus für alle Fehler des Produktes.

Weiterhin gilt derjenige als Hersteller, der das Produkt verkauft, vermietet, importiert oder geliefert hat. Lässt sich der Hersteller des Produktes nicht feststellen, gilt jeder Lieferant als Hersteller. Sind für einen Schaden mehrere Hersteller nebeneinander verantwortlich, so haften sie gesamtschuldnerisch.

Zu ersetzender Schaden (§§ 10, 11 ProdHaftG)

Ergeben sich Schäden durch ein fehlerhaftes Produkt, haftet der Hersteller **bei Personenschäden** für mögliche Arzt- und Umschulungskosten. Er hat auch einen etwaigen Verdienstausfall zu ersetzen. Die Haftungshöchstgrenze bei Personenschäden beträgt **85 Mio. €**. Bei **Sachschäden** hat der Geschädigte Schäden an privat genutzten Sachen bis zu einem Betrag von **500,00 €** (**Selbstbeteiligungsgrenze**) selbst zu tragen. Allerdings ist die Haftungshöhe bei Sachschäden unbegrenzt, das fehlerhafte Produkt wird aber nicht ersetzt, im ProdHaftG sind nur die **Fehlerkosten** geregelt.

Verjährungsfristen (§§ 12, 13 ProdHaftG)

Die **Haftungspflicht** erlischt **zehn Jahre**, nachdem das Produkt ausgeliefert wurde. Ein Schaden ist innerhalb von **drei Jahren** (**Verjährungsfrist**) nach seinem Eintritt geltend zu machen. Entscheidend für den Beginn der Verjährungsfrist ist der Zeitpunkt, an dem der Geschädigte von dem Schaden und von der ersatzpflichtigen Person Kenntnis erlangt hat oder erlangen hätte müssen.

INFOBOX

Info 2: Auszüge aus dem Gesetz über die Haftung für fehlerhafte Produkte (Produkthaftungsgesetz)[1]

§ 1 Haftung

(1) Wird durch den Fehler eines Produktes jemand getötet, sein Körper oder seine Gesundheit verletzt oder eine Sache beschädigt, so ist der Hersteller des Produkts verpflichtet, dem Geschädigten den daraus entstehenden Schaden zu ersetzen. Im Falle der Sachbeschädigung gilt dies nur, wenn eine andere Sache als das fehlerhafte Produkt beschädigt wird und diese andere Sache ihrer Art nach gewöhnlich für den privaten Ge- oder Verbrauch bestimmt und hierzu von dem Geschädigten hauptsächlich verwendet worden ist.

(2) Die Ersatzpflicht des Herstellers ist ausgeschlossen, wenn (...)

(...) das Produkt den Fehler, der den Schaden verursacht hat, noch nicht hatte, als der Hersteller es in den Verkehr brachte, (...)

der Fehler nach dem Stand der Wissenschaft und Technik in dem Zeitpunkt, in dem der Hersteller das Produkt in den Verkehr brachte, nicht erkannt werden konnte. (...)

(4) Für den Fehler und Schaden und den ursächlichen Zusammenhang zwischen Fehler und Schaden trägt der Geschädigte die Beweislast. (...)

---

[1] Vgl. www.gesetze-im-internet.de, abgerufen am 22.07.2017 um 16:43 Uhr

§ 3 Fehler
(1) Ein Produkt hat einen Fehler, wenn es nicht die Sicherheit bietet, die unter Berücksichtigung aller Umstände (...) berechtigterweise erwartet werden kann.
(...)

§ 4 Hersteller
(1) Hersteller im Sinne dieses Gesetzes ist, wer das Endprodukt, einen Grundstoff oder ein Teilprodukt hergestellt hat. (...)
(2) Als Hersteller gilt ferner, wer ein Produkt zum Zweck des Verkaufs, der Vermietung, des Mietkaufs oder einer anderen Form des Vertriebs mit wirtschaftlichem Zweck im Rahmen seiner geschäftlichen Tätigkeit in den Geltungsbereich des Abkommens über den Europäischen Wirtschaftsraum einführt oder verbringt.
(3) Kann der Hersteller des Produkts nicht festgestellt werden, so gilt jeder Lieferant als dessen Hersteller. (...)

§ 5 Mehrere Ersatzpflichtige
Sind für denselben Schaden mehrere Hersteller nebeneinander zum Schadensersatz verpflichtet, so haften sie als Gesamtschuldner. (...)[1]

§ 8 Umfang der Ersatzpflicht bei Körperverletzung
(1) Im Falle der Verletzung des Körpers oder der Gesundheit ist Ersatz der Kosten der Heilung sowie des Vermögensnachteils zu leisten, den der Verletzte dadurch erleidet, dass infolge der Verletzung zeitweise oder dauernd seine Erwerbsfähigkeit aufgehoben oder gemindert ist.
(2) Wegen des Schadens, der nicht Vermögensschaden ist, kann auch eine billige Entschädigung in Geld gefordert werden.

§ 10 Haftungshöchstbetrag
(1) Sind Personenschäden durch ein Produkt oder gleiche Produkte mit demselben Fehler verursacht worden, so haftet der Ersatzpflichtige nur bis zu einem Höchstbetrag von 85 Millionen €.
(...)

§ 11 Selbstbeteiligung bei Sachbeschädigung
Im Falle der Sachbeschädigung hat der Geschädigte einen Schaden bis zu einer Höhe von 500 € selbst zu tragen.

§ 12 Verjährung
(1) Der Anspruch nach § 1 verjährt in drei Jahren von dem Zeitpunkt an, in dem der Ersatzberechtigte von dem Schaden, dem Fehler und von der Person des Ersatzpflichtigen Kenntnis erlangt hat oder hätte erlangen müssen.
(...)

§ 13 Erlöschen von Ansprüchen
Der Anspruch nach § 1 erlischt innerhalb von zehn Jahren. (...)

Vertiefende Übungen

1 Maik Balster hat im Onlineshop der Trend-Systemmöbel AG das Regalsystem Wikinger gekauft. Fünf Jahre nach dem fachgerechten Aufbau ist es allerdings zusammengebrochen, wobei der neue Laptop (Kaufpreis 895,00 €) von Maik Balster irreparabel zerstört wurde. Erläutern Sie die haftungsrechtlichen Bestimmungen des Produkthaftungsgesetzes.

2 Im Beschwerdemanagement der Trend-Systemmöbel AG ist ein weiterer Fall zu bearbeiten: Walter Wallmann schildert, dass vor vier Jahren ein Bücherregal, welches er im Möbelhaus Meier gekauft hatte, aufgrund eines Materialfehlers zusammengebrochen sei, wobei eine antike Vase zerstört wurde. Das Möbelhaus Meier hätte ihm damals anstandslos ein neues Bücherregal geliefert. Um die Vase hätte er sich nicht weiter gekümmert, weil er dachte, sie sei wertlos gewesen. Nun habe er aber erfahren, dass die Vase 3000,00 € wert sei. Eine entsprechende Expertise habe er beigefügt. Zwecks Regulierung des Schadensfalls habe ihn das Möbelhaus Meier an die Trend-Systemmöbel AG verwiesen. Erläutern Sie die Rechtslage.

---

[1] § 421 BGB: Schulden mehrere eine Leistung in der Weise, dass jeder die ganze Leistung zu bewirken verpflichtet, der Gläubiger aber die Leistung nur einmal zu fordern berechtigt ist (Gesamtschuldner), so kann der Gläubiger die Leistung nach seinem Belieben von jedem der Schuldner ganz oder zu einem Teil fordern. Bis zur Bewirkung der ganzen Leistung bleiben sämtliche Schuldner verpflichtet.

3 Bernd Baller hat am 30.12. bei Sonderposten Meier ein Paket China-Böller zum Sonderpreis von 2,95 € erworben. Als er die Böller in der Silvesternacht zünden will, passiert das Unglück: Trotz ordnungsgemäßem Gebrauch explodiert ein Böller unmittelbar, nachdem Bernd mit seinem Feuerzeug in die Nähe der Zündschnur gekommen ist. Er erleidet schmerzhafte Verbrennungen 2. Grades an einer Hand und ist vier Wochen lang krankgeschrieben. Darüber hinaus hat sich durch die Explosion ein Loch in seinen Mantel gebrannt. Nachdem ein Sachverständiger die korrekte Verwendung und die Fehlerhaftigkeit der Böller nachgewiesen hat, fordert Bernd von Sonderposten Meier den Ersatz der Arztkosten in Höhe von 2000,00 €, Schmerzensgeld in Höhe von 1000,00 € sowie einen Ersatz seines Verdienstausfalls in Höhe von 3000,00 € und den Ersatz seines Mantels (Kaufpreis 250,00 €). Die Sonderposten Meier GmbH lehnt eine Produkthaftung mit dem Hinweis ab, sie sei nur der Händler und nicht der Hersteller der Böller. Erläutern Sie die Rechtslage.

4 Peter Böttcher hat vor fünf Jahren mehrere Bücherregale der TSM AG bei einem Büromöbelfachhändler erworben. Diese wurden von einem Monteur fachgerecht in seiner Buchhandlung „Die Leseratte" aufgebaut. Als Herr Böttcher am letzten Montag seine Buchhandlung betrat, war er geschockt. Drei Regale waren zusammengebrochen, wodurch Bücher im Wert von 500,00 € so stark beschädigt wurden, dass sie nicht mehr als Neuware verkauft werden können. Schlimmer aber war der Verdienstausfall, den Herr Böttcher zu beklagen hatte. Er musste seine Buchhandlung für zwei Tage schließen, um neue Regale zu installieren. Dadurch kam es zu einem Verdienstausfall von 900,00 €. Erläutern Sie die Rechtslage.

ZUSAMMENFASSUNG

Produkthaftungsgesetz	
Anwendungsbereich	Der ______ eines Produktes haftet für Schäden, die bei ______ Nutzung seiner Produkte entstehen. Es muss weder ein Vertrag zwischen ______ und Verbraucher geschlossen worden sein noch ein ______ des Herstellers vorliegen. Allerdings haftet der Hersteller nur für ______, die bei ______ Nutzung seines Produktes entstehen.
Haftender Personenkreis	Hersteller ist, wer das ______, einen ______ oder ein ______ hergestellt hat. Ferner gilt als Hersteller im Sinne des Gesetzes derjenige, der das Produkt ______ ______ ______. Kann der Hersteller des Produkts nicht festgestellt werden, so gilt der ______ als dessen Hersteller. Sind für denselben Schaden mehrere Hersteller nebeneinander zum Schadensersatz verpflichtet, so haften sie als ______ ______.

Produkthaftungsgesetz	
Beweislast	Der ______________________ trägt die Beweislast dafür, dass ein Produktfehler ursächlich für den entstandenen Schaden war.
Selbstbeteiligung	Im Fall der Sachbeschädigung hat der Geschädigte einen Schaden bis zu einer Höhe von __________ € selbst zu tragen.
Haftungssumme bei Personenschäden	Sind Personenschäden durch ein Produkt verursacht worden, so haftet der Ersatzpflichtige bis zu einem Höchstbetrag von __________________ €.
Verjährungsfristen	Ein Schaden verjährt innerhalb von ______ Jahren, gerechnet von dem Zeitpunkt, an dem der Geschädigte vom Schaden und von der Person des Ersatzpflichtigen Kenntnis erlangt hat oder hätte müssen. Die Haftungspflicht des Herstellers verjährt ______ Jahre nach Auslieferung des Produktes.

SELBSTEINSCHÄTZUNG	JA ☺	MIT HILFE 😐	NEIN ☹
Ich kann die Anwendungsbereiche des ProdHaftG nennen.			
Ich kann die Beweislastpflicht bei Geltendmachung von Ansprüchen aus dem ProdHaftG erläutern.			
Ich kann erläutern, wer im Sinne des ProdHaftG Hersteller eines Produktes ist.			
Ich kann die Schadensersatzregelungen gem. ProdHaftG bei Sachschäden erläutern.			
Ich kann die Schadensersatzregelungen gem. ProdHaftG bei Personenschäden erläutern.			
Ich kann die Verjährungsfristen gem. ProdHaftG nennen.			

Außerdem habe ich gelernt:

____

____

____

____

HINWEIS

Zur Wiederholung und Vertiefung der Inhalte der Lernsituation: Seite 179, Aufgabe 20.

Aufgaben zur Vertiefung, Wiederholung und Klausur- bzw. Prüfungsvorbereitung

Aufgabe 1: Die Rechtsordnung beschreiben und Gerichtsbarkeiten unterscheiden

a) Begründen Sie, ob durch die folgenden Sachverhalte öffentliches oder privates Recht betroffen ist.

aa) Der Einkaufsleiter der WFW AG, Carl Büker, verfasst eine Mahnung an die Trimano GmbH, da eine Lieferung über 900 Fahrradschaltungen überfällig ist.

ab) Die Sicherheitsbeauftragte Jutta Schindler kümmert sich um die Einhaltung und Umsetzung des Arbeitssicherheitsgesetzes.

ac) Georg Mönke, der Bürgermeister von Münster, stattet die Verwaltung mit neuen Schreibtischen aus und kauft im Bürofachhandel ein.

ad) Für seinen Sohn Kevin bezieht Georg Mönke ebenfalls einen Schreibtisch.

ae) Anne Wessels hat eine rote Ampel überfahren. Sie wird mit einem Fahrverbot belegt.

b) Erläutern Sie, vor welchem Gericht bei den folgenden Sachverhalten jeweils Klage zu erheben ist.

ba) Frau Brown hat eine aufwendige Therapie zur Behandlung eines Fersensporns durchgeführt. Ihre Krankenkasse lehnt die Übernahme der Kosten ab. Begründen Sie, an welches Gericht sie sich wenden muss.

bb) Die TriBike Danker GmbH lehnt die Zahlung einer Rechnung der WFW AG über 2000,00 € ab.

bc) Paula Drus ist wegen eines Diebstahls bei der WFW AG mit sofortiger Wirkung gekündigt worden. Frau Drus bestreitet den Vorfall.

bd) Herr Flender ist der Meinung, dass ein vom Bundestag verabschiedetes Gesetz gegen das Grundgesetz verstößt.

be) Der Produktionsleiter Franz Schmid ist der Meinung, dass sein Beitrag für die von der Stadt Münster neu gebaute Straße zu hoch ist.

bf) Die Leiterin des Rechnungswesens der WFW AG, Andrea Kamp, möchte die steuerliche Anerkennung eines Bewirtungsbeleges erstreiten.

Aufgabe 2: Die Rechts- und Geschäftsfähigkeit von Rechtssubjekten beurteilen

a) Die 17-jährige Claudia hat ihre Ausbildung zur Einzelhandelskauffrau bei der EDI AG mit sehr gutem Erfolg abgeschlossen. Nach ihrer Ausbildung ist sie mit Zustimmung der Eltern in ein unbefristetes Arbeitsverhältnis übernommen worden und wird im Moment in der Abteilung „Schreibwaren und Bücher“ eingesetzt.

aa) Claudias Vater ist Inhaber eines Büromöbelgeschäftes. Er erleidet plötzlich einen Schlaganfall. Da er aufgrund seiner Erkrankung nicht mehr berufstätig sein kann, bittet er Claudia, bei der EDI AG zu kündigen und das Geschäft eigenverantwortlich zu übernehmen. Erläutern Sie, unter welchen Voraussetzungen Claudia den Arbeitsvertrag kündigen und das Geschäft übernehmen kann.

ab) Gehen Sie im Folgenden davon aus, dass Claudia das Geschäft ihres Vaters rechtswirksam übernommen hat. Claudia ändert sogleich das Sortiment und führt nunmehr auch Produkte der Trend-Systemmöbel AG. Claudia hat dort Schreibtische im Wert von 3 500,00 € gekauft. Erläutern Sie, ob der Kaufvertrag rechtswirksam ist.

ac) Mittlerweile gehen die Geschäfte gut und Claudia verfügt über ein gutes Einkommen. Da sie ihren Führerschein macht, kauft sie für private Zwecke einen gebrauchten Sportwagen im Wert von 5 000,00 €, der zu ihrem 18. Geburtstag in zwei Wochen geliefert werden soll. Begründen Sie, ob der Kaufvertrag wirksam ist.

____

____

b) Entscheiden Sie, ob es sich bei den folgenden Rechtssubjekten um natürliche Personen, juristische Personen des Privatrechts oder juristische Personen des öffentlichen Rechts handelt:

ba) IHK Nord Westfalen: ______________________________

bb) Farbenwerke Weller GmbH: ______________________________

bc) Stadt Münster: ______________________________

bd) Deutsche Bank AG: ______________________________

be) Rainer Flender: ______________________________

Aufgabe 3: Rechtsgeschäfte tätigen und unterscheiden

a) Beschreiben Sie, auf welche Art und Weise in den folgenden Fällen die Willenserklärungen (Antrag und Annahme) abgegeben werden, damit ein Vertrag zustande kommt.

aa) Kauf eines Brötchens in einer Bäckerei

____

____

____

ab) Kauf von Lebensmitteln im Supermarkt

____

____

____

ac) Abschluss eines Versicherungsvertrages

____

____

____

b) Erläutern Sie, um welche Vertragsarten es sich bei den folgenden Sachverhalten jeweils handelt.

Sachverhalt	Vertragsart
ba) Maik Balster überlässt seinem Bruder Klaus sein Rennrad für einen Tag.	
bb) Hera erwirbt am Kiosk die Zeitschrift „Elf Freunde".	
bc) Linda „leiht" sich von ihrem Nachbarn ein Pfund Mehl, das sie zum Backen eines Kuchens benötigt.	
bd) Für Reparaturarbeiten an ihrer Wohnung „leiht" sich Mia einen Bohrhammer bei der Werkzeugverleih Müller GmbH aus.	
be) Vier Produktionsmitarbeiter der WFW AG gründen eine Fahrgemeinschaft.	
bg) Kurt Mann ist bei der WFW AG für die Produktion der Touringräder zuständig.	

Aufgabe 4: Den Grundsatz der Vertragsfreiheit und unterschiedliche Formvorschriften erläutern

a) Als Leonie Gremme in der Frühstückspause die Zeitung aufschlägt, ist sie entsetzt. Ein Amerikaner hat eine Locke von Elvis für 18300,00 US-Dollar erstanden. „Die spinnen doch, die Amis", meint sie, „so ein Unsinn wäre in Deutschland nicht möglich und ist verboten." Nehmen Sie Stellung.

b) Nachdem sie aus ihrer Pause zurückgekehrt ist, wird Leonie Gremme von Harald Peters gebeten, die Formvorschriften für einige Rechtsgeschäfte zu prüfen. Nennen Sie die Form, die laut Gesetz für folgende Rechtsgeschäfte vorgesehen ist.

ba) Eintragung einer Hypothek

bb) Antrag auf Eintragung in das Vereinsregister

bc) Kündigung eines Arbeitsverhältnisses

bd) Bürgschaftserklärung eines Nichtkaufmanns

be) Kündigung eines Mietsverhältnisses über Wohnraum

bf) Kauf eines Grundstückes

Aufgabe 5: Gründe für die Nichtigkeit und Anfechtbarkeit von Rechtsgeschäften erläutern

Begründen Sie, ob die folgenden Rechtsgeschäfte anfechtbar, nichtig oder rechtswirksam sind.

a) Karl verkauft sein Auto an seinen Arbeitskollegen Dieter. Karl hat wahrheitswidrig behauptet, dass das Auto unfallfrei sei. Leider wurde das Getriebe nach einem Unfall nur schlecht repariert und „streikt" nun.

b) Monika arbeitet nun schon mehrere Jahre als Sachbearbeiterin im Einkauf. Für ihre Altersvorsorge möchte sie eine Eigentumswohnung erwerben. Beim Makler hat sie schon einen entsprechenden Kaufvertrag unterschrieben. Kurz vor der Schlüsselübergabe für die Wohnung bekommt sie Zweifel.

c) Der Makler ist enttäuscht. Wenn Monika den Kaufvertrag vor dem Notar nicht unterschreibt, werde er ihrem Freund von dem Verhältnis mit ihrem Arbeitskollegen Peter erzählen.

d) Monika ist von den Geschehnissen noch ganz aufgewühlt. Sie gibt eine Bestellung über 50 Stück des Artikels 6578 auf. Eigentlich wollte sie 50 Stück des Artikels 6587 bestellen.

e) Frau Beimer schickt ihren sechsjährigen Sohn Bennie zum Metzger. Bennie kauft für das bevorstehende Familienfest Filet im Wert von 20,00 € ein.

f) Gisela Stroetmeier ist schwer zuckerkrank und benötigt dringend ein lebenswichtiges Medikament. Als sie am Sonntag in der Apotheke erscheint, verlangt die Apothekerin den fünffachen Preis.

Aufgabe 6: Eigentum übertragen

a) Unterstützen Sie Leonie Gremme und erläutern Sie, wie das Eigentum in den folgenden Fällen sinnvollerweise übertragen wird.

aa) Von den Schuppert Metallerzeugnisse OHG bezieht die WFW AG einen größeren Posten Alugussprofile. Die Profile werden durch die Schuppert Metallerzeugnisse OHG angeliefert.

ab) Die WFW AG hat ihre Außendienstmitarbeiter mit Laptops ausgestattet, die die Mitarbeiter auch privat nutzen dürfen. Da die Laptops veraltet sind, sollen sie gegen neue ausgetauscht werden. Der Außendienstmitarbeiter Karl Helmer möchte den alten Laptop für seinen Sohn erwerben.

ac) Um die gestiegene Nachfrage im Produktbereich „City-Räder" bedienen zu können, benötigt die WFW AG eine hochmoderne Biegemaschine. Die Biegemaschine soll über ein Darlehen bei der Postbank Dortmund finanziert werden. Zur Besicherung des Kredites verlangt die Postbank, dass ihr das Eigentum an der Biegemaschine von der WFW AG übertragen wird. Die WFW AG soll im Gegenzug Besitzer der Biegemaschine bleiben, damit sie die Biegemaschine nutzen kann.

ad) Die WFW AG möchte einen nicht mehr benötigten Gabelstapler verkaufen. Da der Stapler im Moment nicht benötigt wird, ist er an die Köppel KG aus Dortmund vermietet worden. Der Käufer des Staplers, die Bruns & Rahn OHG hat ihren Sitz ebenfalls in Dortmund. Die Bruns & Rahn OHG soll den Stapler bei der Köppel KG abholen, um die Eigentumsübertragung zu beschleunigen.

ae) Zur Erweiterung der Produktionskapazität möchte die WFW AG das Nachbargrundstück erwerben. Ein notariell beurkundeter Kaufvertrag über das Grundstück wurde bereits geschlossen.

b) Beurteilen Sie die folgenden Rechtsfälle.

ba) Rainer Flender leiht seinem Freund Klaus Berger sein Rennrad für eine mehrtägige Radtour. Da Klaus Berger eine Hotelrechnung nicht bezahlen kann, verkauft er kurzerhand das Rennrad an den Hotelier Karl Wefers, der von Klaus Bergers Rennrad begeistert ist.

bb) Dem Hotelier Karl Wefers wird einige Tage später das Rennrad von Lutz Langfinger gestohlen. Lutz bietet das Fahrrad daraufhin Rico Meier an. Rico Meier, der nichts von dem Diebstahl weiß, möchte das Rennrad unbedingt haben und erwirbt es von Lutz Langfinger. Als der Hotelier Wefers von dem Vorfall erfährt, beansprucht er von Rico Meier die Herausgabe des Fahrrades.

Aufgabe 7: Einen Eigentumsvorbehalt vereinbaren

a) Die WFW AG hat mit ihren Lieferanten unterschiedliche Regelungen bezüglich des Eigentumsvorbehalts vereinbart. Stellen Sie fest, welche Art des Eigentumsvorbehalts in den nachfolgenden Formulierungen vereinbart wurde.

Formulierung	Art des Eigentumsvorbehalts
aa) Die Metallwerke AG bleibt Eigentümer der gelieferten Fahrradkörbe, nachdem die WFW AG diese an einen Kunden weiterverkauft hat.	
ab) Der Eigentumsvorbehalt aus einem Kaufvertrag bezieht sich auch auf weitere Lieferungen an die WFW AG, bis diese alle Verbindlichkeiten gegenüber der Kunststoffe Klein GmbH beglichen hat.	
ac) Der Eigentumsvorbehalt bleibt weiter bestehen, nachdem die WFW AG die gelieferten Metallrohre zu Fahrradrahmen verarbeitet hat.	
ad) Die Elektro GmbH bleibt Eigentümer der gelieferten Fahrradlampen, bis die WFW AG die Rechnung vollständig beglichen hat.	
ae) Die WFW AG tritt an die Gummiwerke Mischke KG als Sicherheit die Forderungen gegenüber ihren Kunden ab.	

b) Die WFW AG verkauft ihre Fahrräder unter einfachem Eigentumsvorbehalt. Welche der nachfolgenden Aussagen über den einfachen Eigentumsvorbehalt sind richtig bzw. falsch? Begründen Sie Ihre Entscheidung.

ba) Der Käufer darf die gelieferten Räder frühestens nach einer Teilzahlung weiterverkaufen.

bb) Wenn der Käufer mit der Zahlung des Kaufpreises in Verzug ist, kann die WFW AG die Herausgabe verlangen.

bc) Ein Kunde der WFW AG zerlegt und verarbeitet ein bestimmtes Touringrad-Modell zu Tandem-Rädern. Auch bei dieser Weiterverarbeitung durch den Käufer bleibt der Eigentumsvorbehalt bestehen.

bd) Der Eigentumsvorbehalt erlischt, wenn die an die Zweirad Fritsche GmbH gelieferten Fahrräder an einen Dritten veräußert werden.

Aufgabe 8: Einen Kaufvertrag schließen

a) Ein Kaufvertrag kommt grundsätzlich durch zwei übereinstimmende Willenserklärungen zustande. Erläutern Sie, ob die Bestellung die erste und/oder zweite Willenserklärung ist.

b) Beurteilen Sie die Rechtslage in folgenden Fällen.

ba) Leonie Gremme entdeckt in einem Zeitungsinserat das Sonderangebot eines Elektrofachhändlers. Er bietet das von ihr gewünschte Handy zu einem Vorzugspreis an. Als sie abends das Handy erwerben möchte, stellt sie fest, dass es ausverkauft ist. Leonie besteht auf Lieferung.

bb) Auf eine Anfrage der WFW AG hat die Farbenwerke Weller GmbH folgenden Angebotstext verfasst: „Wir bieten Ihnen die gewünschten Lacke zum Preis von 8,70 € pro Liter an, ohne Gewähr.“ Daraufhin bestellt die WFW AG die Lacke per E-Mail. In der daraufhin folgenden E-Mail der Farbenwerke Weller GmbH heißt es: „... bedauern wir, dass die gewünschten Lacke ausverkauft sind.“

bc) Die WFW AG schreibt am 23.03.20(0) eine briefliche Anfrage an Heinrich Schulte e. K. über 200 Beleuchtungssysteme. Dieser schreibt am 10.04.20(0) per E-Mail ein Angebot. Daraufhin bestellt die WFW AG am 11.04.20(0) die Beleuchtungssysteme, ebenfalls per Mail. Am 13.04.20(0) schreibt Heinrich Schulte eine Auftragsbestätigung per Fax. „Jetzt haben wir endlich einen Kaufvertrag“, denkt er.

bd) Herr Hinkel von der Schuppert Metallerzeugnisse OHG unterbreitet Frau Brand von der WFW AG am Telefon das Angebot, Stahlrohre zu einem Vorzugspreis von 2,50 €/m² zu liefern. Frau Brand ist mit dem Angebot nicht zufrieden und legt auf. Nachdem sie sich bei alternativen Lieferanten erkundigt hat, ruft Frau Brand eine Viertelstunde später bei Herrn Hinkel an und möchte die Stahlrohre bestellen. Herr Hinkel verweist darauf, dass er die Stahlrohre leider zwischenzeitlich verkauft hat.

be) Die WFW AG benötigt für ihre Laserdrucker neue Patronen. Von der Becke Bürobedarfs GmbH werden die Patronen ab einer Abnahmemenge von 50 Stück für 26,50 € pro Stück angeboten. Daraufhin bestellt Leonie Gremme 45 Patronen zu 25,50 € und erhält zwei Tage später die gewünschten Patronen.

Aufgabe 9: Die Inhalte eines Angebotes erklären

Die Sommerfeld Bürosysteme GmbH, ein Büromöbelhersteller aus Essen, hat eine gebrauchte Furniermaschine von der Möbel Paulus KG aus München erworben. Im Kaufvertrag wurde vereinbart, dass der Versand der Furniermaschine per Bahn erfolgen soll. Dabei übernimmt die Möbel Paulus KG die Anfuhr zum Bahnhof mit werkseigenem Lkw. Des Weiteren gelten die gesetzlichen Regelungen.

a) Einige Tage nach Abschluss des Kaufvertrages ist der Versand der Furniermaschine noch nicht erfolgt. Die Möbel Paulus KG möchte die Maschine noch für die Fertigstellung eines Großauftrages nutzen. Die Sommerfeld Bürosysteme GmbH besteht auf umgehender Lieferung. Klären Sie die Rechtslage.

b) Um die Furniermaschine gegen Beschädigungen zu sichern, wird sie in Holzkisten verpackt. Die Kosten für die Kisten stellt die Möbel Paulus KG in Rechnung. Prüfen Sie, ob die Möbel Paulus KG dazu berechtigt ist.

c) Begründen Sie, ob es sich bei dem geschlossenen Kaufvertrag um eine Hol-, Schick- oder Bringschuld handelt.

d) Da die Maschine beim Abladen am Bahnhof Essen durch Verschulden des Bahnpersonals beschädigt wurde, reklamiert die Sommerfeld Bürosysteme GmbH die Beseitigung des Schadens. Die Möbel Paulus KG verweigert die Behebung des Schadens, da die Sommerfeld Bürosysteme GmbH das Risiko trage. Nehmen Sie Stellung.

e) Aufgrund weiterer Schäden, die nachweislich nicht beim Transport entstanden sind, prüft die Sommerfeld Bürosysteme GmbH eine Klageerhebung. Klären Sie, wo die Klage erhoben werden muss.

f) Nachdem die Schäden beseitigt wurden, bittet die Möbel Paulus KG um sofortige Zahlung der Rechnung. Die Sommerfeld Bürosysteme GmbH überweist umgehend und zieht 2 % Skonto sowie die Kosten der Überweisung ab. Prüfen Sie das Zahlungsverhalten der Sommerfeld Bürosysteme GmbH.

g) Da die Rechnung nicht vollständig beglichen wurde, möchte die Möbel Paulus KG Klage erheben. Erläutern Sie, wo Klage erhoben werden muss.

Aufgabe 10: Die Incoterms® bei Auslandsgeschäften berücksichtigen

Ordnen Sie den nachfolgenden Beschreibungen die entsprechende Incoterms®-Klausel zu.

	Beschreibung	Incoterms®
a)	Der Verkäufer muss die Ware lediglich am benannten Ort zur Abholung bereitstellen. Hierbei handelt es sich um die Mindestverpflichtung für den Verkäufer.	
b)	Diese Klausel kommt nur bei See- und Binnenschiffstransporten zum Einsatz. Die Ware wird auf Kosten des Verkäufers verpackt, zum angegebenen Verschiffungshafen verbracht und zur Ausfuhr freigemacht. Die Verpflichtung des Verkäufers ist erfüllt, wenn er die Ware längsseits des Schiffes im benannten Verschiffungshafen gebracht hat.	
c)	Der Verkäufer übernimmt die Kosten und die Fracht, die bis zum benannten Bestimmungshafen für die Beförderung der Ware anfallen. Die Lieferung ist allerdings bereits erfolgt, wenn die Ware an Bord des Schiffes gebracht ist. Die Verpackungs- und Ausfuhrkosten gehen ebenfalls zu Lasten des Verkäufers. Eine Versicherungspflicht besteht nicht und auch diese Klausel ist ausschließlich für See- und Binnenschiffstransporte geeignet.	
d)	Mit dieser Klausel geht der Verkäufer die Maximalverpflichtung ein. Der Verkäufer trägt dabei alle Kosten und auch das Risiko bis zum Eintreffen der Ware am benannten Bestimmungsort. Dabei muss er die Ware sowohl für die Ausfuhr als auch für die Einfuhr freimachen.	
e)	Bei dieser nur für den See- und Binnenschiffstransport geeigneten Klausel wird die Ware auf Kosten des Verkäufers verpackt, für die Ausfuhr freigemacht und an Bord des Schiffes im Verschiffungshafen geliefert, wo auch die Gefahr übergeht.	
f)	Die Lieferung ist erfolgt, wenn die Ware an Bord des Schiffes gebracht ist. Neben den Kosten und der Fracht, die für die Beförderung zum benannten Bestimmungshafen anfallen, ist der Verkäufer außerdem verpflichtet, einen Transportversicherungsvertrag mit Mindestdeckung in Höhe von 110 % des Kaufpreises auf eigene Kosten abzuschließen. Diese Klausel ist ebenfalls nur für See- und Binnenschiffstransporte abzuschließen.	
g)	Diese Klausel kann bei allen Transportarten verwendet werden. Dabei wird die Ware an einen vom Verkäufer benannten Frachtführer geliefert. Der Verkäufer übernimmt die Frachtkosten, die bis zum benannten Bestimmungsort anfallen. Darüber hinaus ist er verpflichtet, einen Transportversicherungsvertrag mit Mindestdeckung auf eigene Kosten abzuschließen.	
h)	Bei dieser Klausel sind i. d. R. mehrere Transportmittel innerhalb eines Warentransports beteiligt. Der Verkäufer trägt die Kosten und Gefahr so lange, bis die Ware von dem ankommenden Beförderungsmittel entladen wurde und dem Käufer an einem vorher benannten Terminal im Bestimmungshafen oder an einem Bestimmungsort zur Verfügung gestellt wird.	
i)	Bei dieser für alle Transportarten geeigneten Klausel gehen die Pflichten des Verkäufers einen Schritt weiter als bei der EXW-Klausel. Der Verkäufer ist verpflichtet, die Ware auf seine Kosten an einen vom Käufer benannten Frachtführer zu übergeben. Danach trägt der Käufer die Kosten und das Risiko.	
j)	Die Ware wird am Bestimmungsort unentladen zur Verfügung gestellt. Dieser Ort muss vom Käufer möglichst exakt angegeben werden, da Kosten und Gefahr bis zu dieser Stelle vom Verkäufer übernommen werden. Auch diese Klausel ist für alle Transportarten geeignet. Der Verkäufer trägt die Kosten des Haupttransports.	
k)	Diese Klausel entspricht der ausschließlich für See- und Binnenschiffstransporte geeigneten CFR-Klausel, ist allerdings für alle anderen Transportarten anwendbar. Der Verkäufer trägt aufgrund der Vereinbarung „frachtfrei“ die Beförderungskosten bis zum vereinbarten Bestimmungsort. Mit der Übergabe an den ersten Frachtführer geht das Risiko auf den Käufer über.	

Aufgabe 11: Kaufvertragsarten unterscheiden

Ordnen Sie den nachfolgenden Sachverhalten die jeweilige Kaufvertragsart zu:

Sachverhalt	Kaufvertragsart
Kaufvertragsarten nach Art und Beschaffenheit der Ware	
a) Der Weinhändler Schulze bestellt eine kleine Menge des Rotweins „Trubold", um zu testen, ob dieser bei seinen Kunden gut ankommt. Dem Weingut Ritz hat er eine größere Abnahmemenge in Aussicht gestellt.	
b) Weinhändler Schulze ist begeistert. Der neue Rotwein „Trubold" ist bei seinen Kunden sehr gefragt. Deshalb bestellt er bei Weingut Ritz weitere 500 Flaschen.	
c) Das Fußballmagazin „Saisonvorbereitung" erscheint einmal im Jahr in einer Auflage von 2,5 Mio. Exemplaren. Dem Fußballfan D. Averberk ist es egal, ob er das 25. oder 305000. Exemplar bekommt.	
d) Das Modehaus Kleinen bezieht eine größere Menge Leinenhosen von Großhändler Urbach. Kleinen hat sich vertraglich zusichern lassen, dass er Größen, Farben und Muster erst einen Monat vor der Auslieferung festlegen muss.	
e) Für das Lager der WFW AG wurde ein neuer Gabelstapler bestellt. Das Unternehmen kann in den ersten zehn Tagen nach Auslieferung überprüfen, ob der Stapler den Anforderungen des Lagers gerecht wird, ansonsten kann der Gabelstapler innerhalb dieser Frist zurückgegeben werden. Erst mit Ablauf der Frist ist der Vertrag zustande gekommen.	
f) Der Comic-Sammler Fritz Duck ersteigert bei einer Auktion eine komplette Comic-Sammlung, ohne zu wissen, welche Hefte im Einzelnen in der Sammlung enthalten sind.	
g) Neben der kompletten Sammlung ersteht Fritz Duck auch eine handsignierte Erstausgabe von „Donald Dock".	
Kaufvertragsarten nach dem Zahlungszeitpunkt	
h) Herr Linke kauft sich einen neuen Laptop und begleicht den Kaufpreis in acht gleichbleibenden Monatsbeträgen zu je 150,00 €.	
i) Ein Kunde hat 60 Tage Zeit, um den offenen Rechnungsbetrag zu begleichen. Überweist er den Betrag innerhalb von 10 Tagen, kann er 2 % Skontoabzug geltend machen.	
j) Harald Hinz kauft privat einen Motorroller. Der Geldbetrag wird „Zug um Zug" bei Übergabe des Rollers und der Papiere übergeben.	
k) Die Erweiterung des Warenausgangs der WFW AG wird in den nächsten drei Monaten von Bauunternehmer Hartmann durchgeführt. Aufgrund der hohen Materialkosten für die erforderlichen Stahlträger erhält Hartmann 30 % des Gesamtauftragswerts vorab ausbezahlt.	
Kaufvertragsarten nach der Lieferzeit	
l) „Unsere Lieferung erfolgt bis zum 12.05.20(0)."	
m) Die Käserei Hausmann benötigt für die Herstellung einer bestimmten Käsesorte 500 Liter Ziegenmilch. Im Kaufvertrag wurde „Lieferung am 14.11.20(0), 8:00 Uhr, genau" vereinbart.	
n) In den Büroräumen der WFW AG werden jährlich ca. 6 Millionen Kopien angefertigt. Deshalb wurde mit der Becke Bürobedarfs GmbH ein Kaufvertrag über den Jahresbedarf abgeschlossen, sodass die WFW AG von einem Mengenrabatt von 12 % profitiert. Die Anlieferung des Kopierpapiers erfolgt dabei verbrauchsabhängig alle 14 Tage.	
o) Im Kaufvertrag wurde „Lieferung sofort" vereinbart.	
p) Für die Hochzeit von Hanna und Claus wurde bei Konditormeister Jung eine Torte bestellt. Die Torte soll am Tag der Hochzeit um 14 Uhr geliefert werden.	

Sachverhalt	Kaufvertragsart
Kaufvertragsarten nach der rechtlichen Stellung der Vertragspartner	
q) Auf einem Trödelmarkt kommt es zu einem Kaufvertrag zwischen Jannik Eisner und Otto Prunk.	
r) Udo Gassmann kauft sich bei der Motorrad Utschig KG einen neuen Motorradhelm.	
s) Großhändler Jacobi liefert der Polstermöbel GmbH 50 Stoffballen.	

Aufgabe 12: Rechte bei Lieferungsverzug wahrnehmen

Die WFW AG hat am 03.07.20(0) bei der Schuppert Metallerzeugnisse OHG 600 m Stahlrohr 20 x 3 mm bestellt. Der Bestellung ging ein unverbindliches Angebot der Schuppert Metallerzeugnisse OHG voraus. In der Auftragsbestätigung heißt es: „Die Lieferung erfolgt ab August 20(0) ..." Als Nikola Brand am 26.08.20(0) feststellt, dass die Lieferung noch nicht eingetroffen ist, wird sie langsam nervös und mahnt die Lieferung an.

a) Erläutern Sie, ob sich die Schuppert Metallerzeugnisse OHG auch ohne Mahnung in Lieferungsverzug befunden hätte.

____

____

____

b) Nachdem auch die von Nikola Brand gesetzte angemessene Nachfrist am 16.09.20(0) verstrichen ist, muss ein Kundenauftrag abgesagt werden. Nikola Brand ist sehr verärgert, denn durch die Absage des Auftrages entgeht der WFW AG ein Gewinn von 2500,00 €. Erläutern Sie, welche Rechte die WFW AG geltend machen kann.

____

____

____

Aufgabe 13: Probleme mit der gelieferten Ware – Schlechtleistungen erkennen, reklamieren und abwickeln

Die WFW AG hat von der Schuppert Metallerzeugnisse OHG einen größeren Posten Stahlrohre bezogen. Bei der Sichtprüfung sind keine Mängel feststellbar gewesen. Allerdings stellt sich vier Wochen später heraus, dass sich die Stahlrohre nach längerem Gebrauch und größerer Belastung verformen, da sie nicht die vertraglich festgelegte Qualität aufweisen. Sie genügen damit nicht den Qualitätsansprüchen der WFW AG und können nicht verbaut werden.

a) Erläutern Sie, um welchen Mangel es sich handelt.

____

____

____

b) Als der Einkaufsleiter der WFW AG, Carl Büker, einen Tag, nachdem die Mängel aufgefallen sind, um Neulieferung der Stahlrohre bittet, lehnt Herr Hinkel von der Schuppert Metallerzeugnisse OHG dies mit folgender Begründung ab: „Herr Büker, da die WFW AG Kaufmann ist, hätten Sie die Ware unverzüglich bei Lieferung prüfen und die Mängel unverzüglich nach der Lieferung rügen müssen. Vier Wochen später steht Ihnen keine Neulieferung mehr zu. Die Ware gilt als genehmigt." Begründen Sie, ob Herr Hinkel mit seiner Behauptung recht hat.

c) Auch nach langen Diskussionen lehnt Herr Hinkel eine Neulieferung der Stahlrohre ernsthaft und endgültig ab. Erläutern Sie, wie Herr Büker vorgehen sollte, wenn er die Stahlrohre bei einem anderen Lieferanten, auch zu einem etwas höheren Preis, besorgen kann.

Aufgabe 14: Auf einen Annahmeverzug angemessen reagieren

a) Die Zweirad Nentwig GmbH hat 30 Mountainbikes MB-250, die von der WFW AG ordnungsgemäß angeliefert wurden, nicht angenommen. Da die Räder aufgrund eines Modellwechsels nur schwer verkäuflich sind, möchte die WFW AG einen Selbsthilfeverkauf durchführen lassen.

aa) Erläutern Sie die Pflichten der WFW AG im Zusammenhang mit dem Selbsthilfeverkauf.

ab) Angenommen, nach Abzug aller Kosten verbleibt ein Mehrerlös von 950,00 € aus dem Selbsthilfeverkauf. Erklären Sie, wem der Mehrerlös zusteht.

b) Begründen Sie, welche Rechte Sie bei einem Annahmeverzug in den nachfolgenden Fällen ausüben würden.

ba) Ein Neukunde der WFW AG nimmt 50 Touringbikes TB-500 nicht an. Es handelt sich um ein neues, gut verkäufliches Modell.

bb) Mit der Hermann Dippkötter KG tätigt die WFW AG nur geringe Umsätze. Die Hermann Dippkötter KG nimmt ein auf Maß gefertigtes Rennrad nicht an.

bc) Der Obst- und Gemüsehändler Gönner nimmt eine Lieferung über 20 Kartons Pfifferlinge nicht an.

Aufgabe 15: Eine Nicht-rechtzeitig-Zahlung bearbeiten

Die WFW AG hat der Zweirad Nentwig GmbH am 20.06.20(0) diverse Fahrräder im Wert von 17 185,00 € geliefert. In der beiliegenden Rechnung wurde als Zahlungstermin der 05.07.20(0) angeben. Als am 10.07.20(0) immer noch keine Zahlung eingegangen ist, hakt Rico Meier bezüglich der ausbleibenden Zahlung bei der Zweirad Nentwig GmbH nach. Frau Nentwig von der Zweirad Nentwig GmbH meint nur: „Es ist doch noch genügend Zeit, Herr Meier, schließlich gilt gegenüber einem Unternehmen die 30-Tage-Regel. Folglich haben wir noch bis zum 20.07.20(0) Zeit, um Zahlung zu leisten."

a) Nehmen Sie zu Frau Nentwigs Aussage Stellung und prüfen Sie, ob sich die Zweirad Nentwig GmbH in Zahlungsverzug befindet.

b) Erläutern Sie, welche Rechte die WFW AG ggf. in Anspruch nehmen kann.

Aufgabe 16: Mahnverfahren durchführen

Maik Balster hat einen gerichtlichen Mahnbescheid über 500,00 € von einem Internetversandhändler erhalten. Da die vom Versandhändler gelieferte Ware nach Maiks Meinung seinerzeit mangelhaft war, zerreißt er den Mahnbescheid und wirft ihn in den Papierkorb. Er meint, dass die Sache damit erledigt sei. Begründen Sie, ob dies zutrifft.

Aufgabe 17: Verjährungsfristen von Forderungen beachten

Entscheiden Sie, ob die folgenden Sachverhalte
- zu einer Hemmung führen,
- zu einem Neubeginn führen,
- keinen Einfluss auf die Verjährung haben.

Sachverhalt	Einfluss auf die Verjährung
a) Verhandlungen über den Anspruch	
b) Stundungsgewährung	
c) kaufmännisches Mahnschreiben	
d) Abschlagszahlung	
e) Klageerhebung	
f) Bitte um Stundung	
g) Beantragung einer behördlichen Vollstreckungshandlung	
h) Zustellung des gerichtlichen Mahnbescheides	

Aufgabe 18: Allgemeine Geschäftsbedingungen (AGB) berücksichtigen

Die Wolters und Kulüke GmbH stellt Küchen nach Kundenwunsch her und vertreibt diese an Endverbraucher. Damit sämtliche Kunden in den Genuss einheitlicher Vertragsbedingungen kommen, legt die Wolters und Kulüke GmbH ihren Verträgen Allgemeine Geschäftsbedingungen (AGB) zugrunde.

a) Erläutern Sie, warum der Gesetzgeber Regelungen zur Gestaltung der Allgemeinen Geschäftsbedingungen (im BGB) erlassen hat.

b) Stellen Sie dar, unter welchen Voraussetzungen die AGB der Wolters und Kulüke GmbH Vertragsbestandteil werden.

c) Klauseln in den AGB der Wolters und Kulüke GmbH können aus verschiedenen Gründen unwirksam sein. Beschreiben Sie drei Gründe, die zur Unwirksamkeit von Klauseln führen können, und geben Sie jeweils ein Beispiel.

d) Erklären Sie, welche Auswirkungen die Unwirksamkeit einzelner Klauseln auf den Vertrag haben.

Aufgabe 19: Verbraucherrechte bei außerhalb von Geschäftsräumen geschlossenen Verträgen und Fernabsatzgeschäften wahrnehmen

Das Rentnerehepaar Karl und Mathilde Burhoff hatte in den letzten Jahren oft an sog. Kaffeefahrten teilgenommen. Es handelt sich dabei um von Unternehmen organisierte Ausflugsfahrten mit angeschlossenen Verkaufsveranstaltungen. Die relativ günstigen Tagesausflüge hatten immer eine kleine Abwechslung und auch Entspannung bedeutet. Gekauft hatten die zwei bislang eigentlich nie etwas.

Gestern allerdings haben die beiden sich nach dem kostenlosen Mittagessen überreden lassen und eine Küchenmaschine zum absoluten Sonderpreis von 500,00 € gekauft. Der Verkäufer war sehr charmant gewesen und auch die meisten anderen Teilnehmer hatten zugeschlagen. Ein Rückgaberecht hat der Verkäufer allerdings ausgeschlossen, schließlich handelte es sich um einen Super-Sonderpreis, der nur am gestrigen Tag gültig wäre.

Zu Hause angekommen, zeigten sie ihre Neuerwerbung stolz ihrem Nachbarn, der sie prompt für verrückt erklärte. Eine solche Küchenmaschine würde im Elektromarkt um die Ecke nur 299,00 € kosten und selbst das sei schon ein stolzer Preis für die qualitativ nicht besonders hochwertige Verarbeitung.

Erläutern Sie die Rechtslage.

Aufgabe 20: Das Produkthaftungsgesetz anwenden

Vor drei Jahren kaufte Stefan Wernsmann für 500,00 € das Weinregal WR-120 bei einem Hersteller von Holzregalen, der Fahrmann KG in Köln. Im Verkaufsgespräch wurde ihm zugesichert, dass er seine rund 100 wertvollen Weinflaschen problemlos im WR-120 lagern könnte. Dieses wäre äußerst stabil, böte Platz für 120 Flaschen und hätte eine Tragkraft von mehr 250 kg. Sicherheitshalber ließ Herr Wernsmann das Regal vor Ort von einem Mitarbeiter der Fahrmann KG fachgerecht montieren und aufbauen. Als Herr Wernsmann letzte Woche, drei Jahre nach der Installation des Regals, zusammen mit einem Freund einen Wein aus dem Regal entnahm, stürzte dieses in sich zusammen. Dabei entstand folgender Schaden: Es zerbrachen 90 Weinflaschen im Wert von insgesamt 3 800,00 €. Herr Wernsmann verletzte sich den Fuß und musste für vier Tage seine Buchhandlung schließen, wodurch er einen Verdienstausfall in Höhe von 880,00 € erlitten hat. Darüber hinaus fordert Herr Wernsmann Schmerzensgeld für seinen Fuß und den Verlust des Weines in Höhe von 400,00 €.

Ein herbeigerufener Sachverständiger stellte fest, dass das Weinregal für die Anzahl der Weinflaschen, die darin gelagert werden konnten, nicht stabil genug war, und ermittelte gleichzeitig, dass Einlagerung und Entnahme der Weinflaschen korrekt erfolgt wären.

Prüfen Sie, für welche Schäden die Fahrmann KG nach dem Produkthaftungsgesetz aufkommen muss, und berechnen Sie die Gesamthöhe des zu ersetzenden Schadens.

Bildquellenverzeichnis

Innenteil

Adobe Stock: S. 45 (Nejron Photo), 97.2 (DragonImages), 123 (contrastwerkstatt)

Behrla/Nöhrbaß GbR, Foto Stephan, Köln/Bildungsverlag EINS GmbH, Köln: S. 23.1, 25, 38, 63, 65, 122, 143

Fotolia.com: S. 8 (lassedesignen), 14 (Benny Weber), 22.1 (creAtive), 22.2 (JiSign), 23.2 (Gina Sanders), 33 (stockphoto-graf), 51 (ep stock), 56 (Arochau), 64 (Miyazawa), 66, 81.1 (theurbanstudio), 81.2 (Ralf Gosch), 88.1 (theurbanstudio), 88.2 (Aycatcher), 97.1 (theurbanstudio), 104 (Mixage), 106 (Uschi Hering), 108 (WoGi), 111 (Robert Kneschke), 128 (P. Nowack), 137 (Albert Schleich), 145 (Gina Sanders), 151 (Oleksiy Mark)

Shutterstock.com: S. 157 (Rob Byron)

Umschlag

Fabiola Quadflieg www.qpunkt.eu